华中师范大学法学院基层社会法治丛书

社会治理视角下
巨灾保险制度构建研究

STUDY ON THE CONSTRUCTION OF
CATASTROPHE INSURANCE SYSTEM FROM
THE PERSPECTIVE OF SOCIAL GOVERNANCE

李琛○著

中国社会科学出版社

图书在版编目（CIP）数据

社会治理视角下巨灾保险制度构建研究／李琛著.—北京：中国社会科学出版社，2020.12

（华中师范大学法学院基层社会法治丛书）

ISBN 978－7－5203－7579－5

Ⅰ.①社… Ⅱ.①李… Ⅲ.①灾害保险—再保险—保险制度—研究—中国 Ⅳ.①F842.64

中国版本图书馆 CIP 数据核字（2020）第 244136 号

出 版 人	赵剑英
责任编辑	范晨星　李　沫
责任校对	王佳玉
责任印制	王　超

出	版	中国社会科学出版社
社	址	北京鼓楼西大街甲 158 号
邮	编	100720
网	址	http://www.csspw.cn
发 行 部		010－84083685
门 市 部		010－84029450
经	销	新华书店及其他书店
印	刷	北京明恒达印务有限公司
装	订	廊坊市广阳区广增装订厂
版	次	2020 年 12 月第 1 版
印	次	2020 年 12 月第 1 次印刷
开	本	710×1000　1/16
印	张	14
插	页	2
字	数	209 千字
定	价	78.00 元

凡购买中国社会科学出版社图书，如有质量问题请与本社营销中心联系调换
电话：010－84083683
版权所有　侵权必究

前　　言

巨灾，一般被解释为造成严重人员伤亡和巨大财产损失的重大自然灾害。自然灾害的种类包括火山、地震等地质灾害，洪水、台风、暴雪等气象灾害，风暴潮、海啸等海洋灾害，动植物或微生物疫情等生物灾害。

中国一直是世界上主要的巨灾高发国家之一。近几十年来，中国经济快速增长，城市化进程加速，加之不合理的开发行为，又进一步加剧了巨灾风险。巨灾事件一旦发生，所导致的直接经济损失和受灾人口面积可能非常巨大，对国家安全、经济社会发展和人民生活影响极大。如，2008年我国南方冰雪灾害和汶川地震等。在应对巨灾方面，传统中国基于灾异说和"敬天保民"的民本思想，将"荒政"即中央政府投入大量资源赈济，作为基本国策加以实施并长期传承，辅之以民间"义仓""社仓"备荒自救。新中国成立以来，我国巨灾应对策略经历了"灾后救助""防灾减灾""巨灾风险管理"等阶段的发展演变。但面对当前巨灾风险的发展态势，政府主导的灾后救助模式在损失补偿和可持续性方面的不足之处也日益显露。

在此背景下，大力发展巨灾保险，以保险机制转移巨灾风险逐渐成为共识。顶层设计明确提出，要"建立巨灾保险制度""充分发挥表现保险在灾害风险转移中的作用"，并将其纳入《中华人民共和国突发事件应对法》《国家综合减灾"十一五"规划》、党的十八届三中全会《中共中央关于全面深化改革若干重大问题的决定》等。国家作出政策安排后，巨灾保险的探索实践迅速跟进。2014年以来，国内相继建成深圳、宁波、大理等地方性公共巨灾保险或农业巨灾保险试点项目，还确立了首个全国巨灾保险项目，即全国城乡居民住宅地震巨灾保险。但是，囿于国内巨灾保险市场供给和需求两端失衡，我国巨灾保险覆盖面低，很多巨灾风险领域尚未有保险涉足。更令人遗憾的是，我国巨灾保险仍处于政策先行、实践先行阶段，立法相对滞后。目前，全国性巨灾保险专门立法或单项风险立法暂付阙如，省级层面的巨灾保险立法也还停留在研究讨论阶段。当前巨灾保险实践只能在专门法律保障缺位的情况下继续推进。

近几年来，党的十九大报告和习近平总书记明确提出了"提高灾害风险治理能力""推进我国应急管理体系和能力现代化"的总体要求。这表明，我国从此进入"巨灾风险治理"新阶段，巨灾应对理念和应对策略发生重大调整；这同时揭示，灾害风险治理被纳入国家治理体系和治理能力话语体系；由此还可以明确今后我国巨灾保险的定位和发展方向。

本书以巨灾风险社会治理为视角，以巨灾保险服务国家风险治理新格局为逻辑起点，以保险完善灾害治理体系、法治提升灾害治理能力为"两翼"，对我国巨灾保险法律制度构建问题进行了系统思考。全书依次对巨灾保险的理论基础、域外立法经验借鉴、巨灾保险制度构建的总体思路、巨灾保险体系内部契约群关系构造、巨灾风险证券化创新的法律规制等问题进行了相应的分析和阐述。

一是关于巨灾保险的理论基础与定位研究。巨灾保险研究的首要问题，是正确界定巨灾的概念。巨灾常被用于泛指各种严重灾害事件，国际社会和理论界还没有形成通用的巨灾定义。巨灾保险作为一个创新领域，涉及的学科领域较多。风险社会理论、社会治理理论、风险管理理论、概率论与保险大数法则、制度变迁理论与博弈论、经济自由主义与国家干预理论等基础理论的研究成果，为当代巨灾保险研究提供了不同角度的理论依据。本书得益于风险社会理论和社会治理理论的启发，找到了认识和研究巨灾保险的新视角，即在国家风险治理新格局下分析和思考中国如何构建巨灾保险法律制度问题。另一个基础理论问题是巨灾保险的属性界定。它能证明巨灾保险在社会治理体系中具有正当性和必要性。巨灾风险兼有私人风险和公共风险双重属性，理应由个体和政府共同承担。与其他风险转移方式相比，巨灾风险更适合以保险方式转移。巨灾保险本身属于准公共产品，具有分散风险、补偿损失的基本功能，还有防灾防损、社会管理等派生功能。巨灾再保险作为巨灾保险的保险，在巨灾风险复合治理机制中亦具正当性和必要性。

二是选取域外巨灾保险立法的典型样本，详加考察其立法模式和运作机制。域外巨灾保险法律制度多为体系化构造。美国、英国、法国、日本、新西兰和中国台湾地区的巨灾保险立法各具特色、各有利弊。本书关注的是，对不同立法从立法模式、法律规则、运作效果等方面进行针对性分析，思考巨灾保险制度安排与社会治理策略选择之间是否存在内在对应关系，我国巨灾保险立法可获得何种启示和借鉴。

三是试图勾勒出中国巨灾保险制度构建的总体思路。中国巨灾保险制度构建虽然存在某些不利因素，但整体上具备确立巨灾保险制度的必要性和可行性。本书探讨了构建该制度最主要的三个内容，提炼出巨灾保险制度特有的、贯穿其中的原则，最后尝试将研究细化到规则设置方面。在研究中逐渐形成了结论：我国巨灾保险制度应采取补充性立法方式、市场与政府协作的运作机制、多元主体加多层级的损失分摊方案；巨灾保险制度应遵循普遍安全和优先原则、强制分保原则、限制补偿原则和最大诚信原则；巨灾保险立法可从风险控制规则、风险转移规则、风险补偿规则三方面来组织规则体系。

四是以合同关系为切入点，对巨灾保险体系的内部构造进行剖析，得出结论：应以民商法的契约群理论来解读巨灾保险复合机制建构；巨灾保险体系建构则以再保险合同为重点。再保险在很大程度上决定着巨灾风险分散机制的整体成效。在巨灾保险的契约群构造中，再保险合同也处于中心位置。巨灾再保险合同与原保险合同之间既有从属性，亦具有独立性。巨灾再保险合同在性质上属于特殊的合同责任保险。对于巨灾再保险合同的类型、主体、权利义务、通用条款和等内容，未来立法宜加以明确规定，而不应视其为纯技术性意定条款。

五是关于巨灾保险证券化法律规制问题的探讨。巨灾保险证券化是保险业创新实践的必然产物，其实质是风险的证券化。正是因为传统再保险不足以充分补偿巨灾损失，才推动巨灾保险或再保险的承保风险向资本市场转移。这体现了市场创新的力量。法律必须要为证券化解决规律、规则和规制问题。本书认为，巨灾风险从保险市场向资本市场的转移，背后是契约群的延伸和扩张。巨灾保险证券化代表着风险复合治理机制的发展方向，深刻说明了社会治理有效性与风险整体治理观的自洽。制度的现代化与法治化总是相辅相成的。本书结合我国现实法律环境，从巨灾保险证券化的立法路径、主体制度构建、交易机制、监管体系的设立等方面，对我国巨灾保险证券化的法律规制也进行一些粗浅思考。

面对新旧挑战，发展巨灾保险，真正助力国家治理现代化，将会是一个长期渐进的过程。但正所谓"道阻且长，行则将至；行而不辍，未来可期"。我国巨灾保险法律制度必将在国家治理新格局中发挥它应有的功用。

PREFACE

The categories of natural disasters include geological disasters such as volcanoes and earthquakes, meteorological disasters such as floods, typhoons and blizzards, marine disasters such as storm surges and tsunamis, and biological disasters such as animal, plant or microbial pandemics.

China has been one of the most affected countries by the catastrophe. In recent decades, China's rapid economic growth, urbanization accelerated, and the unreasonable development, have further exacerbated the catastrophe risk. Once a catastrophe occurs, the direct economic losses and the affected population area may be very large, which will have a great impact on national security, economic and social development, and people's livelihood. For instances, the snow and ice disaster in Southern China and the Wenchuan earthquake in 2008, and the COVID-19 pandemic in 2020. In terms of coping with catastrophe, traditional China, based on the disaster theory and the people-oriented thought of "respecting heaven and protecting the people", implemented and inherited the "famine policy", that is the central government invested a large amount of resources for disaster relief as the basic national policy, supplemented by the folk "charity warehouse" and "social warehouse" to prepare for famine and save themselves. Since 1949, China's catastrophe response strategy has undergone the development and evolution of "post-disaster relief", "disaster prevention and mitigation", and "catastrophe risk management" stages. However, in the face of the current development trend of catastrophic risks, the government-led post-disaster relief model has deficiencies in loss compensation and sustainability.

In this context, developing catastrophe insurance and transferring catastrophe risk by insurance mechanism has gradually become the consensus of the whole Chinese society. The top-level design clearly states that it is necessary to "establish a catastrophe insurance system" and "give full play to performance of insurance in disaster risk transfer", and incorporate it into the "Emergency Response Law" and the "Eleventh Five-Year Plan for National Comprehensive Disaster Reduction", and The Third Plenary Session of the Eighteenth Central Committee of CPC "Decisions of the Central Committee on Several Major Issues in Comprehensively Deepening Reform", etc. After the policy arranged, the practice of catastrophe insurance quicklyhave been launched. Since 2014, China has successively built pilot projects of local public catastrophe insurance or agricultural catastrophe insurance, in Shenzhen, Ningbo and Dali and etc., and has launched the first national catastrophe insurance project, namely the National earthquake catastrophe insurance for urban and rural residents. However, domestic catastrophe insurance needs to be developed on both supply and demand sides, and many catastrophe risk areas have not yet been involved. China's catastrophe insurance is still in the stage of policy and practice first, and the legislation is relatively lagging behind. At the national legislative level, the catastrophe insurance system is absent. At the provincial level, the legislation is still in the stage of research and discussion. So, the practice of catastrophe insurance has to continue to advance with no legal protection.

In recent years, the report of the 19th CPC National Congress and General Secretary Xi Jinping have clearly put forward the general requirements of "improving disaster risk management capability" and "promoting the modernization of China's emergency management system and capacity". This indicates that China has entered a new stage of "catastrophe risk management", and the catastrophe response concept and strategy have been significantly adjusted. It also reveals that disaster risk management has been incorporated into the national governance system and governance capacity discourse system, thus pointing out the positioning and development direction of China's catastrophe insurance support mechanism.

From the perspective of catastrophe risk social governance, this book takes the new pattern of catastrophe insurance under national risk governance as the logical starting point, and takes insurance and the rule of law as "two wings", to conduct a special study on the construction of catastrophe insurance legal system in China. In terms of the specific structure, the book analyzes and expounds the theoretical basis of catastrophe insurance, the experience of foreign legislation, the overall idea of catastrophe insurance system construction, the structure of contract group relationship within the catastrophe insurance system, and the legal regulation of the innovation of catastrophe risk securitization.

The first of this book is the research on the theoretical basis and positioning of catastrophe insurance the theoretical basis and reorientation of catastrophe insurance. To define the catastrophe is the first question on catastrophe insurance research. Catastrophe are often used to refer to all kinds of serious disasters, the general definition has not yet formed. As an innovative field, catastrophe insurance involves many disciplines. The research results of the basic theories, such as risk society theory, social governance theory, risk management theory, probability theory and insurance law of large numbers, institutional change theory and game theory, economic liberalism and state intervention theory, provide the theoretical basis for the contemporary catastrophe insurance research. Inspired by the theory of risk society and the theory of social governance, this book finds a new perspective to understand and explore catastrophe insurance, that is, to think about how to build a catastrophe insurance legal system in China under the new pattern of national risk governance. Another basic theoretical problem is to define the attributes of catastrophe insurance, so as to prove the legitimacy and necessity of catastrophe insurance in the social governance system. Catastrophe risk has the dual nature of private risk and public risk, which should be Shared by the individual and the government. Insurance is most suitable way to transfer catastrophe risk. As a quasi-public product, Catastrophe insurance has the basic function, such as risk diversification and loss compensation, and the derivative functions including disaster prevention and social management. Catastrophe reinsurance is the insurance of catastrophe insurance, which has legitimacy in the construction of catastrophe risk management system.

Secondly, this book selects typical samples of catastrophe insurance legislation to find out its legislative mode and operation mechanism. The extraterritorial catastrophe insurance laws are mostly in systematic structure. Catastrophe insurance law of the United States, Britain, France, Japan, New Zealand or Taiwan has its own features and advantages. The focus of this book is to find the internal relationships between catastrophe insurance system and social governance strategy through analysis of different legislative modes, legal rules and operation effects, so as to provide reference for future catastrophe insurance legislation in China.

Thirdly, this book clarifies the general idea of constructing China's catastrophe insurance system. Although there are unfavorable factors for China to construct and develop the catastrophe insurance system, it is still necessary and feasible to build China's catastrophe insurance system. This book ponders the main contents in the system construction, then extracts principles of the catastrophe insurance law system, and tries to do some deep research on rule setting. The conclusion of this part is that the catastrophe insurance system should adopt supplementary legislation, the operation mechanism of market and government cooperation, and the multi-subject & multi-level loss allocation scheme. What best embodies the essence of catastrophe insurance system are the principle of universal safety and priority, compulsory reinsurance, limited compensation and maximum good faith. The rule system can be organized by the risk control rules, risk transfer rules and risk compensation rules.

Fourthly, this book analyzes the internal structure of catastrophe insurance system by contractual relationship, and draws the conclusion that the compound mechanism of catastrophe insurance should be explained by the contract group theory in civil laws. The construction of catastrophe insurance system focuses on reinsurance contracts. If reinsurance largely determines the effectiveness of catastrophe risk operation mechanism, then in the construction of catastrophe insurance contract group, reinsurance contract is the center. Catastrophe reinsurance contract has both dependency and independence, and belongs to special contract liability insurance. The types, subjects, rights and obligations, general terms of catastrophe reinsurance contracts should be clearly stipulated in legislation. Catastrophe reinsurance contracts should not be regarded as technical terms.

Fifthly, it is about the discussion on legal regulation of catastrophe insurance securitization. Securitization of catastrophe insurance is the product of the innovation in insurance industry, because traditional reinsurance cannot compensate the damage, that promotes the transfer of catastrophe insurance or reinsurance risks to the capital market, which is the power of innovation. However, discipline, rules and regulations must be set in law. This book concludes that the derivation of catastrophe risk from insurance market to capital market actually is the expansion of contract group. As the future development direction of catastrophe risk compound governance mechanism, catastrophe insurance securitization proves self-consistent of effectiveness and holistic view of social governance. Since the modernization of the system and the legalization of the system always complement each other, it is necessary for catastrophe insurance securitization to be ruled by law.

In the face of old and new challenges, it will be a long-term gradual process to develop catastrophe insurancesystem and to modernize social governance. As an ancient saying goes, "Road ahead is long and hard. Persist, success is in card." China's catastrophe insurance legal system will play its due role in the new pattern of national governance.

目 录

第一章 绪论 ……………………………………………… (1)
  第一节 研究问题的背景 ……………………………… (1)
  第二节 研究动机与目的 ……………………………… (2)
  第三节 国内外研究现状 ……………………………… (3)
  第四节 研究的内容与方法 …………………………… (5)

第二章 巨灾保险的理论基础 …………………………… (7)
  第一节 巨灾与巨灾风险 ……………………………… (7)
  第二节 巨灾保险的学理构成 ………………………… (20)
  第三节 巨灾保险的一般问题 ………………………… (34)
  第四节 作为体系核心的巨灾再保险 ………………… (49)

第三章 域外巨灾保险立法比较考察 …………………… (61)
  第一节 巨灾保险典型立法例 ………………………… (61)
  第二节 巨灾保险立法模式考察 ……………………… (73)
  第三节 巨灾保险运作机制考察 ……………………… (83)
  第四节 域外巨灾保险立法之启示 …………………… (90)

第四章 构建中国巨灾保险制度的总体思路 …………… (97)
  第一节 巨灾保险制度构建的必要性与可行性 ……… (97)
  第二节 中国巨灾保险制度的模型建构 ……………… (110)
  第三节 巨灾保险制度的原则配置 …………………… (114)

第四节　巨灾保险制度的规则构建 …………………………（119）

第五章　巨灾保险合同的法律构造 ……………………………（127）
第一节　巨灾保险合同的性质廓清与类型选择 ……………（127）
第二节　巨灾保险合同的主体 ………………………………（141）
第三节　巨灾保险合同的权利义务 …………………………（147）
第四节　巨灾保险合同的条款构成 …………………………（151）

第六章　巨灾保险证券化的法律规制 …………………………（159）
第一节　巨灾保险证券化的产生与发展 ……………………（159）
第二节　巨灾保险证券化的界定及其价值 …………………（163）
第三节　巨灾保险证券化中的契约群 ………………………（169）
第四节　中国巨灾保险证券化制度的创设 …………………（176）

参考文献 ……………………………………………………………（199）

后　记 ………………………………………………………………（209）

第一章 绪 论

第一节 研究问题的背景

中国在历史上一直是巨灾高发国家。在应对巨灾方面，传统中国基于灾异说和"敬天保民"的民本思想，周代以降长期以"荒政"①为基本国策，由中央政府投入大量资源，采取平籴、常平仓、移民、减税、发放钱粮等措施赈济灾民。隋唐至清代，民间设置义仓、社仓等基层自救性质的备荒仓储以为辅助。

新中国成立以来，特别是近几十年来，地球活动进入较活跃时期，加上中国经济社会持续快速发展过程中又出现了大量不合理开发行为，巨灾风险及巨灾损失明显加剧。如 2008 年南方冰雪灾害和汶川地震、2020 年新冠肺炎疫情等巨灾事件所导致的直接经济损失和受灾人口面积非常巨大。巨灾应对成为国家应急管理的最大挑战和最终指向。而中国采取的传统国家灾害救助模式，即以政府财政救济为支撑、民间慈善捐助为补充的灾后救助体制，在救济效果和可持续性方面已无法满足现代国家和社会发展的需求。

当代世界各国均将保险视为最重要的巨灾风险管理手段。中国巨灾应对策略经历了"灾后救助""防灾减灾""巨灾风险管理"等阶段的发展演变，巨灾保险逐渐进入顶层设计。2007 年《突发事件应

---

① 《周礼·地官·大司徒》提出"十二荒政"说，即"以荒政十有二聚万民：一曰散利，二曰薄征，三曰缓刑，四曰弛力，五曰舍禁，六曰去几（讥察），七曰眚（省）礼，八曰杀哀，九曰蕃乐，十曰多昏，十有一曰索鬼神，十有二曰除盗贼"。

对法》《国家综合减灾"十一五"规划》、党的十八届三中全会出台的《中央关于全面深化改革若干重大问题的决定》等均明确提出，要"建立巨灾保险制度"，"充分发挥表现保险在灾害风险转移中的作用"。党的十九大报告又提出"提升防灾减灾救灾能力"的总体要求，进一步将"推进保险创新"和灾害治理能力建设作为国家公共安全体系建设、社会治理新常态的重要内容。在深度贫困地区，巨灾保险还被确定为普惠金融精准扶贫的突破口。

由于中国保险业起步较晚，整体水平不高，国内财产保险公司长期将巨灾风险作为除外责任，巨灾损失的保险赔付率明显低于世界平均水平。目前，中国已启动深圳、宁波、大理等地方性公共巨灾保险和农业巨灾保险试点项目，并推出全国城乡居民住宅地震巨灾保险。但中国巨灾保险整体覆盖率仍然偏低，很多风险领域尚未涉及，巨灾保险供给端和需求端有待发展。而在立法层面，真正意义上的巨灾保险制度尚付阙如，巨灾保险实践缺乏必要的法律制度保障。

法治是社会治理常态化、长效化的最优模式。建立和完善巨灾保险法律制度，代表着风险治理法治化的发展方向。如何构建与现代风险社会相适应的保险支持法律制度，是国家治理体系和治理能力现代化中必须深入思考和研究的重要课题。

第二节　研究动机与目的

2008年以后，中国立法中不断出现"洪水保险""地震保险"等专项风险巨灾保险或"巨灾保险"的提法，但相关条款基本停留在"鼓励""发展""支持"等倡导性规定表述层面。诸如《防震减灾法》《防洪法》《国家综合防灾减灾规划（2011—2015年）》，等等。《国务院关于加快发展现代保险服务业的若干意见》、保监会《再保险业务管理规定》还提出，要发展巨灾再保险，"逐步形成财政支持下的多层次巨灾风险分散机制"。

在实践层面，从2014年开始国家选定一些地区，如广东省深圳市、浙江省宁波市、云南省大理白族自治州、四川省等，分期分批地开展综合风险或单一地震风险巨灾保险试点项目。2015 年中国成立中国城乡居民住宅地震巨灾保险共同体，并在境外首次发行地震巨灾债券。2016 年原保监会与财政部公布《城乡居民住宅巨灾保险实施方案》，该地震保险产品正式上市。以上动向说明，中国顶层设计在明确巨灾风险治理的未来发展方向后，可能以实践倒逼立法跟进的方式，推动巨灾保险整体法律制度建设。

此前，原中国保监会曾联合相关部委确立巨灾保险制度三步走计划：第一步是在 2014 年年底完成对巨灾保险的课题研究；第二步是在 2017 年年底完成相关立法工作（曾计划提前到 2015 年年底）；第三步将在 2017 年到 2020 年逐步实施地震保险制度，同时把其纳入国家的综合减灾防灾体系当中去。① 令人遗憾的是，该规划似乎未能如期推进，《地震巨灾保险条例》至今仍未颁布。巨灾再保险制度、巨灾保险证券化、巨灾再保险监管亦未见明显突破。

过往实践表明，在风险社会背景下，想要轻而易举地从传统政府财政救助模式切换为巨灾保险支持机制、单纯依靠直接保险分散巨灾风险是不太现实的。中国灾害风险治理的复杂性与特殊性决定了，巨灾保险立法简单照搬别国法律也是不可行的。因此，从社会治理视角观察分析巨灾风险分散的有效路径和创新机制，思考如何建立政府全局统筹、社会协同治理、法治保障的灾害风险治理新常态，成为本书研究的主要内容。

第三节　国内外研究现状

近十余年来，中国学术界对巨灾保险问题的研究，经历了一个从冷到热的发展过程。

2007 年以前的研究主要以保险学、灾害地理学研究为主，研究内容主要集中在巨灾风险可保性、巨灾风险定量及损失评估技术、巨

---

① 李超：《保监会：地震巨灾保险条例或今年年底出台》，2020 年 6 月 20 日，中国新闻网财经频道（http：//www.chinanews.com/cj/2015/10-20/7579273.shtml）。

灾保险连接证券等方面。例如，北京大学课题组的再保险角色定位研究，石兴关于巨灾风险可保性的研究，姚庆海关于巨灾保险损失补偿、杜林关于灾害保险经营模式的研究，田玲、李永、李勇权、赵正堂等人的巨灾风险证券化研究，等等。此外，政策性农业巨灾保险研究中，涉及了法律制度框架设计、再保险运行机制等问题。这一时期，法学界极少有人涉猎巨灾保险或再保险立法研究。

2008年汶川大地震发生后，国内相关学科的巨灾保险研究出现了一个高潮，法学研究也开始活跃。这一时期的研究主要集中于两方面：一是国外巨灾保险制度及模式借鉴研究；二是中国农业巨灾保险制度构建研究。如隋祎宁、谷明淑对巨灾保险制度的比较研究，任自力、何霖、梁昊然等人关于中国巨灾保险立法的设想。此外，还出现了巨灾保险证券化具体法律问题研究，如冯博关于定价问题、颜延关于卖方义务、王飞关于巨灾债券的研究等。法学界现有研究的主要特点是：（1）关注巨灾直接保险立法的较多，研究巨灾再保险、巨灾保险证券化及其具体问题的较少；（2）提出粗线条式立法建议的较多，进行具体制度和规则研究的较少；（3）进行民商经济法学、风险管理学、政治学等多学科对话的较少。

在欧美发达国家，特别是美、日、新西兰等巨灾多发国家，法律、金融、风险管理等学科领域关于巨灾保险领域的研究已有数十年的积淀。研究成果包括但不限于：（1）巨灾保险基础理论研究，主要包括：自由经济和国家干预理论、整合性风险管理理论、制度变迁和博弈论等；（2）巨灾直接保险与再保险合同相关问题研究，如巨灾超赔再保险合同、直接索赔和背对背赔偿等；（3）巨灾保险证券化问题研究，如受保护单元公司或特殊目的再保险机构、破产隔离、证券化的信息披露、定价与法律监管等问题。不少国家已制定出巨灾直接保险、巨灾再保险、特定目的再保险机构方面的专门法律，形成了较为完备的巨灾保险整体法律体系。以美国为例，已构建起包括《国家洪水保险计划》、加州《地震保险法》《标准再保险协议》《特定目的再保险机构示范法》《保险公司投资示范法》等在内的巨灾保险整体法律体系。

国外巨灾保险相关理论和制度研究较为广泛深入，在专项巨灾直接保险、巨灾再保险及巨灾保险证券化实践方面也积累了很多经验，值得中国学界学习、研究与合理借鉴。

第四节　研究的内容与方法

本书研究内容主要分为五个部分。

第一章，分析梳理了巨灾保险的理论基础，主要内容包括：界定巨灾、巨灾风险及其保险转移；探讨了巨灾风险可保性、巨灾保险的属性和功能等一般问题；对巨灾再保险的界定，分析了巨灾再保险的正当性与独特功能等问题。

第二章，域外巨灾保险立法比较研究。主要包含：对两大法系巨灾保险立法主要样本的研究；分析总结了域外巨灾保险的主要法律模式；从损失补偿方式角度，对域外巨灾保险制度模型进行比较，分析了不同巨灾保险制度的利弊；在此基础上，总结了域外立法对中国巨灾保险整体法律制度构建的若干启示。

第三章，提出了构建中国巨灾保险制度的总体思路。包含对中国巨灾保险整体制度构建的必要性与可行性分析；提出中国巨灾保险制度应坚持系统思维和全局思维，采取补充立法模式，建立市场与政府协作、多元主体参与、多层级损失分摊模式；根据巨灾保险制度的特殊性，提出直接保险和再保险区分实施方式、限制补偿和最大诚信的原则；从风险控制规则、风险转移规则和风险补偿规则三方面，对巨灾保险制度的规则构建提出了具体设想。

第四章，研究了巨灾保险契约群构造，主要内容有：分析巨灾原保险与再保险的合同性质、适用的合同类型；厘清了巨灾保险契约群关系的各方主体，有巨灾投保人、巨灾原保险人、巨灾再保险人、巨灾保险与再保险的关系人和辅助人等；对巨灾原保险和再保险合同各方当事人的权利义务予以界定；探讨了巨灾保险与再保险合同的条款构成，提出了设置巨灾原保险与再保险合同的基本条款、通用条款和特别条款的方案。

第五章，对巨灾保险证券化制度建构进行了研究，主要包括：巨灾保险证券化的产生与发展；巨灾保险证券化的界定、运行程序及价值分析；针对巨灾保险证券化契约群，即巨灾转分保合同、SPRV证券投资合同和SPRV信托投资合同的合同主体与权利义务配置问题进行了思考，并对SPRV证券投资合同的特殊条款进行了分析；在上述研究的基础上，对创设中国巨灾保险证券化制度的现实意义、基础条件和法律障碍进行了分析；最后，就巨灾保险证券化的具体法律提出建议，包含立法路径、SPRV主体制度、交易机制和监管等问题。

本书采用的研究方法包括：（1）法学与其他学科结合的跨学科研究法。本书涉及的研究领域比较广泛，运用了风险管理、政治学、金融与保险等学科的观点来分析阐述相关问题。（2）比较法研究；主要用于对域外巨灾保险和再保险法律制度的类型化研究。（3）以社会治理法治化为出发点、契约群关系研究为切入点，探讨了完成中国巨灾整体制度构建的可能性与可行性。

第二章 巨灾保险的理论基础

第一节 巨灾与巨灾风险

一 巨灾的主要释义及判断标准

巨灾（Catastrophe）一词，源自拉丁语 Catastropha、希腊语 Katastrophe，"cata-"表示"向下、相反"，"-strophe"表示"翻转"，词义为"颠倒、突然结束、意外逆转"，引申为"巨大的、突发性灾难"。[①] 在现代社会中，巨灾一般被解读为造成严重人员伤亡和巨大财产损失的灾难性事件。国内外尚未形成统一的巨灾定义，也没有通用的判断标准。

（一）有关国际组织/行动的巨灾定义及其标准

联合国人道主义事务署（United Nations Department of Humanitarian Affairs，简称 UNDHA）对"disaster（英语）/desastre（西班牙语）/catastrophe（法语）"的释义为："一种严重的社会功能失调，它在大范围内造成人类、物质和环境损害，这种损害已经超出了社会依赖自己的资源所能承受的能力。灾难通常按照成因（自然的或人为的）来分类。"[②]

1994 年联合国国际减灾十年（International Decade for Natural Dis-

[①] Online Etymology Dictionary, http://www.etymonline.com/index.php?allowed_in_frame=0&search=catastrophe&searchmode=phrase；牛津高阶英汉双解词典，http://www.oxforddictionaries.com/definition/english/catastrophe。

[②] UNDHA, Internationally Agreed Glossary of Basic Terms Related to Disaster Management, 1992.

aster Reduction，UNIDNDR）的巨灾判断标准是"财产损失超过所在国家国民收入的1%；受灾人口超过全国人口的1%；死亡人口超过100人"。联合国国际减灾战略（United Nations International Strategy for Disaster Reduction，UNISDR），定义巨灾是"引起社区或社会功能严重受损，造成广泛的人身、物质、经济和（或）环境损失，超出受影响社区或社会利用自身资源应对能力的突发灾难性事件"①。ISDR数据库的收录标准为以下任一项：（1）有至少10人丧生的报告；（2）有至少100人受灾的报告；（3）政府的紧急状态声明；（4）国家政府请求国际援助。②

经济合作与发展组织（OECD）的表述是"大规模灾难"（Large-scale Disaster），意指给大量人口、人类活动和社会财富造成巨大损害，影响能源供应、交通和通信等多个重要系统，灾难的影响超出受灾地区并产生广泛的焦虑，公众有时还会表达对政府能力的不信任。③

欧盟委员会指出，"巨灾"（Catastrophe）与"灾害"（Disaster）、"灾难"（Calamity）是同义词，被普遍认为有多层面的、开放性的不同解释。巨灾是"对社会经济和环境体系的突然冲击，包含人命和财产损失"。欧盟农业和农村发展总司认为，巨灾的共同特征是"突然、急迫或不可预期，导致人类、物质、经济或环境损失，超出受灾地区应对能力"。④

（二）有关国际专业机构的巨灾定义及其标准

美国保险服务局（Insurance Service Office，ISO）财产理赔部规定："在财产保险和意外伤害保险中，巨灾是导致被保险财产直接损失达到或超过2500万美元，并影响到相当数量投保人和保险公司的事件。"⑤

---

① EC Joint Research Centre，Agricultural Insurance Schemes，2006，p. 113.
② EC Agriculture and Joint Research Centre，Agricultural Insurance Schemes，2006，p. 112.
③ OECD，Large-scale Disaster：Lessons Learned，2004，p. 6.
④ EC Agriculture and Rural Development，Agricultural Insurance Schemes Final Report，2006，p. 113.
⑤ Property Claim Services（PCS），http：//www.iso.com/pcs.

标准普尔（Standard & Poor's）定义巨灾是"导致保险损失达到或超过500万美元的单一事件或一系列相关事件"①。

瑞士再保险公司（Swiss Re）将巨灾分为自然巨灾和人为巨灾两类，并根据美国通货膨胀率设定了损失起点：财产损失总额达到8540万美元，或者在单一财产损失中，轮船损失达到1720万美元，航空损失达到3440万美元，其他损失达到4270万美元；死亡或失踪人数达到20人，或受伤人数达到50人，或无家可归人数达到2000人。②

慕尼黑再保险公司（Munich Re）称巨灾为"重大自然灾害"，指自然灾害对受灾区域造成的影响超出了受灾区域自救能力的负荷，必须依靠地区性或国际救援。巨灾通常导致数千人死亡，数十万人无家可归，或者取决于各国的经济环境，可能使受灾国遭受可持续性的经济损失。③

（三）有关国际权威学者的巨灾定义及其标准

法学家理查德·爱泼斯坦（Richard Epstein）认为，巨灾泛指"单次打击足以毁灭大量个体"的事件。他同时指出，从合同角度来定义巨灾是有难度的，还应考虑潜在的被保险人的相关风险。④

法学家理查德·波斯纳（Richard Allen Posner）将巨灾解释为"极低概率的，产生彻底颠覆或毁灭性影响的突发事件"⑤。

环境科学家基斯·史密斯（Keith Smith）提出巨灾的判断标准：伤亡人数超过100人，经济损失超过国民经济生产总值（GDP）的1%，或者受灾人口超过全国人口的1%。⑥

---

① David Rode, Baruch Fischhoff & Paul Fischbeck, "Catastrophic Risk and Securities Design", 2000, p. 9, http：//citeseerx.ist.psu.edu/viewdoc/download? doi = 10.1.1.26.9197&rep = rep1&type = pdf, (2019 – 4 – 20).

② Swiss Re, *Sigma*, 2009 (2), p. 5.

③ Munich Re, *Topics Annual Review：Natural Catastrophes*, 2002, p. 15.

④ Richard Epstein, "Catastrophic Responses to Catastrophic Risks", *Journal of Risk and Uncertainty*, No. 12, 1996, pp. 287 – 308.

⑤ Richard A. Posner, *Catastrophe：Risk and Response*, New York：Oxford University Press, 2004, p. 6.

⑥ Keith Smith, *Environmental Hazards：Assessing Risk and Reducing Disaster*, London：Routledge, 6th Edition (2013), p. 29.

灾难人类学家安东尼·奥利弗-史密斯（Anthony Oliver-Smith）认为，"巨灾是自然界潜在破坏性因素的组合过程/活动，在社会和经济脆弱性条件下修改和（或）构建环境和人口，导致个人和社会对生存、社会秩序和意义的需求惯常相对满意的状态遭到破坏"①。

工程学家穆罕默德·盖德（Mohamed Gad-el-Hak）认为巨灾：（1）在范围上，灾害可按照伤亡人口数量和（或）受灾地理面积，量化为五类等级。"巨灾"的标准是1000—10000人伤亡，受灾区域100—1000平方公里；"特大巨灾"则为10000人以上伤亡，1000平方公里以上受灾；（2）在规模上，巨灾是"对大量人口产生不良影响，毁坏大面积地理区域，使当地社区和中央政府的资源承受重负的自然或人为的极端事件"。对社会造成巨大破坏，引起大量人口死亡和数十亿美元的财产损失。②

风险管理学家埃瑞克·班克斯（Eric Banks）的巨灾定义是"低概率自然或人为事件"，对现有的社会、经济和/或环境框架产生巨大的冲击，并具有造成极大的人员和/或财务损失的可能性。③

（四）中国学者对巨灾定义的主要表述

目前，"巨灾"这一概念在中国相关法律和重要文件中已多有出现，但至今并无明确定义。国内学术界的主要观点概列如下。

学者李嘉华等人最先使用"巨灾"术语，定义为"危害性大、危害面广的灾害"，如地震、洪水、台风等。④许闲认为，巨灾专门针对地震、飓风、海啸、洪水等自然灾害或者恐怖事件、核装置或卫星受到损害等人造灾害，可能造成巨大财产损失和严重人员伤亡的风险，导致保险公司偿付能力不能确保的那一部分巨额潜在可能

---

① Anthony Oliver-Smith, "Global Changes and the Definition of Disaster", In E. L Quarantelli (ed.), *What is a Disaster? Perspectives on the Question*, London: Routledge, 1998.

② Mohamed Gad-el-Hak, *Large-Scale Disasters—Prediction, Control, and Mitigation*, New York: Cambridge University Press, 2008, pp. 7–9.

③ ［美］埃瑞克·班克斯：《巨灾保险》，杜墨等译，中国金融出版社2011年版，第5—6页。

④ 李嘉华、魏润泉：《保险危险》，《中国金融》1980年第9期。

第二章 巨灾保险的理论基础

损失。① 石兴认为，巨灾应是受灾地区自身无法解决，需要跨地区乃至国际援助的未来不利情景。② 王和指出，巨灾是导致大量人员伤亡和巨大经济损失，对区域或国家经济社会产生严重影响的自然灾害和人为灾难。③ 卓志定义巨灾是：突发的、不可预见的、难以避免的，能够带来巨大财产损失和人身伤亡的自然灾害事件。④

马宗晋认为，应以经济损失和人口伤亡为变量划分灾害等级。死亡1万人以上，财产损失100亿元人民币以上的，为巨灾。⑤ 汤爱平提出，损失占国内生产总值（GDP）比值>2‰，重伤和死亡百分率（%）>8‰的灾害，构成国家级巨灾。⑥ 史培军认为，巨灾一般会造成上万人的死亡，或者是上千亿元人民币的直接损失，或者导致十万平方公里以上的地方遭受损失。⑦

法学家应松年的定义是："巨灾也称非常规性灾害，指的是具有明显的复杂性特征，以及潜在的次生（衍生）危险，破坏性极强，采用常规管理方式难以克服的大型灾害。"⑧ 任自力认为，巨灾是指由突发的、无法预料的、不可避免的自然现象或人为因素导致社会巨大经济损失或人员严重伤亡的灾害性事件，包括地震、洪水、飓风、干旱、泥石流、恐怖袭击等。⑨

---

① 许闲：《当前制度下巨灾保险产品准备金计提的缺陷及完善》，《保险研究》2008年第10期。
② 石兴：《自然灾害巨灾风险可保性之优化研究》，《中国保险》2011年第12期。
③ 王和等：《巨灾风险分担机制研究》，中国金融出版社2013年版，第1页。
④ 卓志：《巨灾风险管理制度创新研究》，经济科学出版社2014年版，第47—49页；卓志、周志刚：《巨灾冲击、风险感知与保险需求——基于汶川地震的研究》，《保险研究》2013年第12期。
⑤ 马宗晋：《中国重大自然灾害及减灾对策（总论）》，科学出版社1993年版，第170—175页。
⑥ 汤爱平、谢礼立：《自然灾害的概念、等级》，《自然灾害学报》1999年第3期。
⑦ 史培军：《自然灾害与综合防灾减灾》，2010年中国科协学术报告会，转引自2020年6月18日，人民网（http：//scitech.people.com.cn/GB/11629304.html）。
⑧ 应松年：《巨灾冲击与我国灾害法律体系的改革》，《2010年国家综合防灾减灾与可持续发展论坛文集》，中国社会出版社2011年版，第53—58页。
⑨ 任自力：《中国巨灾保险法律制度研究》，中国政法大学出版社2015年版，第3—4页。

（五）本书对巨灾概念的界定

本书认为，前述诸种巨灾定义，可概括为灾害强度等级说（如震级或发生概率）、灾难损失阈值说（人身或财产损失）、灾害等级与灾难损失结合说。这些定义或可作为实用规则满足可操作性要求，但于基础概念的界定却有失偏颇。

（1）巨灾是一个相对概念。自然灾害大小由致灾因子、孕灾环境和受灾体共同决定。同种类型、同种级别的致灾因子，作用于不同环境，损害后果也会不同。比如，对于无人区来说，巨灾事件发生就没有造成损失。只有超过受灾体自身承受能力或恢复能力的灾害事件，才能称为巨灾。以地震灾害为例，震级只是初判条件，而非灾难损失认定标准。

（2）巨灾是一个抽象概念。以静态的经济损失数字作为量化标准，不一定科学，也不太具备长期适用性。比如，1976 年唐山大地震造成直接经济损失 54 亿元，为全球十大灾难之一；2010 年青海玉树地震直接经济损失达 229 亿元，却被认为不构成巨灾。① 这显然与不同年代货币所代表的实际价值有关。

（3）巨灾还是一个发展的概念。国内外行业实践中巨灾险灾种范围多集中于自然灾难，如地震、台风、海啸和洪水等自然灾害及其次生灾害。学界对巨灾外延的理解相对较宽，除上述自然灾难外，还包括核事故和恐怖主义事件等人为巨灾。但据笔者观察，2020 年新冠肺炎全球疫情发生后，国内学界和保险业内都出现了将此类疫情纳入巨灾保险的观点。

所谓定义，本是对一种事物的本质特征或一个概念的内涵和外延的确切而简要的说明。本书认为，巨灾概念的界定应充分考量风险特征、损失相对性等因素，如此方能满足概念意涵的普适性、包容性和发展性要求。总而言之，界定巨灾概念还应注意以下问题。

第一，巨灾定义中无须、也不宜直接给出损失起点阈值。评估灾

---

① 张卫星、史培军等：《巨灾定义与划分标准研究——基于近年来全球典型灾害案例的分析》，《灾害学》2013 年第 1 期。

害损失程度是否达到"巨"量级的临界点,还应考虑具体灾种特点和受灾主体自身情况。仅以人命损失和财产损失量化指标为例,目前中国关于最严重程度自然灾害的"顶格"表述及其损失认定标准就有:《国家自然灾害救助应急预案》规定"特别重大自然灾害",为死亡200人以上(含本数,下同)的,或倒塌和严重损坏房屋30万间或10万户以上的;《森林防火条例》规定"特别重大森林火灾",为"受害森林面积在1000公顷以上的,或者死亡30人以上的,或者重伤100人以上的";原保监会对"重大灾害事故"划定的标准是,保险报损金额大于1000万元,或经济损失大于5000万元,或产生重大社会关注和影响的自然灾害或意外事故。① 由此可见,即使巨灾(法律)定义并未包含损失起点标准,也并不妨碍巨灾险实务中损失认定问题的解决。灾难评估和认定标准完全可以适用或参照适用其所属行业或区域的政策性、指导性规定。

值得注意的是,巨灾等级认定中似乎出现抽离财产损失标准的倾向。2012年《国家地震应急预案》将"特别重大地震灾害事件"定义为"造成300人以上死亡(含失踪),或者直接经济损失占地震发生地省(区、市)上年国内生产总值1%以上的地震灾害"。而2020年5月29日应急管理部公布的《国家地震应急预案(征求意见稿)》则拟改为"造成500人以上死亡(含失踪)的地震灾害"。

第二,人为灾难事件,亦应属于巨灾范畴。既往定义多将巨灾界定为自然灾难事件,实为承保能力受限语境下所做之限制解释。核电事故、恐怖袭击等人为灾难,在风险特征、风险识别和风险转移方面具有特殊性,故而能以保险池方式提供此种巨灾保险的国家并不多见。以人为灾难巨灾险的主要代表为例,有美国的恐怖风险保险和核责任保险,日本核共体的核风险准备金,西欧国家的核损害补偿基金等。近年中国地方性巨灾保险试点实践中,综合风险灾种已突破自然灾害范围,涉及人为灾难领域。目前宁波市公共巨灾保险的保障范围,除自然灾害外,还包括因突发火灾、爆炸、群体

---

① 中国保监会《重大灾害事故保险理赔案例选编2015》。

性拥挤、踩踏或重大恶性案件等事件。在深圳市2020年版巨灾保险保单中,救助范围涵盖暴风、暴雨、崖崩、雷击等16种自然灾害及其次生灾害所致人身伤亡,抢险救灾和见义勇为行为所致人身伤亡,承保灾害导致的核电事故救助费用等。由此可见,现行法之"特别重大自然灾害"并不能顶替"巨灾"概念,今后或可作为巨灾的下位概念使用。

第三,现行法通过分类规定来界定自然巨灾的外延,是不周延的。灾害学通说认为,自然灾害是指自然界运动的自然现象与人类社会产生联系并产生破坏性后果,可分为天气灾害、气象灾害、地质灾害、地貌灾害、水文灾害、生物灾害和环境灾害七大类。中国法律对自然灾害的定义性规范,主要分布在国务院行政法规层级。2006年《国家突发公共事件总体应急预案》规定:自然灾害主要包括水旱灾害、气象灾害、地震灾害、地质灾害、海洋灾害、生物灾害和森林草原火灾七类。同年发布的《国家自然灾害救助应急预案》"附则"名词术语解释部分,定义"自然灾害:指给人类生存带来危害或损害人类生活环境的自然现象",包括气象灾害、地质灾害、海洋灾害、森林草原火灾和重大生物灾害五大类。2016年修订后的《国家自然灾害救助应急预案》删除上述内涵性定义,并在外延性定义中去掉重大生物灾害类别。而按照国家民政部标准制定的《GB/T 28921-2012自然灾害分类与代码》,自然灾害分为气象水文灾害、地质地震灾害、海洋灾害、生物灾害、生态环境灾害五大灾类。截至目前,应急管理部国家减灾中心在"国家减灾网"上仍沿用该五类法来设置报灾系统。现行法完全采用外延性定义,且灾种分类标准与表述话语不统一,不仅容易造成法律适用上的混乱,而且无法适应当下与未来社会风险认识和保障需求的变化。

以新冠肺炎疫情为例,根据《国家突发公共事件总体应急预案》,传染病疫情属于公共卫生事件类别;而根据《自然灾害分类与代码》,则属于自然灾害,理应纳入巨灾保险体系。按照世界经济论坛发布的《2020世界风险报告》分类法,传染性疾病归入"社会风险",地震、洪水、飓风等传统自然灾害则属于"环境风险"。依其观点,巨灾已与风险类别无关，只与可能性（likelihood）和影响（impact）发生关联。

正如波斯纳所言，在定义巨灾时还应抓住其基本属性和标准。① 有鉴于此，本书认为，巨灾是指因不可避免的低概率自然现象或人为原因导致严重人员伤亡和巨大财产损失，受灾地依靠自身资源和能力无法应对的灾害性事件。

二 巨灾风险的界定

（一）巨灾风险的概念与特性

所谓风险，是关于某一事件结果的不确定性，是社会生活中难以避免的一部分。② 风险都是针对不希望发生的事件而言的，包括发生的可能性、发生所导致的影响等方面，由风险因素、风险事故和风险损失等要素组成。③

所谓巨灾风险，是指巨灾作为特定风险事故，因其发生造成巨大损失的潜在可能性。就风险来源而言，巨灾风险同样包括自然风险和人为风险。在现代社会中，社会、政治、经济和技术等领域的人为活动也可能引发巨灾，如恐怖袭击、环境污染、重大疫情、核技术滥用、金融危机等。美国在"9·11"恐怖袭击事件后，将恐怖袭击纳入巨灾风险范畴。但如上节所述，通常意义上的巨灾风险，仅指因地震、飓风、海啸、洪水和极端天气气候事件等自然灾害事件而产生的自然风险，并不包括人为巨灾风险。

巨灾风险除具有普遍性、客观性、损失性、不确定性和社会性等一般风险特征之外，又有不同于普通风险的某些特点。

第一，巨灾风险的发生频率很低。灾害学研究通常用巨灾风险发

---

① Richard A. Posner, *Catastrophe: Risk and Response*, New York: Oxford University Press, 2004, p. 6.
② [美]埃瑞克·班克斯:《巨灾保险》，杜墨等译，中国金融出版社2011年版，第3页。
③ 风险有广义和狭义两种定义。广义的风险定义强调风险表现为不确定性，说明风险产生的结果可能带来损失、获利或是无损失也无获利，金融风险属于此类。本书采狭义的"纯粹风险"说，即风险表现为损失的不确定性，风险只可能造成没有损失或造成损失两种结果。

生频率作为巨灾判断指标之一,即"致灾强度达到或超过百年一遇水平"。如中国 2008 年的南方低温雨雪冰冻灾害和汶川大地震,均为百年不遇的概率水平,达到巨灾等级。① 该年也是全世界范围的巨灾高发之年,全球共发生自然巨灾 394 起,但仍远远低于一般风险发生频率水平。

第二,巨灾风险的损失程度极高。巨灾风险具有偶发性,但是一旦发生,在深度和广度上的影响相当大。根据慕尼黑再保险全球自然巨灾损失报告数据显示,2005—2014 年全球发生巨灾事件的整体损失和保险损失平均值分别为 1800 亿美元和 560 亿美元。在通常情况下,承保风险事故发生导致保险标的损失的,保险公司可用从保费收入中提取的责任准备金,随时履行保险赔付责任。但巨灾发生后,往往会出现大量被保险人同时请求理赔的情形。对于开展巨灾保险业务的中小型保险公司来说,这种庞大的风险累积压力可能是其无法承受之重,极易引发破产风潮。尤其是在自身资源负载能力有限的国家和地区,一次巨灾事件的发生就可能令社会秩序混乱,政府不堪重负,后续的恢复重建也会困难重重,长久无法复苏。2010 年海地地震灾难事件即可为其例证。

第三,巨灾风险的预测与损失预估十分困难。巨灾事件具有明显的突发性,尤以地震及其引发的海啸、核泄漏等灾害为甚,风险事件从暴发到灾害损失形成过程极为短暂。自然致灾因子成因复杂,其发生种类、频率及强度都是随机的,采集到的历史数据有限,风险统计预测困难。达到巨灾级别的自然灾害,如地震、海啸、飓风等,其灾害预报更是世界性难题,目前仍然无法精确预测。即使采取必要的灾前预防和灾后应对举措,巨灾风险一旦发生,仍会导致一定地域内集中出现大规模人员伤亡和经济损失。以日本为例,该国拥有可能是世界上最先进的防灾减灾救灾机制,2011 年东日本大地震引发海啸及核泄漏,造成 1.8 万人死亡或失踪,经济损失达 25

---

① 张卫星、史培军等:《巨灾定义与划分标准研究——基于近年来全球典型灾害案例的分析》,《灾害学》2013 年第 1 期。

万亿日元。灾区重建项目耗费巨大,日本政府最新计划预期将在2025年完成重建。①

(二) 巨灾风险的双重性质

按照风险影响对象的不同,风险可分为私人风险和公共风险两大类。巨灾风险通常会对私人和社会同时产生影响,属于兼有双重性质的风险。

1. 巨灾风险的私人风险属性

私人风险仅对个人、家庭或企业等个体造成影响,所致损失一般在个体的承受或控制范围内,或者其行为与风险的损失后果之间有关联,如火灾烧毁私有财产、私人财物被盗等。由于这类风险导致的损失只及于少数个体,一般由其自行承担,社会或政府不予负担。所以,私人风险多通过市场机制来分散、转移和防范。比如,私人投保,通过保险机制聚合同类私人风险,然后分散到参加保险的其他私人个体身上,从而转移或化解该风险。

巨灾风险无疑具有私人风险属性。巨灾基本上属于不可抗力事件,发生概率极低,但巨灾的发生还是有一定的规律性的,可以逐渐被认知和预测。处于巨灾风险暴露之中的个体,仍有可能通过私人行为减少或避免巨灾发生给自身造成的影响。比如,地震活跃地区,洪水、海啸或飓风等灾害多发区的个体可以外迁至安全区域,或者采取适当的防灾防损措施来减轻巨灾损失,如强化房屋抗震性能、建设防洪防风设施等。

2. 巨灾风险的公共风险属性

公共风险的危害具有隐蔽性,一般不易识别。在公共风险之下,特定区域或范围内的所有个体同时处于风险暴露状态,全部社会个体都可能因风险发生而共同受损。常见的公共风险有自然灾害、金融危机、传染病流行、环境污染、突发性公共安全事件等。个体很难通过个人行为或市场行为来管理此类风险,也不可能分摊其损失,所以只

---

① 《东日本大地震重建项目费5年或约1.5万亿日元》,2020年2月2日,全球经济数据(http://www.qqjjsj.com/show73a112804)。

能由公共部门即政府来防范或化解公共风险、承担风险责任的成本。

巨灾风险的公共风险属性相当明显。巨灾风险多因自然规律的作用或变异引发。重大自然灾害事件一旦发生，会在大范围内同时造成大量人员伤亡和巨大经济损失。受灾个体或受灾地区依靠自身资源和能力往往无力承受巨灾损失，需请求其他地区或国际社会援助。政府一般会出面解决私人机制无法承担的巨灾损失问题，如组织灾后救援、稳定社会秩序、恢复重建公共设施等。

巨灾风险的双重属性决定了对巨灾造成的损失，既不可能由私人自行消化，也不可能全部转嫁给政府承担。在巨灾风险管理中，若将巨灾造成的私人损失完全公共化，会加剧道德风险和逆向选择问题。美国洪水保险制度发展初期就经历了这种曲折。20 世纪 50 年代后期，美国政府依靠全国税收收入，向洪泛区受灾居民提供洪水救助基金，并在洪泛区大力兴建防洪工程。这些举措虽初衷良好，却意外刺激了民众在私利驱动下向洪泛区大量迁移，不合理开发和滥用土地的现象相当普遍。最终导致洪灾损失大幅增加，政府救灾费用不断上涨。取而代之的《国家洪水保险计划》（NFIP）改用保险方式应对洪灾风险，政府提供洪水保险，洪泛区居民和小企业自愿选择是否购买。若因所在社区不符合标准而无法加入该计划，或个人未购买洪水保险，则不能享受灾后政府救助及贷款等优惠措施。这种制度安排将洪灾风险定位为双重属性风险，一方面鼓励私人投保，帮助个体采取防灾减灾措施，另一方面由政府适当分摊洪灾损失成本，政府、商业保险公司与民众个体形成合力应对巨灾风险，成效相当显著。NFIP 对巨灾风险属性的重新定位后来被许多国家接受，以保险方式转移巨灾风险已成为当代世界各国的通行做法。

三　巨灾风险的转移

人类社会实践表明，风险的发生存在规律，也可以被控制。社会组织和个人用以降低风险消极结果的决策过程被称为"风险管理"。风险管理的基本目标是，在风险事件发生前使潜在损失最小化，在风险事件发生后将实际损失减少到最低程度。

风险管理的方法有控制型、财务型两大类。控制型风险管理，是在事故发生前对风险因素采取避免、预防、抵制等技术，以降低事故发生的频率，将可能发生的损失减小到最低程度。财务型风险管理，是通过事故发生前的财务安排，将可能遭受损失的财务后果全部或部分转嫁出去，借助外来资金补偿实际损失，如风险转移、风险自留等。

对不能控制或不能完全控制的风险，通常只能采取财务型风险管理。风险转移因为经济补偿程度较高、应用范围较广，对巨灾风险管理尤为适用。风险转移分为两种：其一，保险转移。这是指投保人通过订立保险合同，向保险人缴纳约定的保险费，将风险转移给保险人。一旦预期风险发生并造成损失，保险人必须依约承担保险赔付责任。保险转移虽然采取合同方式，但保险公司通过大量承保同类业务，实则聚合了大量同类风险并将自身所负的风险责任平均分散给所有投保主体。在保险大数法则的作用下，投保人或被保险人得以在风险事故发生前用较小数额的成本（即保费）来转移风险，并在实际损失发生后获得较多的经济补偿。其二，非保险转移。非保险转移是通过订立租赁、免责约定、保证书等合同方式来转移风险。其优点在于适用范围较广，直接成本较低，操作方式灵活。但非保险风险转移通常会受制于合同条款，还可能出现受让人损失承担能力不足而无力补偿的情形。

保险转移较之其他风险管理方式，在防灾防损、损失分摊、经济补偿和投融资等方面具有比较明显的优势，在微观方面对风险承受体的损失补偿程度较高，在宏观方面则可通过保险市场获得长期的资金来源，有助于社会资源配置合理化。故而保险成为当代最常用的、也最有效的风险转移方式。

巨灾风险的双重属性决定了其对风险分摊、经济补偿和投融资有较高要求。巨灾风险可采取保险（直接保险、再保险与保险证券化）、巨灾补偿基金、区域风险分摊、或有债务等财务分担方式。这些都属于灾前融资，一旦巨灾发生并造成严重损失，预先安排好的经济补偿可较快到位。灾后融资则是在巨灾损失发生后，采取临时应急措施给予财务补偿。如请求国际或地区援助,政府紧急拨款,改变预算用途或特别税收,组织社会捐助等,以此来筹集救灾资金和恢复重建资金。

国际社会的实践经验表明,转移巨灾风险通常需要集合政府、金融机构及国际援助等诸方之力,综合运用多种风险转移方式。但就风险控制、经济恢复功能而言,不同风险转移方式存在较大差异:首先,灾后风险融资与灾前风险融资相比,时间成本较高,同时融资具有不确定性和低效性,很难满足灾后补偿和恢复重建对融资速度和规模的需求。其次,比较各种灾前风险融资方式,不难发现,巨灾风险基金的积累周期长、机会成本高、筹资规模比较有限,或有债务也存在不能真正转移风险、可能延迟政府筹集资金的时间①等问题,而保险在市场容量、风险转移成本等方面具备较为明显的优势,能够在灾后快速、充分地实现经济补偿,风险转移的效益显著。在发达国家,巨灾风险的损失补偿40%以上是由保险承担的。故此,"危险处理之方法虽多,但仍以保险为主要途径"②。

第二节 巨灾保险的学理构成

任何制度安排与机制设计,都离不开基础理论研究的支撑和指导。学界对巨灾风险与保险问题的研究可追溯到1917年Ralph H. Blanchard《巨灾危险的保险》一文。20世纪30年代,巨灾保险开始付诸实践但并未推广。70年代以后,很多国家开始建立巨灾保险制度。90年代以后,巨灾保险理论研究的热点专项巨灾保险风险证券化。巨灾保险的理论研究从多领域分散式研究,逐渐发展为多学科交叉的理论应用综合性研究。以美国为代表的发达国家对巨灾保险相关问题的研究起步较早、相对成熟,有较好的学术积淀和实践经验。

---

① 史培军、李曼:《巨灾风险转移新模式》,《中国金融》2014年第5期。
② 袁宗蔚:《保险学——危险与保险》,首都经济贸易大学出版社2000年版,第51页。

国内学界对巨灾风险与保险问题的研究初见于20世纪80年代末。近年来，为了应对日渐高涨的灾害风险，提升社会治理能力，中国启动巨灾保险实践并努力建立和发展巨灾保险体系。在这种背景下，从相关学科角度厘清巨灾保险的理论构成，为构建符合中国风险治理和保险市场发展趋势的巨灾保险制度提供理论支撑，是非常有现实意义的。

一　风险社会理论

风险社会理论的开创者是德国社会学家乌尔里希·贝克（Ulrich Beck）。他在1985年出版的《风险社会——迈向一种新的现代性》一书中提出"风险社会"（Risk Society）概念。所谓风险社会，是指现代性一个阶段，工业化社会道路上所产生的威胁开始占主导地位，某些局部或是突发事件可能导致或引发的社会灾难。在他看来，在工业社会中，财富生产或分配的逻辑支配着风险生产或分配的逻辑，工业社会的核心问题之一是财富分配以及不平等的改善与合法化；在风险社会中，社会风险是被人为制造出来的（风险的"人化"），风险生产或分配的逻辑代替了财富生产或分配的逻辑，成为社会分层和政治分化的基准，风险社会的核心问题是伤害的缓解与分配。

后来贝克和吉登斯（Anthony Giddens）等人又发展出"全球风险社会"概念，认为人类实践所导致的各种全球性风险会对人类的生存和发展存在严重的威胁，我们正处于世界风险社会。该理论强调，风险是内生的，人类决策和行动对自然和人类社会本身的影响力大大增强，人为不确定性带来的风险已成为主导风险；现代国家建立的工业制度、经济制度、法律制度等各种制度保障人类安全，但也会带来制度运转失灵的风险，即从风险的"制度化"转变成"制度化"风险和技术性风险。全球性风险生态危机、全球性经济危机以及跨国恐怖主义网络所带来的危险等，都是现代性危机。

该理论认为，风险社会是工业社会导致的后果，也蕴含着超越工业社会时代的可能性。风险社会是一个自我学习的社会，具有所谓"反思性的现代性"（Reflexive Modernity）。他们指出，风险是"平等主义者"，风险社会的秩序是网络型的、平面扩展的；新的风险具有政治反思性，能对制度变革产生推动；可以"再造政治"以应对风险，具体内容包括破除专门知识的垄断，抛弃迷信行政机构和专家的错误观念；民族国家不再是这种秩序的唯一治理主体，要求更多的治理主体达成合作关系；决策结构要开放，转化为多种能动者之间的公开对话；整个过程的规范必须达成一致，实现自我立法和自我约束。

风险社会理论本质上是一种现代性理论。它产生的背景是20世纪50年代末期的能源危机、资源危机、社会危机、生态危机、核危机等一系列危机现象。该理论因为表现出强烈的制度主义倾向和文化反思色彩，主张通过提高现代性的反思能力来建构风险应对机制，在全球学术和政治界引起广泛关注，并影响了很多国家的政策。

二 社会治理理论

（一）西方的治理理论

治理理论（Governance Theory）是在20世纪90年代西方政治学和公共管理领域中兴起的新型理论。治理被定义为或公或私的个人和机构经营管理相同事务的诸多方式的总和。治理不是一套规则，而是一个以调和为基础的政治进程。使相互冲突或不同的利益得以调和，并且采取联合行动的持续过程。治理包括有权迫使人们服从的正式机构和规章制度，以及种种非正式安排。[①] 简单地说，治理被认为是网络化、扁平化的公共行为，是关于合作关系的实践，以现代化、更新和变革为其基本特征。

西方治理理论的主要内容包括：（1）强调弱化政治权力，主张政府放权、向社会授权，与社会多元共治；（2）立足于社会中心主义，取向于实现多中心社会的自我治理；（3）核心主张是多中心治理机制，即建立主体多元、多中心化、多样化的治理体制。该理论认为，在社会公共事务的管理中，政府并非唯一主体；包括中央政府、地方政府、政府派生组织、非政府组织、私人机构以及公民个人在内都可

---

① 俞可平：《治理与善治》，社会科学文献出版社2000年版，第270—271页。

以参加决策,在一定规则约束下,以多种形式共同行使主体性权力。对于国家而言,除了最高职能外,还应通过共同出资、与地方当局形成契约性合作关系,民选代表、各类协会组织和企业等一起积极参与地方性公共政策。①

该理论还将"善治"(Good Governance)作为治理的目标。所谓善治,是指公共利益最大化的社会管理过程。善治强调的是管理民主化,主张公共生活领域由政府与公民合作管理,以合法性、透明性、责任性、法治、回应和有效为标准。

"治理"内容丰富、包容性很强。它和"全球化"一样被不同立场、不同语境接受,还分化出多种学术流派。治理理论对现实问题的处理涉及政治、经济、社会、文化等诸多领域,如全球治理、国家治理、区域治理、地方治理和社会治理等。西方治理理论是用于解释现代国家与社会结构变化特征的规范性理论分析框架。其立论基础是社会中心主义和公民个人本位,试图通过理性经济人的社会自我治理这一逻辑思路来缓和政府与公民之间的矛盾。在当下西方学术研究领域,该理论主要用于政府分权和社会自治规范语境之下,具有明显的意识形态倾向。该理论虽然与中国本土治理错位,但其中也体现了当代社会政治经济矛盾对政府管理方式和机制变革的要求,拓展了政府改革的视角。只要能扬弃性吸收西方治理方式的有益内容,对中国政治体制改革仍具有重要启示作用。

(二)中国的社会治理理论

20世纪末,"治理"首先作为学术概念在国内学术界出现,随后在多个领域内开展治理实践。国内研究和实践发现,由于中国的国情政情社情不同、话语体系不同,治理理论需要实现本土化,即批判性吸收西方治理理论,在马克思主义国家学说的话语体系中完成理论重塑。

党的第十八届三中全会提出全面深化改革的总目标,是"完善和

---

① [法]让-皮埃尔·戈丹:《何谓治理》,钟震宇译,社会科学文献出版社2010年版,第82页。

发展中国特色社会主义制度，推进国家治理体系和治理能力的现代化"。中国本土治理理论是在中国国家治理和发展话语语境中提出的。"治理"成为中国政治生活社会生活中的关键性概念，在政治、经济、法律、社会、文化、军事、生态建设等领域都有应用。但从中国治理理论的内容来看，总体上体现为三个基本方面，即国家治理、政府治理和社会治理。这三个治理本质上是一致的，就是中国共产党领导人民进行的治国理政。具体来说，三个治理在价值层面的目标指向是，巩固马克思主义在意识形态领域的指导地位，巩固全党全国各族人民团结奋斗的共同思想基础；在制度层面的目标指向是，在坚持中国特色社会主义制度的前提下，创新释放生产力和社会活力的体制机制，以完善和发展中国特色社会主义制度。同时，在中国治理理论中，这三个治理的基本含义也存在差异。从外延和相互关系看，国家治理是总体治理，与政府治理和社会治理是包容关系、交集关系。三者在治理主体、治理对象、治理内容、治理机制等方面存在区别。基于国家治理现代化的战略目标，政府治理、社会治理必然与国家治理现代化相向而行，走向社会主义现代化这一共同发展目标。①

  中国的社会治理是在治理理念的引导下社会管理领域内发生的一场深刻变革，是对公共管理权力的重新配置。中国社会治理的理论内涵与西方存在根本差异性。后者将社会治理界定为理性经济人的社会自我治理。而中国社会治理的内涵是以人民为中心，由执政党领导，政府组织和主导负责，吸纳社会组织和公民等多方面治理主体参与，对社会公共事务进行的治理活动。从概念上讲，社会治理是国家治理的重要方面，是社会主义国家在社会领域的治理。社会治理现代化是国家治理体系和治理能力现代化的题中之义。就主体结构来说，包括政府、个人、自治组织和各类经济社会组织。从内容上看，中国社会治理呈现三种基本形态，即政府对于社会的治理、政府与社会组织公民合作的共同治理、社会自治。其中，政府对社会的治理是其主要

---

① 王浦劬：《国家治理、政府治理和社会治理的基本含义及其相互关系辨析》，《社会学评论》2014年第3期。

内容。

我国的社会治理话语体系置身于国家治理现代化场域中进行，具有自身的理论特质和实践模式。党的十八届三中全会在《中共中央关于全面深化改革若干重大问题的决定》中提出，中国的社会治理主要关节点在于"四个坚持"，即坚持系统治理、依法治理、综合治理、源头治理。这就明确了当前社会治理理念与实践转型升级的基本方向。

党的十九届四中全会通过的《中共中央关于坚持和完善中国特色社会主义制度、推进国家治理体系和治理能力现代化若干重大问题的决定》进一步明确和丰富了中国社会治理理论的内涵：（1）社会治理格局定位是共建共治共享；（2）社会治理制度功能是保持社会稳定、维护国家安全；（3）社会治理体系的构成，包括公共安全、社会治安防控、社会心理服务和社区治理四个体系；（4）社会治理体系的基本特征或内容包括党委领导、政府负责、民主协商、社会协同、公众参与、法治保障、科技支撑；（5）社会治理共同体的建设理念为人人有责、人人尽责、人人享有；（6）社会治理创新的方法手段是提高社会治理的社会化、法治化、智能化和专业化水平；（7）社会治理制度创新的五大重点任务包括：完善正确处理新形势下人民内部矛盾有效机制，完善社会治安防控体系，健全公共安全体制机制，构建基层社会治理新格局，完善国家安全体系。

我国社会治理理论更加强调中国国情的特殊性以及制度的自觉性，政府需要在社会治理中发挥主导作用。该理论将"以人民为中心"的社会治理理念凝练为国家治理现代化的核心宗旨，以"人民至上"的话语体系实现了对西方"个人主义"话语体系的超越和重构。

三 风险管理理论

风险管理理论主要研究风险发生规律和风险控制技术。该理论认为，在一个肯定有风险的环境里，通过风险识别、风险衡量、风险评估和风险决策管理等方式，可以有效控制风险和妥善处理损失。风险管理理论于20世纪初在美国出现，它以20世纪90年代为分界线，分为两个阶段。

（一）传统风险管理理论

传统风险管理理论以纯粹风险说为起点，以风险分散原理为基础，发展出了资产组合理论、资产配置理论等。该理论认为，风险是一种损失的结果或者不确定性，风险管理的客体是自然灾害和意外事故造成的经济风险，可以以回避风险、预防风险、自留风险和转移风险等方式管控。保险因具有静态风险预测和评估的优势，被视为最有效的风险管理手段。保险学和保险法学持风险损失观，将风险因素、风险事故与损失界定为风险三要素，是传统风险管理理论的代表。传统风险管理理论存在某些问题，如风险范围仅限于既存静态风险，风险可保条件严格；企业风险管理以损失控制或融资为主要手段，较为被动等。按照传统风险管理理论，巨灾风险是不可保风险，留待下文再述。

（二）现代风险管理理论

20 世纪 70 年代，Black 和 Schole 的期权定价模型激发了金融衍生品风险管理，风险投资迅猛发展。90 年代金融衍生品使用不当引发全球金融风暴，国际再保险市场也受到巨灾的重创。风险管理理论与实践开始发生重大变革。

首先，全部风险说成为新兴的风险观。风险管理的客体除静态风险外，还包括与社会变动有关的动态风险（即投机风险）；除单个风险或损失外，还有关联风险、背景风险和集合风险。风险管理的目标是将纯粹风险的不利性最小化，同时将投机风险的收益性最大化，主张经营管理型的风险管理。

其次，全面风险管理观扩大了风险管理的研究范围。风险管理延伸至环境技术风险、公共健康风险以及社会不公平风险等领域，企业风险管理理论、金融风险管理理论、内部控制理论、社会风险管理理论等新兴理论不断出现。

最后，整体风险管理理念驱动金融创新。理念创新的结果是使风险管理与金融风险管理、资本管理相融合，在保险、银行、证券等金融领域产生资产证券化和负债证券化业务。巨灾保险受此启发，发展出了巨灾保险连接证券和金融衍生品,打通了保险与资本两大市场。

四 概率论与保险大数法则

概率论是数学的分支之一,它从数量角度来研究偶然事件内部所包含的规律性。大数法则,又称大数定律、平均法则,是瑞士数学家雅各布·伯努利于18世纪初发现的概率论第一个极限定理。它以确切的数学形式描述了大量重复出现的随机现象在统计上的规律性,即频率的稳定性和平均结果的稳定性。"大数法则之作用,并不能予以正确之证明,主要之点即可由实验获知,此一法则可用以减少甚至消除危险。其作用有二:(一)当某项基本概率不能由事先理由加以决定时,则可观察过去大量试验之结果而予以估计;(二)经估计某项结果出现之比率,可由将来大量试验所得之实际经验,而增加其真实性。"[1]

大数法则是保险的数理基础。保险公司利用大数定律可以发现特定保险标的发生损失的相对稳定性,将偶然必然化。大数法则适用的前提条件是该类保险标的数量充足,否则保险损失就无法接近风险损失预期值。保险人据此选择险种、厘定费率。虽然保险金与保险费相差很大,但只要保险损失概率仍在保险经营可控风险范围内,保费总收入就足以支付少量出险保单的赔偿金。保险业运用大数法则来维持偿付能力稳定和运营安全。

传统保险理论认为,根据大数法则,巨灾风险不具有可保性与可负担性:(1)巨灾风险有高度相关性,不符合可保风险的独立性、随机性特征;(2)巨灾风险具有"厚尾分布"特点,出现极端值的概率大,不宜用正态分布数据拟合及预测;(3)巨灾风险概率很低,历史损失数据不符合大数法则的数量要求;(4)巨灾保险信息不对称,逆向选择和道德风险严重。信息不对称增加保险人收集信息的成本,加重了投保人的保费负担。低风险投保人可能放弃投保。剩余投保人风险较高又导致保费上涨,更多投保人弃保。保险市场最后只剩

---

[1] 袁宗蔚:《危险与保险》,首都经贸大学出版社2000年版,第84页。

下高风险投保人，出现经济学所谓"劣币驱逐良币"现象。道德风险是指不履行防灾减损义务的被保险人可能获得更多损失赔偿，导致保险损失加重。

现代可保风险泛化理论对大数法则和风险可保理论进行重新解读，认为巨灾风险属于可保风险：（1）"大量"是一个假设条件。古代海上保险已包含巨灾风险，说明大量并非必要条件。（2）现代风险转移技术推翻了"同质性"假设。巨灾风险可以跨公司、跨地区、跨风险、跨市场、跨时间分散，满足同类危险单位保额均等之平均性，削减巨灾损失之高度相关性。（3）风险可保无绝对边界，应取决于保险人的偿付能力和损失分摊程度。创新风险转移技术可为巨灾赔付损失提供融资补偿，实现风险分散最大化。

五 制度变迁理论与博弈论

制度变迁理论是新制度经济学的基本理论，由产权理论、国家理论和意识形态理论等组成。该理论的代表人物诺斯认为，制度变迁是制度的替代、转换与交易过程，制度是经济演进和社会发展的内生变量。其核心观点是：（1）制度的主要作用是通过建立一个人们相互作用的稳定结构来减少不确定性。（2）当要素相对价格、谈判力量对比和组织偏好发生变化时，制度会变迁。（3）制度变迁的过程，实际上就是实施制度的各个组织在相对价格或偏好变化的情况下重新谈判，建立新规则的过程。（4）制度变迁就是制度创新。制度创新是人类减低生产的交易成本的努力，涉及人与人的关系。技术创新是人类减低生产的直接成本的努力，涉及人与自然的关系。人们如果没有制度创新和制度变迁的冲动，并通过产权制度、法律制度巩固技术创新成果，就无法推动经济增长和社会发展。

博弈论是关于人类社会经济活动的决策行为与相互影响及制定最优策略的标准分析工具，常被用于解释制度的产生和变迁。诺斯指出，"制度是社会博弈的规则，是人所创造的用以限制人们相互交往的行为的框架。如果说制度是社会博弈的规则，组织就是社会博弈的玩者"①。制度既是博弈规则，也是博弈均衡，即博弈的结果。② 正如哈耶克所言，法律制度是长期博弈所选择的均衡结果。

巨灾保险制度的历史演进中贯穿着制度变迁与制度创新，也包含着风险转移技术创新。巨灾保险合同是交易各方博弈之后行为均衡的结果，并成为制约各方的规则。巨灾保险合同中的逆向选择和道德风险的存在会增加保险成本，参与各方无法实现博弈均衡。同时，道德风险和逆向选择结合使保险市场枯萎，社会财富减少。此时就需要依靠制度调节来降低每一个被保险人所承担的预期损失，降低交易费用，维持市场均衡。在巨灾保险制度发展过程中，无论是保险主体自发行为导致的诱致性变迁，还是政府修法行为导致的强制性变迁，巨灾保险制度变迁的方向始终是降低制度成本、提高社会福利或资源配置效率。

巨灾保险和再保险制度是相关各方的博弈规则，体现了各方利益博弈和均衡结果。保险市场上的自由竞争实现了巨灾风险转移的帕累托改进。保险市场失灵是因为承保风险无法有效转移。引入第三方力量可以打破巨灾保险原有的利益博弈格局。风险博弈的结果是可保风险界限被不断突破。譬如，商业通信卫星保险、喷气飞机保险最初都缺乏损失数据记录，但并未影响承保。中世纪晚期巨灾风险被纳入海上保险责任范围时同样没有损失数据，但巨灾保险延续至今，还由此发展出再保险。因此，风险可保的基本条件，并非数理特征或精算假设的满足，而是风险转移能否满足博弈论的帕累托效率准则，即只要当事人各方都能从中获得效用改进，该风险就是可保的。③ 在现代社会，巨灾风险是否可保归根到底是融资问题，即能否获得足够资金来补偿保险赔付损失。

---

① [美]诺斯：《制度变迁理论纲要》，载北京大学中国经济研究中心《经济学与中国经济改革》，上海人民出版社1995年版，第2页。

② [日]青木昌彦：《比较制度分析》，周黎安译，远东出版社2001年版，第5—22页。

③ 柯庆华：《合同法基本原则的博弈分析》，中国法制出版社2006年版，第208—216页。

六　经济自由主义与国家干预理论

在现代西方经济学中，经济自由主义理论与国家干预理论对市场经济有深刻论述。它们也对巨灾保险制度顶层设计产生了重要影响。

以亚当·斯密为代表的早期经济自由主义理论，提倡完全自由放任的经济制度，鼓励自由竞争，让市场机制自发完成资源配置；反对政府干涉商业和自由市场的运行，主张政府职能限于巩固国防、建立司法组织、创设公共工程等方面，只在外部影响市场运行。

20世纪30年代经济危机爆发后，国家干预理论占据上风。凯恩斯主义主张放弃经济自由主义，因为单纯依靠市场机制调节，社会资源配置不可能保证充分就业；绝对自由经济会导致消费和投资需求不足，必然发生经济危机和失业问题，市场机制自身无法解决失灵问题；国家应扩大政府机能，用"看得见的手"管制市场和宏观调控，扩大消费和投资类公共支出，改善有效需求不足，促进经济稳定增长。

20世纪70年代西方国家陷入经济"滞胀"危机，国家干预理论无法解决"政府失灵"问题，新经济自由主义成为主流经济学理论。哈耶克认为，市场机制是市场经济社会中资源配置和经济运行的基础，市场自发运行和自由贸易有充分的效率，保护私有产权的法律制度是市场机制运行的必要条件；但完全放任的自由经济与过多的政府干预同样不利于经济发展。该理论主张实行国家干预下的经济自由，在市场调节与政府干预之间找到某种平衡。国家"适度"干预理念流行后，出现了公共利益论、市场增进论等新观点。

公共利益论，源于斯蒂格利茨、萨缪尔森等人的福利经济学研究，是主流政府监管理论。主要观点有：（1）政府干预有必要性和合理性。市场失灵损害市场效率，导致社会不公正和福利损失。代表公共利益的国家应反映"公意"，建立法律秩序实施政府管制，以纠正市场失灵、促进社会福利。（2）政府监管具有有效性。政府通过对市场价格和市场进入的管制直接干预市场主体行为，克服市场的信息不对称、外部性和垄断性缺陷，提高资源配置效率和社会潜在福利。

（3）该理论有三个基本假设，即政府为公共利益服务、拥有完全信息、具有公信力。

青木昌彦提出的市场增进论超越了市场与政府二分法，将政府角色重新定位。其核心观点是：政府失灵可能不比市场失灵少。政府和市场不是非此即彼的替代关系；民间部门，如企业组织、金融中介等，在信息获取和快速反应、自我约束、适当激励等方面具有优势。因此，经济活动应由民间组织来协调；政府信息处理能力有限，并非解决市场失灵的中立机构。政府的基本职能在于促进或补充民间部门的协调功能。政府参与市场活动是为了增进民间部门的制度发展，以此解决失灵问题。①

现代各国巨灾保险制度呈多样性特点，这也反映了各国对不同理论的偏好和接纳。英国等奉行经济自由理念的国家，实行高度自由市场经济和自由贸易体制，选择了市场主导型巨灾保险制度。美、日等国则不同程度地吸收国家干预理论。

巨灾保险市场很难维持需求和供给均衡，即使是保险市场高度发达的国家也可能出现市场失灵。导致市场失灵的原因有：信息不对称引发的道德风险和逆向选择问题，保险市场上的不完全竞争和垄断行为，巨灾保险和再保险的损失分担机制不健全，政策性保险引发利益冲突，等等。若以提高保险定价、限制承保范围为应对措施，只会使"劣币驱逐良币"现象加剧。市场失灵为国家干预提供了合理性基础。巨灾保险作为准公共产品，应以实现经济效益和社会效益的有机结合为目标。如果保险各方必须为社会效益而牺牲经济利益，政府就应为其提供经济补偿。

政府干预巨灾保险的主要路径有：（1）通过法律手段规制市场竞争，以克服道德风险和逆向选择问题。如通过政策性保险、强制承保。（2）通过行政手段干预微观主体的保险活动。如由行政主管机关

---

① ［日］青木昌彦等：《东亚经济发展中政府作用的新诠释：市场增进论》，载［日］青木昌彦主编《政府在东亚经济发展中的作用：比较制度分析》，中国经济出版社1998年版，第27—42页。

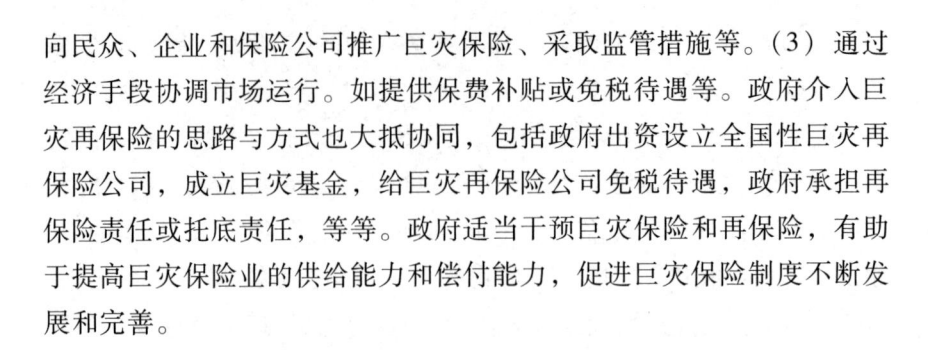

向民众、企业和保险公司推广巨灾保险、采取监管措施等。(3)通过经济手段协调市场运行。如提供保费补贴或免税待遇等。政府介入巨灾再保险的思路与方式也大抵协同,包括政府出资设立全国性巨灾再保险公司,成立巨灾基金,给巨灾再保险公司免税待遇,政府承担再保险责任或托底责任,等等。政府适当干预巨灾保险和再保险,有助于提高巨灾保险业的供给能力和偿付能力,促进巨灾保险制度不断发展和完善。

七 本书研究的理论视角

新中国成立70年来,中国巨灾应对策略经过几次调整,从1950—1988年的灾后救助阶段,到1989—2004年的防灾减灾阶段,再到2005年之后的应急管理阶段。灾害应对工作也从管理学角度衍生出的灾害危机管理、应急管理或风险管理,演进到风险治理视域。从政策变迁的背后,我们不难窥见现代各种思想、学说、理论对执政者、管理者和公众价值观念嬗变、应对策略方案、制度安排及演进的影响与启示。

就像贝克在《风险社会》一书中多次强调的那样,风险是发展的副产品。当代中国正面临着整体性发展转型升级的关键时期。在体制与机制的不断变革与创新下,各式各样的新风险也会接踵而至。邓小平同志早就指出,"解决发展起来之后的问题比解决发展起来的问题更加困难。要利用各种手段、各种方法、各种方案解决这些问题"。面对巨灾风险,过去传统的国家灾害救助模式,以政府财政救济为支撑、民间慈善捐助为补充,在损失补偿和可持续性上存在不足,无法适应经济社会发展的现实需要。因此,借鉴其他国家和地区的成功经验,建立和发展应对巨灾的保险支持机制,就成为社会共识并写进国家法律和政策之中。但是,我们在正确认识灾害风险的同时,还要对中国的国情政情社情有客观清醒的认识。

巨灾风险早已从自然界的客观危险,通过社会内生性放大并延伸到经济领域,进而超越地理、社会文化和政治制度,演变成全球性的现代性风险,成为社会风险的一部分。而当代中国的社会风险是一种结构性风险。在社会转型背景下,社会结构分化程度深,发展速度快,但新的结构整合机制却发育缓慢。[①] 分化与整合的不协调进一步加重了风险的聚集与繁衍,增加了风险类型的多样性、风险主体的多元性、风险关系的复杂性、风险危害的严重性。灾害风险应对,归根结底就是国家和政府治理社会、调整社会关系的过程。认识社会风险其实就是认清风险背后的各类矛盾的过程,治理社会风险实质上就是解决各种矛盾。对社会风险的认识和应对水平,同样决定着发展的成效和人民的福祉。在这种背景下,党和国家把推进国家治理体系和治理能力现代化作为应对风险的根本对策,把建立发展巨灾保险和保险机制创新作为应对风险社会的关键。这是基于科学发展观和认识论的正确选择,也是国家治理理念和治理能力进步性的体现。

在风险社会条件下,以社会治理视角重新审视巨灾保险问题,将发展巨灾保险放入社会治理创新范畴内展开思考,将建设现代巨灾保险制度与社会治理的法治化常态化相联系,可以发现很多新的问题,启发很多思考。比如,解决中国实际问题的迫切需求与风险社会"全球治理"的问题;风险治理体系以资本逻辑为动力与以人为本的治理理念的问题;发挥政府在社会治理中的主导作用与多元主体协同共治结构的问题;如何从"反应性"管理转变为"预防性"治理,从分割的部分管理转变为系统的整体治理,从控制性管理转变为开放性治理的问题;[②] 如何实现系统治理与分散治理相统一原则;如何实现风险治理机制创新与巨灾保险制度建设法治化常态化;等等。

本书就是以上述基础理论研究为依托,在社会治理视角下对巨灾保险法律制度构建的研究。

[①] 范逢春:《改革开放以来的社会治理创新:一个伟大进程》,2019年10月30日,人民网(http://opinion.people.com.cn/n1/2019/0414/c1003-31028895.html)。

[②] 李建国、周文翠:《社会风险治理创新机制研究》,《中国特色社会主义研究》2017年第1期。

第三节 巨灾保险的一般问题

一 巨灾风险的可保性

(一) 风险的可保条件

保险能够有效转移风险,但并非所有的风险都能通过保险转移。理论界将能够通过保险转移的风险称为"可保风险"。根据传统的风险可保性理论,可保风险必须满足一定条件。

其一,风险的大量同质性。保险机制实际上是将承保风险先集中、再分摊。投保人将某一种风险转移给保险人,保险人对大量标的承保使众多的同类风险集合起来。因为保险事故发生概率较小,实际出险并获得保险金的只是少数被保险人。表面上是保险赔付让他们的损失得到了填补,但实际上用于损失填补的资金的主要来源是全部投保人的保费。这就意味着,保险人将承保风险分摊给了全体投保人。风险的集合与分散应满足两个前提:一是风险的大量性。风险应是多数人的风险,即存在大量的保险标的。如果保险标的数量过小,保险人就不可能通过保险费收入累积相应的保险赔付基金,保险损失概率也难以测定。二是风险的同质性。所谓同质风险,是指风险单位在种类、品质、性能、价值等方面大致相同。若风险性质不同,损失发生的概率就不同,则风险无法集合分散。风险的大量同质性是大数法则的基础。虽然单一风险损失不确定,但大量同质风险的发生与损失是有数理规律的,且概率比较确定。风险单位数量越多,风险发生的次数及实际损失的结果就会越接近从无限单位数量得出的概率值。保险人因而可以预测危险,选择保险产品,厘定保险费率。保险之风险转移、损失补偿功能,正是基于大数法则而实现的。

其二,风险的偶然性。风险本身就含有可能性和不确定性之意。不可能发生的和必然发生的损失都不适宜保险。风险的偶然性,或称为随机性,是指风险可能会发生,同时风险是否发生、发生的频率和损失的程度都是不确定的。即使大数之下风险的发生存在着概率,但风险发生的对象、时间、地点和程度都应是无法确定的,否则就没有分担风险的必要。

其三，损失的意外性。首先，损失的发生与实际后果不应受人为意志操控。投保人或被保险人的故意行为，使风险的发生与损害后果具有必然性。这属于保险法上的"道德风险"，保险人依法不予承保和赔付，否则就背离了保险制度的初衷。其次，风险与损失也应是不可预知的。可预知的风险和损失具有必然性，只有偶然性或随机性的风险才能适用"大数法则"。最后，意外性还意味着，即使在现代科技条件下某些风险可以被预测，但对于其是否发生、何时发生等具体问题，事先仍是不能完全确定的。例如，中国把地震烈度划分为十二度，唐山地区的地震基本烈度为Ⅷ度。但1976年唐山大地震的烈度却达到Ⅺ—Ⅻ度，大大超出当地的抗震能力，造成了难以承受的后果。

其四，损失的可预测性。当代各国法律均规定，保险合同双方当事人应事先明确约定保费数额、保险责任、保险期限、赔偿限额等具体事项。对于保险期限内发生的、保险责任范围内的损失，保险人应承担保险赔付责任。因此，损失的发生与损失的大小又必须是可以预测的。只有风险发生有概率分布规律且是概率较小的风险，才能以保险方式转移。保险人可以事先通过数据统计、概率计算来设计保险产品，计算保费和保险金额，设定损失的勘定和赔付标准。

其五，风险有造成较大损失的可能性。有些风险的或有损失较小，出险后实际损失不会超过人们的承受范围，那么风险承受主体就无须负担额外的风险转移成本，故而这类风险不可能产生保险需求。就潜在损失程度较高的风险而言，一旦风险事件发生，可能给人们造成较大的经济困难。因此，只有或有损失较大的风险，风险承受主体才会愿意支付较小数额的保险费去换取可能获得的较大数额的经济补偿。

（二）巨灾风险不可保论的传统观点

对于巨灾风险是否可保这一问题，理论界争论不断，莫衷一是。其中，巨灾风险不可保论相当有市场。如Berliner（1982）从保险精算角度提出，巨灾风险不符合可保性标准；Kunreucher（1993）和

Browne（2000）分析巨灾保险市场的供需关系，认为主体行为的偏差导致巨灾风险无法通过保险市场范围有效分散；胡新辉（2008）结合中国现有经济实力和保险市场承保能力，得出巨灾风险不可保的结论。中国学术界一直以此说为通说。[①] 一般认为，按照传统保险理论，巨灾风险不可保的理由主要如下。

其一，巨灾风险不具备大量同质性，导致大数法则失灵。单个风险的发生是不确定性的，但如果同类风险数量足够多，巨灾发生及其损失还是会呈现出一定的数量分布规律。在大数法则之下，用于统计的风险数量越大，其平均损失越趋向于稳定，方差趋近于零，则风险概率的计算就越准确。大数法则是保险的基础，在保险经营中用于选定险种、推算保险费率。由于巨灾发生概率极低，保险业很难取得历史巨灾事件的准确资料，建立起庞大精准的巨灾风险数据库，当然就无法运用数理统计工具去发现巨灾的数量规律。保险人不能准确预测巨灾发生的频率和强度，也不能合理厘定巨灾保险费率。巨灾风险的模糊性，是它不满足风险可保的重要原因。

其二，巨灾风险具有高度相关性，风险累积巨大，不符合可保风险独立性要求。传统保险理论认为，可保风险应当满足独立性与随机性要求。如果风险是普遍性的，某一区域内的保险标的可能会在同一时间内大量出险。在此情形下，保险的风险分散和损失分摊功能就无法实现。巨灾风险的另一特点是损失程度极高，承灾体可能无力承受，加上巨灾风险在时间上、空间上还具有高度相关性，往往会造成同时性的、普遍性的巨大损失。像地震、飓风、火山爆发等突发性巨灾事件，通常会使一定地域范围内的大量风险单位同时遭受严重损失。这类风险虽然发生概率极低，可一旦发生，短期内反而会"聚合"大量的、巨额的损失补偿请求。面对巨大的风险累积责任，保险公司的偿付能力迅速下滑，很难保证常规经营稳定，甚至有可能直接破产。仅1992年"安德鲁"飓风一次巨灾事件，就给美国保险业造成约199亿美元保险损失，11家小型保险公司因无法偿付而宣告

[①] 韦红鲜：《国内外巨灾保险研究述评》，《中国保险》2014年第9期。

破产。

其三，巨灾风险容易引发逆向选择和道德风险。保险是一种射幸行为。较之一般的偶然事件，巨灾事件发生的概率更低，很多都是几十年甚至上百年一遇。普通民众因怀有侥幸心理，对巨灾风险的投保意愿往往要明显低于一般危险事故。但是，在某类巨灾风险较高的地区或近期预测风险走高的区域，较高的风险会激发人们的投保意愿。在保险关系中，信息不对称难以避免，投保人利用其对保险标的的信息优势，可能做出有利于自己而不利于对方的行为。对这种相对不利的订约机会，保险公司很难进行筛选，更不可能区别标的风险程度分别厘定费率。所以，巨灾保险更容易产生高风险者大量投保的现象。一旦巨灾发生，保险公司的实际赔付率会远超灾前预期，极易出现亏损甚至破产。保险公司不得不提高保险费率以维持经营，低风险者因而放弃投保，即"劣质客户驱逐优质客户"。这种典型的事前机会主义行为，属于经济学上的"逆向选择"问题。

所谓"道德风险"，是指一方为增进自身效用可能采取不道德行为从而损害对方利益的风险。根据博弈论的观点，在投保之后投保人或被保险人的行为可能发生某些变化，如减少防灾防损措施、扩大保险损失等，使保险标的实际损失率反而比未投保时要高。保险人因此为投保人或被保险人的事后机会主义行为承担更高的赔付风险。加上巨灾事件本来损失程度就非常高，因此，在巨灾保险中道德风险倾向就会更高。如某地因推行巨灾保险，吸引大量移民迁入并投保，导致保险公司巨灾赔付损失加大。在20世纪50年代以前，美国政府对佛罗里达居民的洪灾损失提供救济金。意想不到的是，当地居民为了获得更多的救济金，在洪泛区内肆意开发土地、兴建房屋，洪泛区内的居民和资产不断增加，洪灾损失与政府救灾费用因此逐年上涨。在巨灾风险之下，保险合同双方当事人的信息不对称增大，保险人方面很难通过合同规则设置解决逆向选择和道德风险问题，这对巨灾风险的可保性有很大影响。

传统保险理论因此得出结论：承灾体和保险人之间无法就巨灾风险转移达成互利协议，巨灾风险应属于不可保风险或不完全可保风险。在保险实务中，巨灾也常作为不可抗力被列入财产保险合同的除外责任之中。保险公司普遍对巨灾风险厌恶程度较高，不愿开展巨灾保险业务。

（三）巨灾风险可保理论的突破

近一二十年来，传统风险可保理论受到可保风险泛化理论的冲击。这种扩展的风险可保理论认为，传统风险组合理论是基于数理统计、精算假设来进行风险分析的。认为巨灾风险不可保，正是基于对巨灾统计数据不能完全满足概率论假设前提的判断。但这种过于理想化的数理假设与保险实践并不相符。现代保险制度本来就起源于以巨灾风险为主要内容的海上保险领域，再保险制度也正是在此基础上发展而来。随着风险管理技术的发展，当代保险实践出现了可保风险条件弱化的趋势，可保风险范围较早前有明显扩展。很多保险的责任范围都含有巨灾风险，或以批单形式加保巨灾险。这是传统可保风险理论无法解释的。因此，"可保风险"是一个相对概念，在可保风险与不可保风险之间并不存在绝对的、固定的界限。[1] 现代风险可保理论认为，巨灾风险不可保论之诸理由均无法成立，巨灾风险可被纳入可保风险范畴。详述如下。

1. 对大数法则认识的突破

根据大数法则，传统可保条件强调风险的大量同质性。保险行业根据巨灾损失的历史数据推测未来可能发生的灾害及损失。但是，大数法则本身就有局限性和不确定性。[2] 首先，任何风险的历史数据都存在局限性，如不充分、有遗漏、有差误或标准不一。基于这些历史数据建立的任何模型都无法完全精确地预测未来巨灾损失。其次，对于"大量"并无绝对数值标准。不同类型风险损失的概率分布方差不同，对不同风险数量的要求也会不同。最后，任何一家保险公司承保同质风险的数量都是有限的，不同公司的偿付能力也有差异，所以

---

[1] 石兴：《巨灾风险可保性与巨灾保险研究》，中国金融出版社2010年版，第68—71页。

[2] UNISDR, *Global Assessment Report on Disaster Risk Reduction* (*GAR 2015*), p. 54.

风险可保不存在唯一标准。

当代保险实践一直在尽可能地扩大巨灾风险分散范围。如保险共同体、再保险和转分保将巨灾风险分散到国际保险市场。跨局域巨灾保单通过组合不同区域风险,扩大了风险分散的空间维度,使巨灾风险具有"全球可保性"。而巨灾保险风险证券化则将保险市场与资本市场对接,扩大了保险损失补偿主体体系。风险可保扩展理论认为,经过一定手段的处理,巨灾风险就能满足大数法则的条件,成为可保风险。[①]

关于"同质性"的认识也发生了变化。纽约巨灾风险交易所推出的全球巨灾互换,就将不同地区和种类的非同质风险纳入一个保单。东京海上保险公司的东京地震、日本台风和美国佛罗里达飓风等风险组合,与瑞士再保险公司的美国加州地震、法国风暴和北大西洋飓风之风险组合签订了总额345亿美元的巨灾风险互换合约。上述各种巨灾风险在地域、时间、损失程度和触发条件等方面均不相同。实践证明,巨灾风险不仅可以跨时间、跨地区分散,还可以跨险种分散。

2. 保险人偿付能力的突破

巨灾谓之"巨",是因为损失程度极高,但归根结底也与保险人的偿付能力有关。如果保险公司仅仅是将风险自留,在投保人之间分摊,那么单次巨灾损失很可能超过其资金承受能力,使其经营难以为继。保险业传统上认为不可保的风险,其实只是对特定保险人或特定局域而言不满足大数法则、风险独立和方差适度等可保条件。在全球经济一体化的大背景下,随着风险转移技术和保险经营管理水平的不断提高,保险公司的承保能力完全可以通过保险共同体、国际再保险和巨灾风险证券化实现大幅突破。原本在特定范围内被认为不可保的风险,也可以通过全球保险市场或资本市场分散。如瑞再、慕再等资本雄厚的国际保险公司已将地震、飓风、洪水等巨灾风险列入财产保险的责任范围,或推出专门的巨灾保险产品。又如,作为首个多国合

---

① [意大利]克里斯蒂安·戈利耶(Christian Gollier):《风险和时间经济学》,徐卫宇译,中信出版社、辽宁教育出版社2003年版,第262—272页。

作的巨灾共保体，加勒比巨灾风险保险基金承担了 2010 年海地地震的巨额理赔责任。这也证明，多种巨灾风险在较大范围内聚合，其整体期望损失可趋于稳定。某种风险是否可保，应取决于为其安排的风险转移机制能否发挥效用，市场结构能否优化分配。① 只要保险偿付能力充足、稳定，巨灾风险同样可保。

3. 保险需求影响保险人的风险厌恶程度

保险理论假定，风险个体是风险厌恶者，保险人是风险中性者，只要风险转移能提升双方的效用或实现风险分配的帕累托改进，该风险就可保。巨灾风险的损失程度很高，逆向选择和道德风险也较突出，的确容易让保险公司产生风险厌恶。但逆向选择和道德风险其实是各种保险都无法避免的。某一保险公司能否承保某一风险，应取决于其能否预测风险发生概率、损失强度，以及再保险成本和不确定性附加（由其对风险的认识和损失预测决定）的大小。如果该保险公司可以识别和预测该风险，但再保险成本和不确定性附加很大，保险公司也不愿承保。② 与保险人相比，投保人更厌恶巨灾风险，同时投保需求也较高。这是因为，对厌恶风险者来说，若两个事件的期望损失相同，选择其中概率较大的事件投保显然是不明智的。巨灾风险是极低概率风险，比较迎合风险厌恶者们的需求。这可以解释，面对巨大的投保需求和行业竞争压力，当代商业保险公司为何并未恪守传统可保条件，实际上却以"基本具备承保能力"作为保险产品设计的底线。

在理论界，越来越多的学者认为，巨灾风险最为关键的问题，与其说是巨灾风险是否可保的问题，还不如说是巨灾风险如何分散的问题。如 Borch（1962）、Raviv（1979）等人认为，保险合同若能实现风险转移的帕累托改进，提高各方当事人的效用，巨灾风险就是可保的。Jaffee 指出，巨灾风险要求保险人维持大量的流动资本，但是会

---

① 张庆洪、葛凉骥：《巨灾保险市场失灵原因及巨灾的公共管理模式分析》，《保险研究》2008 年第 5 期。

② 柴化敏：《巨灾风险可保性与损失分担机制研究》，《未来与发展》2013 年第 3 期。

计、税收和收购风险等制度性因素使他们不愿如此，巨灾保险应从资本市场融资来填补巨灾赔付损失。① Freeman 等（2003）主张，只要保险人能识别巨灾风险并厘定费率，该巨灾风险就有可保性。中国学者丁元昊（2009）认为，解决了逆向选择、可预测性差等问题，巨灾商业保险即为可行。② 谢家智等建立了巨灾风险的保险精算模型和供求模型，验证了巨灾风险在一定条件下可保。③ 田玲等人根据破产理论确定了巨灾风险的可保性边界，认为保险人提高对巨灾风险的认识，提高财务能力，对巨灾保险进行保费补贴、分摊、共保与融资，可扩大巨灾风险的可保性。④ 梁昊然提出，巨灾风险只要满足法律意义上的可保性（保险利益），即使其并不完全满足精算意义上的可保性（大数法则）、经济学意义上的可保性（供给与需求），也可承保。巨灾风险可保性还可以通过价格、分保、共保、替代性风险转移、财务实力、时间、地域和限缩损失八种方式予以扩展。⑤

二 巨灾保险的属性

（一）巨灾保险的产品属性

Samuelson、Musgrave 等人根据不同物品在供给、消费、技术等方面的差异性，将社会产品分为公共物品、私人物品两大类别，并基于新政治经济学原理提出了公共物品理论。该理论认为：（1）纯公共物品具有正外部性，可以给他人或公共环境带来福利，其他人可以无偿享受福利而不必为此支付任何费用。如国防、国家安全、法律秩序等。纯公共物品同时具有非排他性和非竞争性，传统上由政府直接供给，所有国民均能享用。（2）私人物品同时具有竞争性和排他性。这类物品不能同时为两个或更多的人占有、使用。个人可以通过支付

---

① Dwight M. Jaffee and Thomas Russell, "Catastrophe Insurance, Capital Markets and Uninsurable Risks", *The Journal of Risk and Insurance*, No. 2, 1997.
② 韦红鲜：《国内外巨灾保险研究述评》，《中国保险》2014 年第 9 期。
③ 谢家智、陈利：《我国巨灾风险可保性的理性思考》，《保险研究》2011 年第 11 期。
④ 田玲等：《巨灾风险可保性研究》，《保险研究》2013 年第 1 期。
⑤ 梁昊然：《论我国巨灾保险制度的法律构建》，博士学位论文，吉林大学，2013 年，第 28 页。

成本或技术手段取得物品的所有权,排除其他人的占有和使用。衣物、食物就是典型的私人物品。(3)现实社会的大量物品介于上述二者之间,属于"准公共物品"。其所具有的非竞争性和非排他性要弱于纯公共物品。准公共物品的范围非常广泛:某些准公共物品仅在一定地域范围内被共同使用或消费,需依靠地区性收费或集资来提供;某些准公共物品不能排斥其他人的使用,但在消费上可能存在竞争关系,需要依靠收费或税收补贴才能供给,如牧场、森林、地下水资源、水利灌溉工程等;某些准公共物品的排他性较强,往往需要付费才能使用,如俱乐部产品、有线电视和高速公路等公用设施、公共教育和医疗保健服务等。[①]

巨灾保险以保险方式分散地震、洪水、飓风等重大自然灾害风险,补偿其可能导致的严重损失。巨灾保险机制的有效运行,不仅关系民众和社会组织的切身利益,还会影响社会稳定和国民经济的整体运行,因此被称为"社会稳定器"。巨灾保险兼有公共物品和私人物品的某些属性,属于准公共物品性质。

首先,从供给角度观察,巨灾保险有不同程度的集团性。准公共物品一般可由私人或集团供给。集团供给又有私人与政府联合供给、私人与企业联合供给、私人与社区联合供给等多种形式。在世界范围内,巨灾保险因供给方式不同而呈现出三种主要模式:(1)以法国、土耳其、新西兰为代表的政府主导型巨灾保险模式。法国自然巨灾保险制度、新西兰地震保险制度,均由国家财政支持,政府作为保险人或再保险人直接参与巨灾风险分散。(2)以英国为代表的市场主导型巨灾保险模式。英国洪水保险制度以商业保险、自愿保险为基础,政府不介入巨灾保险与再保险经营,仅通过加固灾害防御设施、强制购买再保险、提供税收优惠等间接方式来保障巨灾保险市场有效运行。(3)以美国、日本为代表的合作型巨灾保险模式。

[①] 另有学者根据消费的竞争性与收益的排他性或部分具有此两种特性,将准公共产品分为七类。参见张高旗《准公共物品分类探讨》,《延安大学学报》(社会科学版)2005年第12期。

在美国洪水保险计划和日本地震保险制度下，政府负责筹资，并与保险公司合作经营巨灾保险与再保险。当代各国巨灾保险的实践证明，虽然不同国家或地区的公私协力程度确有差异，但在巨灾保险的供给侧都只能依靠政府和保险公司联合协作，纯粹由某一方完全供给是不现实的。

其次，从消费角度分析，巨灾保险具有有限的竞争性。公共物品在消费或使用上具有非竞争性。政府负责向所有社会成员提供公共物品。部分人消费该物品不会影响其他人消费；部分人因该物品获得的收益不会削减其他人的收益，即不会出现"拥挤成本"；增加消费者不会增加该物品的生产成本，也不会减少其他消费者的满足感。这就是说，社会成员在消费公共物品时完全不存在利益冲突。巨灾保险建立在大数定律之上，承保风险数量越多，损失补偿和风险分担就越充分。但巨灾风险有高度相关性，巨灾事件一旦发生，一定地域范围内会出现大量保险标的同时受损。保险公司就不得不抽取大量巨灾保险责任准备金来支付保险金。短期内集中出现的巨额保险赔付责任将导致保险公司累积的责任准备金骤减，这可能影响其未来偿付能力。另外，若保险公司接连出现亏损，风险成本上升，其必然会提高新业务的保险费率。巨灾等低风险概率人群的投保意愿将会因此降低，出现逆向选择问题。其后果是，保险公司承保风险数量达不到定价模型期望值，保险偿付责任压力进一步增加，引起恶性循环，最终保险公司可能会停止巨灾保险业务。可见，巨灾保险并不完全满足公共物品的非竞争性特征。

最后，从收益角度考量，巨灾保险具有一定的排他性。巨灾保险的目的是通过保险机制分散巨灾风险，使受灾个体可以获得经济补偿以维持灾后基本生活，受灾地区可以维持正常的生产生活秩序。所有国家和地区都希望不断拓展巨灾保险的广度和深度，让社会成员都能得到保障。巨灾保险的社会保障功能似乎非常趋近公共物品的性质。但是，巨灾保险并不具有公共物品的非排他性，反而具有私人物品消费上的排他性特征：（1）政府并不向所有社会成员提供巨灾保险。（2）获得巨灾保险产品是需要支付成本的。巨灾保险合同是存在对价的双务合同。投保人与保险人在巨灾事件发生前订立保险合同,投保人支付保费,若保险事故发生致保险标的受损,保险人向其履行赔付保险金责任。未投保者在巨灾发生后不能获得保险赔付。(3)巨灾保险排斥未投保者分享保险金。保险运作的机理是将保险费和承保的同质风险同时聚合,保险金主要来源于保险人的保费收入。即全体投保人形成风险共同体,实际上分摊了少数出险的被保险人的损失。由此可见,巨灾保险不满足公共物品"使他人无偿享受福利"的特点,其性质当属准公共物品之"俱乐部产品"。

（二）巨灾保险的类别属性

巨灾保险是承保各种巨灾风险的保险的统称。地震、火山爆发、飓风、海啸、洪水等巨大自然灾害一旦发生,往往会同时造成巨大的财产损失和严重的人员伤亡。在当代各国巨灾保险立法和实践中,巨灾保险基本属于财产保险范畴。巨灾赔付主要针对被保险人的财产和有关利益的损失,一般不涉及巨灾所致人身伤亡部分。巨灾造成的人员伤亡,通常属于人身保险合同责任范围。① 依保险法原理,巨灾保险赔付体现了财产保险的损失补偿原则,巨灾保险应属财产保险范畴。

根据保险价值确定方式的不同,学理上将财产保险分为定值保险和不定值保险。当事人在订立合同时即已确定保险标的价值,并将其记载于合同之中的,为定值保险;若订立合同时未预先确定保险价值,至保险事故发生后,再行估计价值而确定损失的,则为不定值保险。巨灾保险合同通常约定,保险人的赔付责任以被保险人的财产和有关利益的实际损失为限,似应属于不定值保险范围。但由于巨灾损失具有高度相关性,为了应对灾后的"索赔潮",巨灾保险立法和实践中亦不乏适用"定值保险"条款的情形。例如,美国洪水保险计划推行初期设定了较低的基本保险额度。若私人财产超过洪水保险计

---

① 中国地方性巨灾保险出现了以人身伤亡救助为主要内容的项目,如浙江省宁波市公共巨灾保险、深圳市巨灾救助保险。此两个项目均由当地政府财政支付投保费用,风险治理和社会福利意图明确。

划的限额标准,政府就不提供保费补贴。洪水区居民可就超出部分,另投商业保险。2015年10月30日云南保山地震发生后,大理"震级指数"农房地震巨灾保险试点项目采用统一标准理赔方式,即赔付恢复重建户每户14000元、修缮加固户每户2000元。[①] 与不定值保险相比,定值保险在赔付方式上,似乎是以表面平均主义代替个体实质上的公平,与保险法损失补偿原则不符。但考察巨灾保险立法允许以约定保险价值代替保险事故发生的实际保险价值,"在于以容忍某种程度之不当得利,换取保险事故发生时计算保险价值之麻烦。若定值数额与实际价值相差无几,得为法所忍受;若定值数额与实际价值相差甚多,则应舍弃上述立法目的,维护保险法上禁止不当得利的原则,视该保险合同为不定值保险,回复适用其相关规定"[②]。由社会治理视角观之,实践中巨灾不定值保险的适用,往往是在灾后理赔需求急而繁、金额少而人数多的项目中,是保险赔付效率优先的选择结果。巨灾保险实践中出现的定值保险条款,不是巨灾保险合同通用条款,并不能决定巨灾保险的性质。巨灾保险原则上还应属于不定值保险。

学理上还常以保险标的性质为标准,划分财产保险的具体类别。中国现行保险法第95条第2款将财产保险公司的业务范围规定为:财产损失保险、责任保险、信用保险、保证保险等。由于中国保险法未涉及巨灾保险,巨灾保险专门立法尚付阙如,对于巨灾保险究竟概属何种类型财产保险,只能从学理上加以讨论。巨灾保险对有偿财产的直接损失给予补偿,理论上应归于财产损失保险范畴。国内保险实务中又对财产种类详加区别,将财产损失保险进一步分为家庭财产保险、企业财产保险、运输工具保险、运输货物保险和工程保险等常见子类型。本书认为,区分这些子类型,相当于设定该领域内的"有名合同",即典型的财产损失保险合同。上述财产损失保险的子类型是

---

① 《中国首个农房地震巨灾保险实现理赔》,2015年12月24日,中国新闻网(http://www.chinanews.com/sh/2015/12-24/7686692.shtml)。

② 江朝国:《保险法基础理论》,中国政法大学出版社2002年版,第319—322页。

按照保险标的种类划定的,而巨灾保险是按照风险的种类提出的概念,按照现有分类标准,巨灾保险在财产保险中实际上无法精确归类。因此,不妨将其界定为特种财产损失保险。①

三 巨灾保险的功能

保险的功能是其本质的客观反映,也是其社会价值的集中体现。保险既是一种风险转移机制,也是一种社会互助机制。保险之本质表现为两方面:一方面,保险为达成某种效能之经济制度;另一方面,保险为双方当事人间之契约行为。保险之意义亦可得由此两方面体现:一者,保险之经济效能,主要在于确保生活安定。即通过保险集合多数经济单位,依过去经验预先测知损失并以共同聚资作为准备,对保险事故发生所致之损失以共同准备财产提供适当补偿,使危险得以减免,以确保多数经济单位生活之安定。二者,保险之契约行为,主要在于损失补偿。由主持集合团体之保险人与个别经济单位基于对价关系订立契约,将个体之危险移转于集合团体承担,使损失得以补偿,以确保个别经济单位经济生活之安定。②

现代保险制度从风险补偿到风险管理,再逐步拓展到社会管理,对社会各系统各环节产生积极作用。在风险社会背景下,保险可以深度地参与社会治理,对于社会治理体系建设和完善而言,具有不可或缺、无法取代的特殊功用。巨灾保险作为现代社会特有的保险类型,保留了传统保险之分散风险、补偿损失两大基本功能,同时又发展出融通资金、防灾防损、社会治理等派生功能。

(一)分散巨灾风险,补偿巨灾损失

随着社会经济发展和自然灾害频发,巨灾风险日益加大,给社会

---

① 曾有学者提出"特种财产保险"主张,包括以特定种类的财产(如计算机、机动车辆、建筑工程、卫星和核电站等)为标的的保险合同与以特定种类的风险(如巨灾和恐怖袭击)为标的的保险合同。参见韩长印等《保险法新论》,中国政法大学出版社2010年版,第265页。

② 袁宗蔚:《保险学——危险与保险》,首都经济贸易大学出版社2000年版,第52页。

治理带来挑战。传统社会那种政府赈济、民间自助的灾害应对方式早已难以为继。保险成为社会治理的有效策略，首先离不开其分散风险、补偿损失基本功能的实现。据瑞再研究院（SRI）发布的2019年全球巨灾险数据显示，当年灾害事件造成全球经济损失1460亿美元，保险损失为600亿美元。① 也就是说，2019年巨灾事件造成的经济损失，保险业承担了四成左右。经济补偿是巨灾保险最基本的功能，这也体现了保险与其他风险治理方式的根本区别。

（二）防灾防损，实现灾前风险控制

巨灾风险是一种纯粹风险。虽然受灾个体可以通过巨灾保险机制转移风险、补偿损失，但对社会整体而言，无论风险如何转移，巨灾事件仍会造成社会财富的绝对损失。灾后损失补偿只能减少间接损失，而灾前有效的损失控制可以减少直接损失，是更为积极有效的风险管理手段。巨灾保险机制内部存在资金关系的特殊运动规律。保险公司为了改善自身经营状况，通常会采取调节保险费率、限制承保条件等市场化手段以实现巨灾风险成本最小化。如，美国《洪水保险计划》规定，符合该计划规定防洪标准的社区才能加入该计划，所在社区加入该计划的居民才能投保洪水保险。该计划向被保险人提供最高15000美元补贴，以鼓励洪泛区居民个人采取防灾防损措施。美国联邦应急管理局（FEMA）估算，社区执行该计划之洪泛区管理要求，每年减少洪水损失逾12亿美元。② 英国洪水保险采取市场主导型模式，同样注重防灾减灾问题。政府负责防洪设施建设，并提供洪灾风险评估、灾害预警、防洪宣传和政府补贴以提高保险业和民众的防灾抗灾水平。英国保险公司的一项承保要求是，投保人所在地区应达到政府规定的洪水防御标准、土地使用规则并实施了工程性防灾减损措施。巨灾保险风险控制功能的发挥，可以起到降低风险、减少损失的作用。

---

① Swiss Re, "Natural Catastrophes in Times of Economic Accumulation and Climate Change", *Sigma*, No. 2, 2020.

② United States Government Accountability Office, GAO – 07 – 403 Natural Hazard Mitigation, p. 9.

（三）资金融通，优化社会资源配置

资金融通功能是在经济补偿功能的基础上派生出来的。保险业握有大量闲置资金，同时资金来源稳定、期限较长、规模庞大。受稳定经营理念的刺激，保险业有内在的投资需求，一直是资本市场的主要机构投资者和中坚力量，客观上担任了金融中介角色。通常情况下，保险资金的融通功能主要体现为：一方面，保费收入来源于投保人的储蓄或其他可支配收入，保险资金融通可推动储蓄向投资的转化；另一方面，保险公司因需要确保投资保值增值、保证自身偿付能力充足，在资本市场上的投资行为多趋于稳健，主要投向债券、银行存款、股票和证券投资基金等领域，有助于市场资源配置优化。而在保险风险证券化的创新环境下，巨灾保险证券化进一步强化保险市场与资本市场的资金融通。由于巨灾风险的发生概率远低于一般保险危险，保险人确定的年度保费收入与不确定的保险赔付支出之间经常存在时间滞差。跨区域保险共同体、国际再保险、组合风险保险等巨灾保险创新方式的出现，实际上降低了风险相关性。保费收入与赔付支出之间还会出现数量滞差。巨灾保险负债现金流进入证券市场，不仅提升巨灾保险的偿付能力，还能激活资本市场资源配置。例如，美国发行巨灾保险债券就导致资本市场体量在三年时间内增长20%。[①] 截至目前，中国保险业总资产已达20.56万亿元，年度原保费收入逾4万亿元，[②] 但仍不到美国的一半。资本市场体量也仅为美国的21%。这与作为世界第二大经济体的经济体量还不足以匹配。未来中国巨灾保险如果顺利推进，对于保险市场和资本市场资源整合将起到较大作用。

（四）风险治理，维护社会稳定

随着保险业逐步发展及社会地位不断提高，在前述诸功能的基础上，现代保险衍生出社会治理功能。与国家对社会的直接管理不同，

[①] 毛振华：《日臻成熟的国外巨灾保险体系》，《经济参考报》2014年1月9日第5版。

[②] 中国银行保险监督管理委员会：《保险业经营情况表》，2020年1月22日。

巨灾保险的社会治理功能主要在于事前防灾减灾，灾后救助，以保障社会秩序稳定和持续发展。巨灾事件一旦发生，损失程度极高、影响范围较广。对个人和家庭而言，通常是"灭顶之灾"，导致"因灾返贫"现象大量出现。对受灾地区乃至整个国家产生极大破坏力，往往导致当地基础设施严重受损，食品供应、交通运输、医疗卫生等公共服务停顿，正常的社会生产和生活秩序难以维持，甚至诱发公共危机和社会动荡。巨灾保险通过灾前防灾减损、灾后损失补偿，帮助受灾民众摆脱灾害影响，尽快恢复生产、重建家园。同时，也帮助减轻受灾地区或国家的财政负担，可以将有限资金用于公共基础设施的恢复重建，尽量减轻巨灾损失对国民经济和社会发展进程的负面影响，起到"社会稳定器"和"助推器"的作用。

第四节 作为体系核心的巨灾再保险

在立法、实务和学术研究领域，"巨灾保险"概念均具有广义、狭义两重含义。狭义的巨灾保险，是指巨灾的直接保险，包括原保险和共同保险两种形式。广义的巨灾保险，是指巨灾保险整体体系。巨灾风险的特性决定了，它不可能通过直接保险最大限度分散风险，而必须再借助再保险甚至证券化业务进一步转移和分散。通常意义上的巨灾保险立法，都是对巨灾保险体系的整体制度安排。

再保险是对保险的保险。西方谚语云"Insurance only works if reinsurance works"（只有再保险有效时，保险才有效），可见再保险在巨灾保险体系中具有核心作用。如果没有切实有效的再保险安排，巨灾直接保险所汇集的承保风险，就会变成保险业的"巨灾风险"。因此，从灾害风险治理角度考察，巨灾再保险是广义巨灾保险的应有之义。

一 巨灾再保险的基本内涵

（一）巨灾再保险的概念

所谓巨灾再保险，也称为巨灾分保，是巨灾原保险人将其所承担的巨灾保险责任转移给其他保险人的保险。巨灾再保险以巨灾原保的存在为前提，故又称为"巨灾分保险""巨灾保险的保险"或"巨灾风险的第二次保险"。

巨灾风险具有高度相关性，巨灾保险人为了避免潜在赔付损失过于集中，同时也基于扩大承保能力、平滑财务状况等考虑，会采取一定的风险转移方式将承保风险转移出去。巨灾保险人以保险方式转移自身保险责任风险，就是巨灾再保险。巨灾再保险是巨灾保险的保险。因此，从产品属性分析，巨灾再保险也属于准公共物品。

（二）巨灾再保险的特征

巨灾再保险具备再保险的共同特征，如国际性、补偿性、合同的射幸性、双务性及最大诚信等特点。同时，巨灾风险的特点、巨灾再保险与原保险的关系决定了巨灾再保险在保险标的、风险特征和损失补偿等方面不同于普通再保险。巨灾再保险是一种特殊形态的再保险。

第一，巨灾再保险标的之特殊性。巨灾风险是某种巨灾事件损失结果发生的不确定性。巨灾风险较普通风险的发生概率低，而损失程度极高。经营巨灾直接保险业务的保险人在保险合同成立后，就可能因承担保险赔付责任而受到损失。对保险人来说，承保带来了保险金损失的不确定性，即偿付风险。况且，巨灾一旦发生就会造成巨额损失，损失不仅是被保险人难以承受的，而且还可能因损失赔付丧失偿付能力。若巨灾保险公司不能或不愿承受这种巨大风险，可安排再保险将其所承担的部分保险责任转移出去，进一步分散其所承担的风险。巨灾保险的偿付风险同样满足风险可保性要件，如：风险标的满足大量同质性，根据定价模型测算的保险费率基本可以预估赔付数额，保险事件即保险赔付责任也是随机产生的，等等。

巨灾再保险的保险标的，是巨灾保险人在巨灾原保险合同中的赔付责任。与一般再保险标的相比，巨灾再保险标的之风险程度极高。同时，其风险特征又不限于此。在国际巨灾保险实务中，巨灾保险人考虑到保险责任的风险程度、自身偿付能力和财务状况，通常会在做好再保险安排之后才开展直接保险业务。预约再保险、合约再保险是目前最常用的分保方式。二者都是原保险人与再保险人事先订立再保险合同，约定分保业务的范围及条件的固定性的再保险安排。巨灾再保险合同的订立往往先于原保险合同，特定巨灾原保险的保险价值和保险金额无法提前确定。故而巨灾再保险最重要的风险特征之一，"或许就是无法对潜在风险作出充分精确的衡量"①。也因为如此，"一般财产保险中的超额保险、一部保险或重复保险的规定，原则上于巨灾再保险均不适用"②。

第二，巨灾再保险损失填补之特殊性。损失填补是财产保险的主要原则之一，是指保险人应对被保险人的实际损失进行填补，被保险人获得的保险金不得超过其实际损失。财产保险赔偿的宗旨是使被保险人恢复到损失发生前的状态。学界通说认为，再保险合同属于广义的财产保险合同，应适用损失填补原则。再保险合同的标的是原保险人对被保险人承担的损失赔偿责任，填补原则要求原保险人不能获得超过其实际损失的赔偿。③

与一般的再保险业务相比，巨灾再保险的损失补偿率通常较高。主要表现在以下方面：（1）经营巨灾再保险的风险很大，对专业技术的要求也很高。能够经营巨灾再保险业务的，通常是资金规模雄厚、保险经营技术成熟的国际性大型再保险集团，如瑞士再保险、慕尼黑再保险等。（2）巨灾再保险具有"社会稳定器"功能，出于公益性和经营安全考量，各国一般实行强制分保。不少国家和地区专设了巨灾保险补偿基金以弥补巨灾再保险公司偿付能力不足状况。由于巨灾风险发生概率低，未发生巨灾或巨灾损失不太严重的年份，巨灾补偿基金可累积结余。发生巨灾的年份，巨灾损失可以获得较高程度的补偿。（3）巨灾直接保险公司向再保险公司分保后，可以摊回分保费和赔付支出，其自留责任部分的赔付压力因此得到了部分缓冲。有效

---

① ［美］所罗门·许布纳等：《财产与责任保险》，陈欣等译，中国人民大学出版社2002年版，第368页。
② 梁宇贤：《保险法新论》（修订新版），中国人民大学出版社2004年版，第216页。
③ 赵苑达：《再保险学》，中国金融出版社2003年版，第22页。但也有相左观点指出，其"保险标的并非特定财产，因此原则上不存在保险价值问题，再保险人承担合同约定保险金额限度内的赔偿责任"。参见韩长印等《保险法新论》，中国政法大学出版社2010年版，第294页。

的再保险安排可以让直接保险公司具备充足的偿付能力,使巨灾损失得到充分的补偿。

巨灾再保险损失补偿所需的时间通常也较短。巨灾保险比普通保险更重视社会治理职能的发挥。巨灾发生后,为了保证保险赔付资金在尽可能短的时间内到位,被保险人的巨灾损失得到及时补偿,理赔工作往往会执行通融赔付原则。所谓通融赔付,是指根据保险合同的约定本不应承担责任或不应完全承担赔付责任,但保险人仍赔付了部分或全部保险金。2013年四川雅安地震后,原中国保监会就要求险企放宽理赔政策,"从快从宽"地履行赔付责任。

第三,政府通常会参与巨灾再保险。普通再保险体系一般由保险公司、再保险公司、再保险经纪人及保险市场构成。在国际范围内,巨灾再保险有多种模式。但在各种模式的巨灾再保险体系中,政府都会有不同程度的参与。巨灾保险市场的发展离不开政府的鼓励、扶持。巨灾再保险体系的发展和完善更是需要借助政府之力提供政策支持、技术支持,甚至财政支持。建立健全有政府参与的再保险体系,对于具有政策性质的巨灾保险,尤其是居民家庭财产巨灾保险,意义尤其重大。如新西兰、日本、美国加州、中国台湾的地震保险基金都是由政府提供启动资金,政府设立专门机构和特别账户进行管理的。这种专门成立的巨灾基金管理机构,可以作为再保险人参与巨灾再保险,也可以作为再再保险人分担巨灾损失,甚至承担兜底责任。从社会治理角度来看,政府参与巨灾再保险,是共建共治共享理念在风险治理领域的运用和体现。

二 巨灾再保险的正当性

(一)进一步构筑巨灾保险风险池

我国是全球巨灾损失最为严重的国家之一。自1980年以来,随着经济社会建设的加速,中国巨灾损失事件呈现螺旋式上升趋势,且致损程度严重。国家应急管理部公布数据显示,2019年全年各种自然灾害共造成1.3亿人次受灾,直接经济损失达3270.9亿元。联合国国际减灾战略(UNISDR,GAR15)的灾难评估方法考虑人口数量和人均国民生产总值，评估数据更具说服力：全球因灾损失年均为 4200 万"生命年"；中国年均损失为 2424 万"生命年"，相当于全国每年人均损失 162 天，远远高于地震高发国家土耳其人均损失 25 天的水平。

巨灾直接保险是转移巨灾风险的首要路径。但在巨灾危险事故发生具有客观现实性的情况下，直接保险可能会因偿付能力不足而导致其特有的分散危险、消化损失功能失灵。对于直接保险公司而言，巨灾承保风险很可能成为反加诸己身的"巨灾风险"。这是巨灾直接保险业务推进困难的主要原因之一。为保险人继续配置风险池，是保险支持机制为应对巨灾风险而选择的内在延展路径。众所周知，保险机制的基本运作原理，就是基于射幸性的风险资金筹集和损失分摊方法，即通俗所谓"我为人人，人人为我"，少数人的不幸和困境通过多数人的分担变小或分解。再保险风险池的加入，实际上是用层级化、体系化方式扩大了最终风险分散面。体系化是保险业提升巨灾风险应对能力和治理水平的有效策略。再保险在巨灾风险分散体制中的价值，不仅表现为降低直接保险人的破产风险，保障被保险人损失填补，还在于客观上充实了直接保险人的偿付能力，反过来推动巨灾直接保险承保面扩大。巨灾再保险作为巨灾风险分散的下游环节，在构建巨灾保险体系中必不可缺，同时也是支撑巨灾风险治理机制有效运行的关键。因此，巨灾保险必然会体系化。

（二）应对保险人的有限理性

近现代国家，以理性主义哲学作为创设法律制度的出发点和前提条件，假设每一个单个个体均是独立而理性之人。然而，理性人假设终归是假设。现实生活极为丰富且具复杂性，人的理性假设较为抽象和封闭，而人的抽象平等与完全理性具有非现实性。只有充分认识到利益所在，才能展开对利益的追求。行为经济学却证明了完全认识自己的利益其实并不现实，因为人类的认识能力存在许多局限。因此，人的理性具有有限性。

巨灾直接保险人和巨灾再保险人作为市场主体，有其经济理性，但囿于现实生活的多维因素，其理性同样也是有限的。巨灾风险在性质上具备准公共产品之属性，因为不符合大数法则等保险费率厘定的

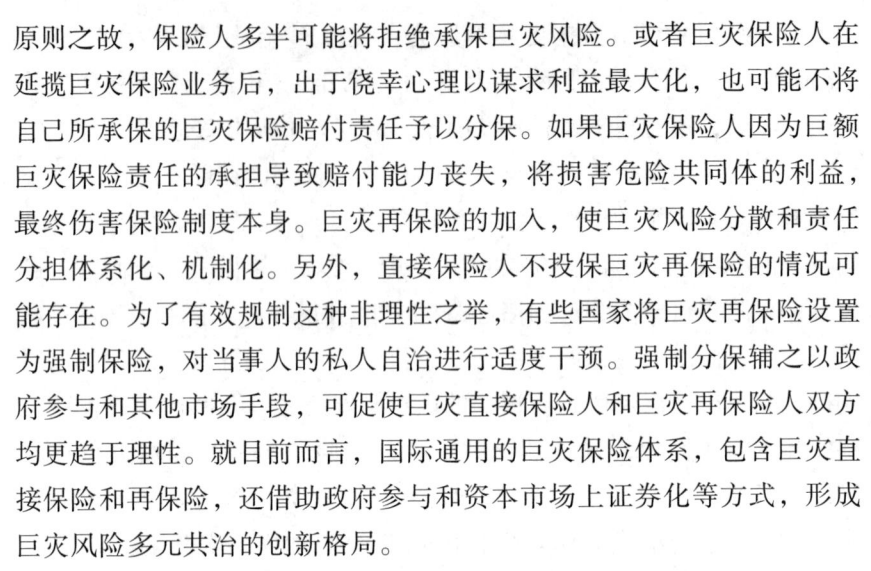

原则之故，保险人多半可能将拒绝承保巨灾风险。或者巨灾保险人在延揽巨灾保险业务后，出于侥幸心理以谋求利益最大化，也可能不将自己所承保的巨灾保险赔付责任予以分保。如果巨灾保险人因为巨额巨灾保险责任的承担导致赔付能力丧失，将损害危险共同体的利益，最终伤害保险制度本身。巨灾再保险的加入，使巨灾风险分散和责任分担体系化、机制化。另外，直接保险人不投保巨灾再保险的情况可能存在。为了有效规制这种非理性之举，有些国家将巨灾再保险设置为强制保险，对当事人的私人自治进行适度干预。强制分保辅之以政府参与和其他市场手段，可促使巨灾直接保险人和巨灾再保险人双方均更趋于理性。就目前而言，国际通用的巨灾保险体系，包含巨灾直接保险和再保险，还借助政府参与和资本市场上证券化等方式，形成巨灾风险多元共治的创新格局。

（三）协调共同体成员的利益需求

置身于同一个共同体内的每一个社群以及每一个成员的利益诉求和权利主张，都可能迥然有别甚至发生冲突。为此，在评判制度安排的正当性时，应将共同体成员的利益保障问题作为考量因素。如果制度安排通过忽视弱势群体或者单个成员的利益，以保障社会的效率、安全与稳定，那它可被认定为是不合理的、非正义的制度。只有当制度安排给共同体内每一个单个成员所带来的利大于弊时，才具有合理性与正当性。

巨灾风险和巨灾保险的特质，导致巨灾保险人对巨灾再保险具有迫切需求。巨灾保险人的偿付能力问题，与作为弱势方的被保险人的利益实现密切相关。巨灾再保险的制度安排，在使巨灾保险人的巨灾赔付压力得以有效减轻的同时，也有利于巨灾保险人所面对的危险共同体的利益实现。对于巨灾再保险人而言，在获取保险费收益的同时，也面临着不测的风险。因此，在规则设计上，巨灾再保险制度通过自留额、责任限制等规则对巨灾再保险人的风险加以控制。

三　巨灾再保险的特殊功能

在地球生态、气候、地质等综合自然环境不断恶化的同时，经济社会发展，人口规模增大，城市化进程加快，财富集聚提高也使风险积累不断增加。巨灾再保险是对巨灾保险的保险，作为巨灾风险管理体系的核心，它具有独特功用。

（一）分散承保风险，消化巨灾损失

保险合同是射幸合同。保险人承保后可能因保险事故发生致保险标的受损而承担保险赔偿责任。为经营安全计，保险人会将最低偿付能力维持在与其业务规模和风险程度相适应的水平。对于保险金额巨大、风险责任集中的直接保险业务，保险公司通常会精心设计再保险方案，甚至在安排好再保险后才开始承保。如保额高而标的少的某项特定保险业务（如卫星保险），在特定区域内累积巨大风险的保险业务（如洪水保险），业务面较窄、风险累积大的保险业务（如车险专营），等等。其中，对再保险需求最高的非巨灾保险业务莫属。

以单个保险人的资金规模和偿付能力而论，巨灾风险或许不可保或可保性很弱。巨灾事件一旦发生会使保险人受到极大冲击，甚至濒临破产。灾害等级特别高或影响范围特别大的巨灾事件，还可能导致保险业偿付能力普遍下滑，或出现信任危机。然而，有时候面对同样的巨灾事件，规模相仿的直接保险公司可能会出现不同的情况。某些保险公司能够承受巨灾赔付压力，另一些公司则可能会因无力承担巨额赔付而陷入破产困境。保险实践反复证明，如果再保险安排得法，承保风险能有效转移，就能保障直接保险公司损失赔付责任的履行，再保险摊回和赔偿金还能减轻原保险人实际赔付的损失。以国际上几次著名的大地震事件为例，1986年墨西哥大地震再保险赔付实际占比超过98%，2010年智利大地震、2010年新西兰地震、2011年东日本大地震的这一比例分别为95%、70%、57%。如果没有再保险的依托，巨灾直接保险业务可能只是"昙花一现"。再保险赔付对保险市场稳定发展和巨灾重建厥功至伟。

不仅如此，当代巨灾再保险创新还改变了过往风险线性传递模式。应用转分保、相互分保、再保险共同体等方式，巨灾风险得以在不同空间、时间、险种跨度内实现更大程度分散。巨灾保险因此突破传统保险理论关于巨灾风险不可保论和大数定律的限制，成为当代重要的保险业务。巨灾再保险还创新和延伸出保险证券化业务，通过保险连接证券和金融衍生产品将巨灾承保风险转移到体量更大的资本市场，最大范围内扩大巨灾风险分散面。

（二）维护行业稳定，繁荣保险市场

首先，巨灾再保险是保险体系的"安全阀"。现代社会中巨灾风险的损失程度高，不仅跟地球活动进入活跃期有关，更因为现代社会经济建设、人口发展和城市化进程加重了风险积累。巨灾风险加大会激发各种保险需求。一者，直接保险公司为平滑冲击曲线、提高资本利用效率，必然会寻求再保险安排。再保险所需资金规模、经营技术难度比原保险要大，因此再保险公司的资产运营水平、风险控制能力通常会明显高于直接保险公司。再保险人分入原保险人保险责任，就与后者利益相互关联。再保险人为了减少自身的再保险承保风险，会做好事前风险防控，即通过调整再保险费率、提供技术和管理支持等方式，降低原保险人的实际赔付损失。客观上，巨灾再保险有助于提高直接保险公司经营管理水平。二者，再保险公司同样需要降低业务波动性，保证再保险偿付能力充实以避免破产，因而也会向实力更雄厚的再保险公司或集团寻求转分包，或参加再保险共同体。比如，中国中再集团向德国慕尼黑再保险、瑞士再保险转分包。慕再、瑞再等国际大型再保险集团除资金优势外，还拥有强大的技术、管理和决策优势。它们拥有庞大的风险数据库，开发各种行业风险模型和巨灾风险模型，擅长厘定费率、优化风险组合方案。它们在巨灾再保险领域基本长期居于垄断地位，与很多国家地区政府、国际组织长期合作。如瑞再帮助土耳其、澳大利亚地震保险决策，也在中国黑龙江、广东和大连等地巨灾保险项目中与当地政府合作，提供咨询或定制方案。巨灾再保险不仅能提高保险行业的风险管控水平，对于提升政府治理能力、完善治理体系也是大有裨益的。

其次，巨灾再保险是再保险行业的"孵化器"。再保险常被作为衡量一个国家保险业发展水平的标志。中国再保险市场的发展现状主要表现为：（1）在市场规模方面，2019年再保险行业净资产规模达到608亿元，近几年中国再保险市场分保费收入年均增长率保持在

19%左右，但中国再保险市场保费收入规模占全球再保险市场的2%左右。以上数据说明，中国再保险市场发展很快，但与世界第二大经济体的体量还不匹配，仍然有很大的发展空间。（2）市场主体数量和市场供给不太充足。截至2020年6月，中国共有12家再保险公司，其中包括中再、前海、太平等5家中资公司，瑞再、慕再等7家外资公司。与2019年原保费总收入逾4.26万亿元的规模相比较，当年再保险保费总收入为1576亿元。在专业再保险公司数量相对有限的情况下，再保险市场供给容易产生结构性不足。（3）中国再保险市场自留风险较多。整个再保险行业保费增速很快，也给国内再保险业在风险管理、偿付能力管理上带来更高挑战。转分保作为这些管理项目的重要选项应该被采纳。但是目前在中国再保险市场上，转分保安排还不够充分，分出保费规模约占其收入比的1/3，同时在全球分出保费中占比8%。再保险公司处于国内风险分散链条的最顶端。巨灾保险风险也主要积累在国内，仅中再集团一家就承担了超过5000亿元的赔付责任。2017—2019年中国再保险承保利润年亏损在23.6亿—34.3亿元。2019年中国再保险行业净资产收益率达到7.5%，但营业利润的主要贡献来自投资收益。[①] 就增长点而言，巨灾风险发生概率极低、保险业务预期利润较高，对于再保险公司加大资本投入或培育新的再保险主体是相当有吸引力的。2016年后中国市场上新增前海再保险、人保再保险、大韩再保险等再保机构，瑞士再保险、德国通用再保险、德国汉诺威再保险等外资再保险不断增加注册资本、加速布局。这与全国地震巨灾保险项目的启动和地方巨灾保险项目的铺开是有一定的关联的。

最后，巨灾再保险还是外资和民间资本的"蓄水池"。一方面，再保险业务的特点决定了它的国际化程度较高。中国入世后，再保险是保险市场中最先对外开放的部分。慕尼黑再保险、瑞士再保险、德国科隆再保险、英国劳合社、法国再保险、汉诺威再保险等国际再保险巨头纷纷进入中国，不断抢占再保险市场份额，对中国保险市场整

---

① 数据来源：银保监会公布的数据、行业报告等。

体发展也起到了助推作用。2001年入世前,中国保险市场在全球排名第12位。2017年上升至全球第二。2019年中国保险业总资产达到20.56万亿元。巨灾再保险对国际再保险市场的依赖程度更高。事实上,外资再保险机构和国际再保险市场也为包括中国在内的很多国家巨灾保险和再保险承担了较大比例的赔付责任。反过来,在国际再保险市场中,巨灾再保险业务也占有很大分量。目前全球再保险公司资本金总额约为6050亿美元,巨灾再保险资金占全部资本金的1/3到1/2。[1]另一方面,随着中国巨灾保险的推进,民营资本也将大量进入再保险领域。国务院《关于加快发展现代保险服务业的若干意见》(即新"国十条")公布后,民营资本非常看好再保险业的发展前景。以泛海控股为代表的多家上市公司抢滩再保险市场,投资设立了前海、亚太等再保险股份公司。2016年"中国第二代偿付能力监管制度体系"(简称"偿二代")实施,强调防控再保险风险、强化再保险公司管理。再保险市场会迎来政策和业务的双重利好。

(三)激励保险创新,融通资本市场

根据保险合同的约定,保险人在合同成立后有权收取保险费,保险事故发生后才履行支付保险金义务。因为巨灾风险发生概率极低,只要持续一段时间未出险,原保险人或再保险人就能累积可观的保费收入。专业再保险公司更可以获得相对较多、较长期的保费收入现金流。它们将这些现金流用于证券投资、企业收购,可以赚得利差。"投资之神"巴菲特控制的伯克希尔集团专攻巨灾再保险业务。背后的原因,是他看重巨额保费储备资金的使用权和受益权。由此可以管窥,巨灾再保险能为投资市场提供丰沛的资金来源,可以充当资本市场的"蓄水池"。

20世纪90年代后期全球巨灾频发,巨灾损失赔付金额巨大,国际巨灾保险与再保险行业因此出现市场失灵。在此背景下,美国保险业开发了替代性风险转移技术,实现了所谓巨灾保险风险证券化。即根据单个巨灾风险解决保险准备金积累与保险赔偿金的匹配问题,以保

---

[1] 数据来源:Aon Benfield, *Reinsurance Market Outlook*, April, 2020.

险或再保险期间产生的现金流量为标的，进行结构性重组，将其转变为可以在资本市场上出售和流通的金融衍生产品。这种巨灾保险创新方式通过从资本市场筹融资金来补偿巨灾原保险和再保险赔付损失。其实质是借助巨灾保险连接证券和衍生品连通保险市场和资本市场，从而将巨灾风险的分散路径跨市场延展，使规模更大的资本市场成为巨灾风险的最终分散面，巨灾损失最后由资本市场投资者分摊。当然，资本市场除了分担巨灾风险外，也分享了巨灾保险市场的投资收益。

自20世纪90年代中期以来，巨灾保险证券化经过20多年的发展已经形成具有相当规模的国际市场。根据保险连接证券（ILS）专业交易跟踪网站 Artemis 发布的数据，2019年全球新发巨灾保险相连证券逾110亿美元，证券存量总规模达407亿美元。巨灾保险证券化参与主体相对稳定，形成成熟的投融资生态圈。发行方主要包括保险公司和再保险公司，世界银行也多次参与发行。投资方主要包括专业的巨灾债券投资机构、银行、资产管理公司、养老金、对冲基金、私募基金等机构投资者，其中95%以上的投资者来自美国和欧洲。巨灾风险证券化为全球再保险业带来了数千亿美元的融资，大大增强了巨灾再保险机构的偿付能力。

（四）推进供给侧改革，提升社会治理能力

第一，建立以再保险为核心的巨灾保险机制，不仅仅是为灾害风险应对找到解决方案，还对未来社会经济可持续发展具有保障和推动作用。再保险本身就是一个重要的产业部门。从现实情况来看，国内外主要再保险公司的信用风险和流动性风险均非常小。目前中国巨灾直接保险推进困难的瓶颈是，承保风险分散不够从而反过来限制了直接保险的承保能力和保险覆盖面。现代化的巨灾再保险及其创新机制形成后，经营巨灾再保险业务会给再保险机构带来更多的保费收入、行业利润和税收收入。增加的巨灾再保险供给会将更多更优质的保险资金和风控技术投入直接保险市场，从而促进全行业的健康发展。如果按照当前西方发达国家的再保险收入占总保费比例20%的标准估算，未来中国巨灾再保险的年均保费收入有望达到1000亿元。因此，瑞再等行业巨头非常重视在中国推广巨灾业务，把未来十年视为中国巨灾保险发展的关键期。虽然目前中国保险市场规模不到美国的40%，但是根据瑞再研究院对全球保险市场的长期观察和发展前景预测，如果中国保险市场能继续保持十几年增长态势，中国有望在21世纪30年代中期成为全球最大的保险市场。① 在保障社会经济秩序有序运行方面，巨灾再保险还有一个无法比拟的优势。再保险赔付为各国灾后恢复重建提供了重要的资金来源，刺激经济增长。2010年、2011年新西兰基督城两次地震后，再保险公司支付了约120亿美元，占保险损失的70%，极大支援了灾后重建，尤其是灾后对发电和工业的投资。重建期间新西兰国民经济总产值增长率达到4.5%。巨灾再保险为灾区恢复重建发挥输血功能，保障经济社会可持续发展。

第二，巨灾保险与再保险机制是风险社会条件下社会治理创新的重要内容。（1）在政府风险治理决策能力创新方面：除了资金资源外，再保险公司还天然拥有与其他国家地区政府合作的经验、大数据服务的优势，能为各级政府统筹财政金融政策、精确制度安排、定制保险方案提供必要的决策帮助。瑞士再保险与四川省阿坝藏族羌族自治州茂县人民政府的合作就是一个成功的例证。该县政府于2018年12月开展巨灾保险先行先试工作。瑞再作为该项目的发起人，从风险评估到项目设计，从保险赔付到灾后重建，为茂县政府在处置灾情、维稳安置和灾后重建资金提供了巨大支持，为中国灾害风险领域基层社会治理创新制度化现代化开了一个好头。（2）巨灾再保险领域本身是人才聚集"高地"，可以为社会治理机制创新提供智力支持。巨灾再保险所涉及的专业门类非常多非常复杂，需要金融、会计、法律、数学、风险管理、信息技术、地理、气象、勘测、土木工程等相关专业的技术人才。现代化社会治理体系由组织体系、制度体系、运行体系、保障体系四大部分组成。任何一个部分的创新发展，归根结底都离不开专业人才支撑和协同合作。如果没有充足的、高素质的创新型专业人才，现代国家治理就缺少了最宝贵的资源。

---

① Swiss Re, "World Insurance: The Great Pivot East Continues", *Sigma*, No.3, 2019.

第三章　域外巨灾保险立法比较考察

第一节　巨灾保险典型立法例

目前世界范围内有 12 个巨灾高发国家和地区建立了巨灾保险制度，其中绝大部分国家和地区都颁布了专门的巨灾保险法。这些立法基本上都是广义的巨灾保险法，即对巨灾保险体系的统一立法。本章将结合域外巨灾保险整体立法，对现代巨灾保险体系的制度安排加以考察。

一　大陆法系代表性立法例

（一）日本家庭财产地震保险与再保险立法

日本是地震严重高发国家。该国建有世界上最庞大的防灾减灾法律体系，包含 52 部法律。其中，地震保险法律制度也相当完备。在新潟地震后，日本于 1965 年颁布《对建立地震保险法律制度的正式答复》，确定了该国地震保险的三大核心内容：保险金额限制、强制附加于火灾险、国家承担超额损害再保险责任。1966 年又出台了《地震保险法》和《地震再保险特别会计法》。

日本地震保险分为企业财产地震保险、家庭财产地震保险两大类。企业财产地震保险为纯商业保险性质，是企业财产保险的特约附加险。商业保险公司承保后可自行安排再保险，一般采取比例再保险和超赔再保险组合的方式。

日本家庭财产地震保险，早期曾自动附加于家庭火灾保险和住宅综合保险，但投保人签订合同时可明示排除。1975 年后，家庭财产地震保险改为任意附加险。其保险责任包括地震、火山、海啸及其引起的火灾、损坏、掩埋或者流失等造成的房屋及财产损害。保险金额占主火险保单保额的30%—50%，但同时住宅不得超过5000万日元，生活用家庭财产不得超过1000万日元。超过限额的，投保人可另投商业保险。该国立法还根据损失程度，区分保险赔偿条件：全损按100%赔付，半损赔付50%，部分损坏赔付5%。根据不同地区风险程度的差异，保险费率按照4个等级8个费率档次设定。

　　日本家庭财产地震保险立法的最大特色，在于再保险部分。日本家庭财产地震再保险制度的精髓体现在以下方面：其一，对家庭财产地震保险实行强制再保险原则。地震直接保险全部由商业原保险公司接单。原保险公司必须向日本地震再保险株式会社（JER）全额分保。JER默认自动接受市场上全部地震保险分入业务。其二，JER是具有再保险共同体功能的公司法人。JER由20家非寿险公司共同出资设立，主要负责管理商业保险公司的责任准备金，在政府和商业保险公司之间进行沟通协调，支付再保险赔偿金等。其三，以JER为核心，形成"两级三方"再保险方案。这套方案由三组再保险合同关系组成。JER作为再保险人与原保险公司签订的地震再保险合同，为"A特别签约"。JER自留30%的再保险责任，将20%的再保险责任又返回给原保险公司，双方签订的"B特别签约"属于相互分保性质。JER再将剩余50%的再保险责任，以超额损失再保险合同形式转分保给日本政府，即"C特别签约"。日本政府为家庭财产地震保险的再再保险人。

　　2011年"3·11"东日本大地震引发海啸和核电事故，是世界上"头号巨灾事件"，造成经济损失25万亿日元，保险赔付总额超过12346亿日元，相当于2010年全球保险业灾害保险损失总额。灾后日本重新制订了地震再保险分层赔付方案。新的地震再保险方案将保险损失金额划分为五个层级，上述三方按不同损失层级承担再保险赔偿责任，其具体方案为：（1）保险赔付金额在1150亿日元以下的，全部由JER承担；（2）保险赔偿金额为1150亿—11226亿日元的，由政府和原保险公司各自承担50%；（3）保险赔偿金额为11226

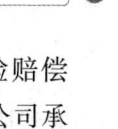

亿—19250亿日元的，由政府和JER各自承担50%；（4）保险赔偿金额为19250亿—37120亿日元的，政府承担95%，直接保险公司承担5%；（5）保险赔偿金额为37120亿—55000亿日元的，政府承担95%，JER承担5%。目前，地震保险赔偿金的上限为6.2万亿日元。如果单次地震损失超出此上限，超额部分由政府按上限与应赔总额的比例支付再保险金。

这套损失分摊方案设计的复杂和精细之处，主要体现在四个方面，即损失分摊多元化且层级繁复，每一层级内兼以共同保险分摊，JER的赔偿责任被错层设置，赔偿等级越高日本政府承担的比例越高。结合"3·11"东日本大地震的保险赔付效果来评价，日本地震保险体系基本能应对这场日本战后60年来最大危机，其制度设计无疑是成功的。在国内保险市场方面，由于再保险损失分摊层级式的安排，JER的信用风险和流动性风险[①]非常小。JER通常将90%以上的资产用于政府债券和企业债券投资，为再保险损失补偿资金提供了可靠来源。因此，灾后面向民众家庭财产的直接保险赔付并没有受到很大影响。得益于这套完善的地震保险制度保障，日本家庭财产地震保险投保率目前已达60.2%。另外，日本政府为保护本国保险业，一直规定本国住宅只能由本国风险池提供地震保险，并限制外国再保险公司进入本土市场。该次巨灾赔付对国际再保险市场的冲击，主要来源于商业企业保险，因而总体比发生在其他国家的巨灾赔付相对要小。

同时，我们也不难发现，日本地震巨灾制度将日本政府置于赔付责任体系的塔尖。巨灾事件越严重，赔付责任越高，日本国家财政负担就越多。日本政府为这次巨灾事件承担最高层次的再保险损失赔付责任，总计约5000亿日元。也就是说，"3·11"大地震带来的严重损失，主要由日本政府承担赔付责任。巨大的公共财政压力当然会对灾区重建、经济社会可持续发展带来挑战。

---

① 流动性风险，一般是指金融机构无法以合理成本及时获得充足资金，用于偿付到期债务、履行其他支付义务和满足开展正常业务的其他资金需求的风险。

(二) 法国自然灾害保险补偿制度

1982 年,法国颁布《自然灾害保险补偿制度》(Cat. Nat System No. 82 – 600),其后经过多次修订,建立了法国综合风险巨灾保险制度。国家级的综合风险巨灾保险在国际上是较为少见的。

法国巨灾直接保险实行强制投保原则,自动附加于火灾险。其责任范围包括:居民住宅与汽车、企业财产及交通设施因地震、洪水、海啸、泥石流、干旱、飓风、冰雹及积雪等自然灾害遭受的损失。巨灾保险费率实行单一费率制。个人财产和商业财产的附加费率均为火险保费的12%。汽车的附加费率为火险保费的6%、车身保费的0.5%。法国立法按保险标的分类设定免赔额标准,并按年度出险次数确定相应的倍数,二者的乘积为免赔额,由被保险人自行承担。免赔额部分不得另外投保,也不得安排购回。

法国巨灾再保险部分,允许商业直保公司自由选择向法国中央再保险公司(CCR)或商业再保险公司分保。但法国保险法对 CCR 的巨灾再保险业务有明确要求:(1) CCR 负有法定的强制承保义务。该国立法规定,只要承保巨灾险的商业保险公司提出分保要求,CCR 就必须无条件接受分入业务。(2) CCR 为国有性质再保险公司,资金归集方式较为特殊。CCR 由法国政府独资设立,并由法国政府为其承担无限担保责任。CCR 的资金主要来源于再保费收入及巨灾平衡准备金,但不享受免税待遇。为保证 CCR 再保险赔付资金充足,法国法规定,CCR 应按年度盈余的75%计提巨灾平衡准备金,上限不得超过 CCR 年度总保费收入的3倍,每年的提存数额在满10年后方可释出。(3) CCR 提供两种巨灾再保险。其一为固定成数比例再保险,此类再保险业务一律按50%比例分出。其二为停止损失再保险。对风险损失概率较高的巨灾原保险,CCR 在比例性再保险中未分出的自留额部分按损失金额确定再保险责任。(4) CCR 自行安排转分保。如果巨灾平衡准备金耗尽,剩余部分的损失赔偿责任全部由法国政府承担。

法国巨灾保险制度反映了比较明显的强制主义色彩。它在原保险部分,采用"全民一致原则"(National Solidarity),实行强制投保；在CCR再保险部分，实行强制承保与全国统一保险费率制。其目的是提高巨灾直接保险的保险密度，同时解决商业直保的市场失灵问题。

在法国巨灾保险体系中，政府参与程度较高。法国政府实际上是再保险人的担保人，以国家信用为巨灾保险赔付承担最后的兜底责任，以确保巨灾保险体系运行的稳定和安全。但是，法国巨灾保险立法允许商业直保公司自由选择分保给商业再保险公司还是CCR，可能引发再保险市场的逆向选择问题。商业直保公司基于逐利考虑，会选择将风险较高的巨灾业务向CCR分保，而将较低风险的承保风险转移给商业再保险公司。这可能导致CCR承担较高的再保险承保风险，最终转嫁更多的压力给本国政府。

（三）中国台湾地区住宅地震保险制度

中国台湾地区为地震高发区域。为降低地震损失、纾解经济负担，2001年台湾地方当局在"保险法"第138条第1款增加了关于住宅地震保险的规定。后来，台湾保险主管部门又相继推出"住宅地震保险共保及危险承担机制实施办法""财团法人住宅地震保险基金捐助章程""财团法人住宅地震保险基金管理办法"三部行政条例。台湾住宅地震保险制度由此确立。次年，台湾当局设立财团法人住宅地震保险基金，台湾住宅地震基本保险得以正式实施。

台湾住宅地震保险自动附加于住宅火灾险保单，但被扩大视为主险。其保险责任包括地震与地震引起的火灾、爆炸、山崩、地层下陷、滑动、开裂、决口或海啸、海潮高涨、洪水等事故导致的实际全损或推定全损。保险标的仅为家庭住宅，不包括室内财产。该产品采取统一费率。保险金最高限额为新台币120万元，超出部分可另投商业地震保险。被保险人还可获得18万元新台币的临时住宿费用。

台湾住宅地震保险体系中，再保险部分由地震保险基金、住宅地震保险共同体、国际再保险市场及台湾当局组成。商业保险公司承保地震保险后，向地震保险基金全额分保。台湾地区2014年之后施行的地震保险损失分担方案规定，单次地震损失的最高赔偿限额为700亿新台币，分两个层次赔付：第一层次28亿元新台币损失,由地震保险基金转分给住宅地震保险共同体。后者是由台湾商业保险公司与台湾中央再保险公司联合成立的合作机构,独立运营。第二层次28亿—700亿新台币损失,共分四级承担:(1)损失为28亿—200亿元新台币的,由地震保险基金自留;(2)损失为200亿—400亿元新台币的,由地震保险基金安排转分保,或发行债券;(3)损失为400亿—560亿元新台币的,仍由地震保险基金自留;(4)损失为560亿—700亿元新台币的,由台湾当局承担。如果单次地震赔付金额超过700亿元新台币,可按比例削减给付。若发生重大地震,地震保险基金支付能力不足赔偿,由台湾当局担保对外举债。

台湾地区的住宅地震保险制度较多借鉴了日本家庭财产地震保险制度,但根据本地区实际有所改进,形成了符合本地区实际需要的多层级损失分担机制。其主要特点是:其一,确立公私协力互助的多层损失分担机制。地震保险基金承担全部再保险责任,后续同样采取了按损失金额分层级的转分保方案。地震风险的最终承担者相当多元化,包括地震保险基金、地震共保体、境内外商业再保险公司、国际资本市场投资者及台湾当局。其二,再保险、风险证券化、政府信用担保等多种方式结合使用。地震保险基金在证券化方面的主要方向为国内银行存款、公债、金融债券、有担保公司债等。该基金还曾于2003年发行1亿美元的3年期巨灾债券。其三,在台湾住宅地震的再保险损失分摊方案中,还设置有区分给付、最高赔付限额等风险控制规则,将承保风险控制在合理限度内。[①]

台湾地区住宅地震保险制度因设计了多渠道融资组合方案,突破了台湾地区巨灾保险偿付能力不足的瓶颈。但是,由于台湾地震保险"立法"遵循契约自由原则,不实行强制保险,允许民众自愿投保。截至2019年,台湾住宅地震基本保险的投保率为34.72%,台湾住宅地震保险投保率的增长相当缓慢。

---

① 李珍颖:《建立台湾综合天然灾害风险管理与保险规划之研究》,硕士学位论文,台湾:高雄第一科技大学,2002年。

二 英美法系代表性立法例

（一）美国巨灾保险立法

1. 美国国家洪水保险计划

洪灾约占美国自然灾害的 2/3。1897 年美国伊利诺伊州诞生了第一份商业洪灾保险后，洪水保险业务曾在 20 世纪初期快速上升，后因密西西比河大洪灾迅速萎缩。为了降低洪灾损失、减轻政府救灾负担，美国 1968 年制定《全国洪水保险法》，次年推出《国家洪水保险计划》（the National Flood Insurance Program，NFIP）并设立国家洪水保险基金。NFIP 后于 1973 年、1994 年、2004 年、2012 年经过多次修订。1973 年《洪水灾害防御法》将洪水保险计划由自愿投保改为强制投保。NFIP 以"社区"①为单位，保险对象为加入 NFIP 的洪泛区社区的居民家庭和小企业的住宅和其他财产。自 1979 年起，NFIP 由美国国土安全部下属联邦紧急事务管理局（FEMA）统一管理。1997 年，美国政府和保险业协会签订"以自己的名义承保"计划（Write Your Own Program，WYO）。加入该计划的商业保险公司在 NFIP 保单上签字承保，但并不实际承担保险赔偿责任。它们只负责销售保单、办理理赔手续、垫付保险赔偿金，并按 WYO 规定比例抽取佣金。若垫付赔款和费用支出超过其佣金收入，联邦政府按实际保费的 10% 支付补贴。所有 NFIP 保单及其保费收入均移交给洪水保险基金，保险金以保费收入和洪水保险基金投资收益支付。

在再保险方面，与其他国家和地区常见的多种途径组合式保险风险分散方案完全不同，NFIP 既没有直接规定洪水再保险分配规则，在实践中也很少安排商业再保险。取而代之的是实行完全证券化方案，即 NFIP 将承保风险全部证券化，以纯粹市场化方式转移分散。显而易见，实现巨灾保险完全证券化的风险分散机制必须具备一个前提条件，就是必须拥有实力绝对雄厚的资本市场。美国能够建立这种

---

① 所谓"社区"包括：任何州、地区或行政分区，任何印第安部落，或经过批准的其他部落、村落和当地组织。佛罗里达州作为一个社区加入 NFIP。

独具一格的洪水保险风险分散机制，与其拥有得天独厚的资本市场背景是分不开的。此外，美国洪水保险立法还设有一个兜底性质的损失融资规则，可作为其风险分散机制抗冲击力的最后保障。这条规则就是，如果洪水保险基金不足以赔付某次巨灾损失，FEMA可向财政部申请不超过15亿美元的有息贷款，同时还可以向国会请求特别拨款。

美国洪水保险计划有如下优点：（1）洪水保险法律基础较为牢固，形成了比较完善的洪水保险法律体系。（2）NFIP利用商业保险公司营销网络推销洪水保单，调动了商业保险公司的积极性，节省了洪水保单的销售成本。商业保险公司按保单数量及相应比例抽取佣金而不实际承担保险责任，因此非常配合联邦和州政府的洪灾管理工作。（3）NFIP的防灾减灾效果显著。NFIP将联邦政府、州政府、社区、保险公司和民众都纳入其防灾减灾规划之中，实现了全社会整合风险管理理念。由于防洪减灾措施得力，美国每年减少了约10亿美元的洪水损失。（4）NFIP实行以政府为主导的损失分担机制。美国联邦政府实际上充任了NFIP的无担保贷款人和再再保险人角色。与商业再保险公司和专门设立的巨灾再保险公司不同，美国政府不收取任何转分保费用。因为有联邦政府的财力加持，美国洪水保险在保险损失融资方面具有突出的优势。

2. 美国佛罗里达州飓风巨灾保险体系

佛罗里达州飓风巨灾保险体系主要由州政府设立的佛州居民财产保险公司、佛罗里达州飓风巨灾基金组成。二者均为法定强制保险项目，分别提供政府经营的非营利性飓风直接保险和再保险。

1970年佛州通过法令成立了佛罗里达风暴承保协会（FWUA），专门提供居民住宅和屋内物品及企业财产的风暴和雹灾保险。FWUA有严格的承保条件限制，仅适用于该州法律限定的某些高风险地区，且投保人须证明其无法获得商业保险。1992年"安德鲁"飓风重创佛州后，大批商业保险公司宣布退出该州市场。为了弥补飓风保险供给缺口，佛州又成立了与FWUA性质相似的佛罗里达居民财产与伤害联合承保协会（FRPCJUA），使本州居民拥有"最后可以依靠的保险人"。FRPCJUA的HO-3保单仅承保风暴险，并将FWUA适用区域内的住宅风暴排除在保险范围之外。上述两个法定强制巨灾保险项目都没有从佛州政府获得资金支持和免税待遇，因此其保单价格并不低于商业财险保单。为提高飓风保险的运行效率，2002年该州立法机关又颁布法令，将FWUA与FRPCJUA合并设立为佛州居民财产保险公司（CPIC）。CPIC为本州居民提供无法从商业保险市场获得的飓风保险。CPIC作为非营利机构享受免税待遇，不能获得政府资助，但根据佛州法律规定有权向商业保险公司摊派损失。通过这套政府设立、保险公司独立运营的保险制度安排，CPIC飓风保险有所发展，目前CPIC的市场规模约占该州财险市场的1/3。

在佛罗里达州飓风巨灾保险体系中，还有一套政策性更强、政府扶持力度更大的再保险方案在同时运作。1993年该州政府成立了佛罗里达飓风巨灾保险基金（FHCF）。该州法律规定，所有在该州经营住宅险的财险公司，包括商业巨灾保险公司和CPIC，都必须按飓风损失风险程度向FHCF出资。因此，FHCF属于强制设立的具有共保体性质的再保险公司。FHCF作为州政府运作的强制分保项目，实施有财政贴补的保险费率，并享受联邦免税待遇。FHCF提供超额损失再保险，单个每年飓风赔付限额为150亿美元，多个飓风赔付限额可突破此限。若FHCF再保险赔偿金大于其可用资产的95%，该州政府可发行收益债券来融资。此外，州政府还有权向本州所有财产和责任险保单的持有人加征特别税，征费上限为保费的10%。2005年"卡特里娜"飓风让FHCH亏损14亿美元。FHCH发行12亿美元的短期债券并征收1%的保费附加税，弥补了该次巨灾再保险赔付的资金缺口，稳定了该州的保险市场。

佛罗里达州飓风保险立法的特色，可以概括为三点，即巨灾原保险和再保险都采取强制保险原则，都属于政策性保险及风险分散方式多样化。

3. 美国加利福尼亚州地震保险法

加州是美国地震最严重的地区，地震保险起步较早。1984年加州《强制提供法》确立了强制承保原则，要求商业保险公司必须承保本州居民的家庭住宅地震保险。1994年加州保险业因北岭地震遭受重创，此前30年累计的地震保险保费收入总和仍不足以支付该次地震保险赔偿金。1996年加州《地震保险法》规定，由加州地震局（California Earthquake Authority，CEA）提供无限额的家庭住宅地震保险。

CEA是由商业保险公司共同出资设立的公司制的地震保险共同体，政府特许经营并参与管理。CEA依法享有免征联邦所得税待遇，保险费率水平很低。商业保险公司均可自愿加入CEA。CEA成员公司按市场份额认缴CEA的资本金，负责地震保单的销售、保管和理赔，按保费10%和3.65%分别抽取佣金和营业费用，还要分摊CEA的损失赔偿责任。非CEA成员的商业保险公司必须在财产保单中附加地震险，并自留地震风险责任。目前加州有17家保险公司加入CEA，CEA保单占该州70%的市场份额，总赔付能力超过102亿美元。

加州地震保险法规定，投保房产价值的15%为免赔额，超出免赔额部分的损失，以损失金额分层确定责任主体：第一层为"原始资本摊缴层"，10亿美元以内的损失由CEA赔偿；第二层为"一级行业公估层"，损失限额30亿美元，先以CEA盈余资金支付，如有不足再向成员公司摊收；第三层为"再保险层"，20亿元以内的损失由再保险公司赔付；第四层为"一般收入债券层"，CEA可发行10亿美元的加州政府公债，以向保单持有者征收附加保费方式还本付息；第五层为"资本市场层"，CEA可发行15亿美元的巨灾债券；第六层为"二级行业公估层"，CEA可再向成员公司摊收20亿美元。单次地震保险赔付金的最高限额为105亿美元。[①] 若超过此限，CEA董事会可向加州保险监管局递交计划书，要求按比例赔偿或分期赔付。

加州地震保险非常注重商业再保险安排。国际著名投资商巴菲特旗下的伯克希尔再保险公司、伯克希尔控制的通用再保险公司、通用再控股的慕尼黑再保公司等，为CEA提供了巨额的地震再保险业务。由于巨震发生概率极低，分保费收入与摊回分保费比较稳定且相当可

---

① 资料来源：笔者根据美国加州地震局网站相关内容整理。

观,再保险公司和 CEA 通过企业收购和股票投资取得了丰厚的收益。CEA 的偿付能力提高后,又获得了更多的投资资金。CEA 目前是世界上最大的地震保险机构,很大程度上得益于其多层级、多渠道的保险损失分摊机制和国际再保险业务。

加州地震保险制度有如下显著特点:(1)建立了相当复杂的超额损失分担体系。CEA 使用分层处理技术,并将再保险、风险证券化、共保体应急资本和发行政府公债等多种风险转移方式混合使用,最大限度分摊了保险赔付责任,分散了地震保险风险。(2)政府参与度较低。加州政府将地震保险定位为"准公共产品",既不为 CEA 出资,也不参与再保险损失分担机制,只提供政策扶持。(3)立法强制 CEA 承保并承担"最小保单"责任,既保障了地震保险的供给,也有利于承保风险控制。当然,加州地震保险制度也存在缺点。CEA 损失摊派模式给成员保险公司造成了较大的压力。成员公司分摊到的出资和损失摊派等开支可能超过其佣金收入。从长远来看,或将影响加州地震保险市场主体的发展。

从总体上看,美国巨灾保险立法采取的是分散治理的思路。全国性立法和地方性立法都是根据地域风险特点设置的单一风险专门法,但在法律制度安排,特别是责任分配和风险分散方案设计上,相当具有灵活性和多样性,是采取复合式立法思路的代表国家。

(二) 新西兰地震保险制度

新西兰地震保险法律制度以 1944 年《地震与战争损害法》和 1955 年《地震委员会法》为核心,经多次修改日趋成熟完善。

该国法律规定,地震直接保险适用强制投保原则,附加于家庭住宅火灾险。地震保险的范围,最初仅针对地震风险,后来予以扩展,暴风雨、洪水、火山爆发、地层滑落和海啸等巨灾风险均被纳入其承保范围。地震保单的保险金限额,根据保险标的而有所不同,居民住房的上限为 10 万新元,室内财产的上限为 2 万新元。如住宅和屋内财产价值超过法定地震保险保险金最高限额的,可另投商业地震保险。各商业保险公司根据各地区风险程度、居民住宅的结构和抗震强度等自行厘定保险费率。同时,免赔额也存在地区差异:北部和南部的免赔率为1%，最低免赔额为1000新元；中部的免赔率为5%，最低免赔额为5000新元。

从表面上看，新西兰地震保险的保险人为商业保险公司，但该国法律对承保地震险的商业保险公司的法律定位非常特殊，它们只是法律名义上的保险人。商业保险公司只负责代收代缴保费，按地震保险保费的2.5%收取佣金，净保险费收入转给EQC。商业保险公司也并不负责地震保险理赔。EQC是新西兰财政部设立的国有独资企业法人。其主要负责巨灾风险基金管理、地震直接保险的营运和理赔、地震再保险安排，同时还承担灾害调查、研究与公众宣传教育等社会责任。因此，EQC是实际上的保险人，同时也是再保险人，另外还承担行业主管机构的某些职能。本书认为，EQC属于复合职能制政策性保险公司。

在地震再保险方面，新西兰地震保险立法根据赔偿金等级来区别设定赔付责任：（1）损失在2亿新元以内的，由新西兰地震保险委员会（EQC）承担全部赔付责任。（2）损失为2亿—7.5亿新元的，启动再保险方案。商业再保险公司承担40%。另外60%由EQC支付其中的2亿新元，如有剩余仍由再保险公司承担。（3）损失为7.5亿—20.5亿新元的，再通过三层超额损失再保险合同区分责任。7.5亿—9.5亿新元的损失由第一层再保险人承担；9.5亿—13亿新元的损失由第二层再保险人承担；13亿—20.5亿新元的损失由第三层再保险人承担。参与这一区间的再保险人必须是偿付能力评级达到A级的90多家国际再保险公司，再保险合同期限一般为5年左右。瑞再一直是EQC的"同一首席再保险人"。（4）损失超过20.5亿新元的，由巨灾风险基金赔付。如损失超过巨灾风险基金总额，新西兰政府对剩余部分承担无限清偿责任。

新西兰地震保险法律制度被公认为全球运行最成功的巨灾保险制度之一。其优点体现在以下几方面：（1）设置多层级的巨灾再保险方案，充分利用国际再保险市场分保。（2）实行多渠道保险损失补偿机制，重视保险市场和资本市场的融资功能，还通过政府托底克服再保险的基差风险。（3）EQC对巨灾风险基金的运营管理比较成功。

巨灾风险基金为政府无偿拨付 15 亿新元设立。除每年都向政府支付的保证金外，EQC 将其余保费收入都归入巨灾风险基金。70% 的巨灾风险基金被其用于投资本国政府公债、债权、银行票据和现金存款，另 30% 投入全球资本市场。巨灾风险基金积累投资收益十分可观，是基金增长的主要来源。

第二节　巨灾保险立法模式考察

关于法的模式，法学界有不同的理解。最具影响力的有以庞德为代表的社会法学派的"律令—技术—理想"模式论，以哈特为代表的新分析法学派的"规则"模式论，以德沃金为代表的新自然法学派的"规则—政策—原则"模式论，在国内还有"规则·原则·概念"模式论。立法模式研究反映了不同学派对法律规范体系本质的认识和理解存在差异。这也从侧面说明，法律制度的构成是复杂的，法律理想要素、逻辑结构、政策成分等在法律制度构建中都是极为重要的。对域外巨灾保险立法模式的考察，应关注其中蕴含着的立法者的基本逻辑、价值取向及其立法背景等因素，探究巨灾风险治理框架下不同国家法律规制的原则、思路和方法，以期为中国巨灾保险的困局及其出路探讨提供一些参考。

一　法律编制模式

（一）专门立法模式

专门立法模式，即立法机关制定巨灾保险与再保险单行法的模式。目前世界上绝大多数巨灾保险立法都采取单行法立法体例，制定颁行专门的保险法案。比如，美国的《国家洪水保险计划》，法国的《自然灾害保险补偿制度》，新西兰的《地震保险委员会法案》，土耳其的《强制地震保险法令》，荷兰的《灾害补偿法案》，挪威的《自然灾害保险法》等，都属于专门立法模式。

（二）补充立法模式

补充立法模式，是指国家行政机关对已经发布的法律法规进行补

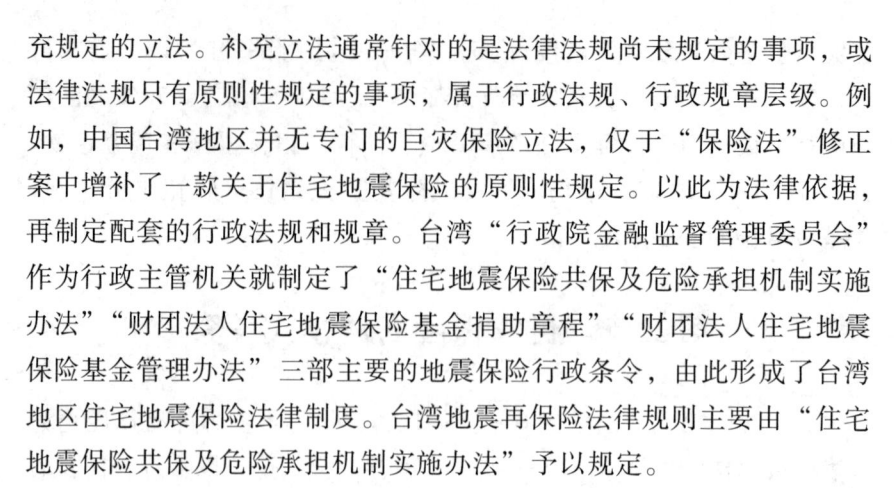

充规定的立法。补充立法通常针对的是法律法规尚未规定的事项，或法律法规只有原则性规定的事项，属于行政法规、行政规章层级。例如，中国台湾地区并无专门的巨灾保险立法，仅于"保险法"修正案中增补了一款关于住宅地震保险的原则性规定。以此为法律依据，再制定配套的行政法规和规章。台湾"行政院金融监督管理委员会"作为行政主管机关就制定了"住宅地震保险共保及危险承担机制实施办法""财团法人住宅地震保险基金捐助章程""财团法人住宅地震保险基金管理办法"三部主要的地震保险行政条令，由此形成了台湾地区住宅地震保险法律制度。台湾地震再保险法律规则主要由"住宅地震保险共保及危险承担机制实施办法"予以规定。

（三）合作协议模式

严格而论，合作协议模式并无立法体例问题可言，因为在该模式下并不存在真正意义上的巨灾保险与再保险法律法规。此模式最主要的代表例是英国洪水保险。众所周知，英国是高度奉行自由市场主义的国家。英国最主要的巨灾风险是洪水风险。该国洪水保险就是以政府与保险业签订的相关协议为依据才得以推行的。其中最为重要的是英国政府与英国保险业协会（ABI）就洪水保险达成的所谓"君子协议"。在这份协议中，英国政府承诺：按照保险协会的标准建设和维护防洪工程，提供风险评估、灾害预警、气象研究和防灾宣传教育等公共服务，帮助保险业将洪灾保险损失控制在可以承受的范围内。保险业协会则承诺：若政府在某地区的防御工程措施或改进计划达到相关标准，就为该地区现有标准家庭财产保险和小企业财产保险保单提供洪水保险。目前英国洪水保险就是以此种方式每5年续签展期来维持其效力及继续运行。

从内容上看，这份协议在法律上仅仅是英国政府与保险业达成的一份公共服务和洪水保险市场供给的双向承诺合作协议，并非通常意义上的政府采购合同。其实质上属于口头协议。从法律上分析，这份协议最多属于广义的行政合同，完全只能依靠协议各方自律履行。这种"君子协议"式的巨灾保险资源配置方案，在全世界并无他例。此种特殊模式之运用，非极度重视信用，甚至将信用视为"元规则"

的国家不可采、不能为。

二 风险责任模式

风险是保险存在的前提。根据承保风险范围的不同，域外巨灾保险立法可分为单一风险巨灾保险与综合风险巨灾保险两大立法模式。

（一）单一风险巨灾保险立法模式

单一风险巨灾保险模式，是指仅对某一种巨灾风险造成的损失承担赔付责任的保险模式。采取该类模式的巨灾保险立法项目主要包括：美国的国家洪水保险和佛罗里达州飓风保险、加利福尼亚州地震保险、夏威夷州飓风保险，土耳其地震保险和中国台湾地区的住宅地震保险等。

（二）综合风险巨灾保险立法模式

综合风险巨灾保险模式，是对数种巨灾风险造成的损失承担保险赔付责任的模式。这是目前国际上主要的巨灾保险立法模式。但是采取此种立法模式的，在命名方式和承保风险范围方面又存在某些差异。

（1）承保自然灾害风险。法国自然灾害保险基本覆盖该国境内的全部自然灾害风险，包括：时速达到145公里以上的风暴、雪崩、洪水、地陷、地震、山体滑坡、火山爆发、冰雹、雪灾和海啸等。

（2）承保风险不限于自然灾害风险。如，西班牙巨灾保险除涵盖承保地震、海啸、洪水、风暴、火山喷发、陨石坠落等自然灾害外，还包含恐怖袭击、叛乱、暴动、民众骚乱、和平时期的军事行动等社会政治风险。

（3）仅承保纯粹的社会政治风险。南非巨灾保险的风险种类为南非和特兰斯凯、博茨瓦纳、文达和西斯凯等国境内发生的暴乱、罢工、出于政治动机的恶意伤害等风险。

（4）实际承保多种巨灾风险，但仅以最主要风险类型命名。英国洪水保险实际上承保包括洪水在内的所有自然灾害风险。新西兰地震保险的风险范围，除地震外，还包含火山爆发、热液活动、海啸、自然山泥倾泻和火灾等风险，住宅用地还另增风暴和洪水风险。

考察各国巨灾保险所采之风险模式，不难发现其与各国巨灾风险分布的实际国情是完全相对应的。例如，日本、土耳其和中国台湾均处于地壳板块交接的地震多发带上，且境内人口较多。在各种自然灾害中，地震的发生频率最高、造成的损失最严重。对于这类国家和地区来说，单一风险巨灾保险模式的针对性和可操作性很强，可集中全社会资源应对主要巨灾风险。因此，上述国家的巨灾保险立法都是针对地震风险的专门立法。采取综合风险立法模式的国家，如英国、法国、西班牙、新西兰等国，通常国土面积相对较大，气候和地理环境比较复杂，巨灾种类也较多，故而这类国家会选择几个国内高发灾种作为巨灾保险的承保危险。例如，瑞士为中欧内陆多山国家。其巨灾保险就覆盖有内陆国家常见的风暴、冰雹和屋顶积雪、洪水、滑坡、落石和雪崩七种风险；挪威是北欧海洋国家，承保范围包含海洋灾害在内，主要承保风暴、雪崩、洪水、土壤运动、地震、火山爆发和海啸七种巨灾风险。此外，采取综合风险保险模式的国家还具有其他共同点，就是它们的经济发展水平、法治水平普遍较高，保险和风险融资技术一般比较先进，所以客观上也有条件、有能力承保多种巨灾风险。由此可见，巨灾保险立法在确定风险责任范围时，本国巨灾风险特点、保险市场供给能力和其他因素都是需要加以综合考虑的。

需要说明的是，美国联邦和州的巨灾保险立法在命名上均为单一风险模式，但就全国范围的巨灾保险项目来看，美国巨灾保险的危险范围不仅包括洪水、飓风、地震等他国常见的几乎全部自然灾害风险，还涉及战争、恐怖袭击、核事故等人为灾难风险领域，其风险种类在全世界是最为齐全的。因此，美国巨灾保险是单项风险保险的复合体，在整体上仍应归入综合风险型巨灾保险立法模式。

三 法律效力层级模式

从巨灾保险法律制度的效力范围上看，巨灾保险存在统一立法与区域立法两种模式。

（一）统一巨灾保险立法模式

统一巨灾保险立法模式，是指由国家统一制定巨灾保险法律制度的模式。其代表性立法例有：美国1968年《全国洪水保险法》、1969年《国家洪水保险计划》和1995年《国家洪水保险改革法》，1966年日本《地震保险法》，1982年法国《自然灾害保险补偿制度》，1990年《西班牙21号法案》（Law 21/1990），1994年新西兰《地震保险委员会法案》，2000年土耳其《强制地震保险法令》等。

采用这种立法模式，有利于扩大巨灾风险分散面，拓宽巨灾损失补偿的融资渠道，也有助于推进全社会防灾减灾工作。目前，绝大多数国家的巨灾保险与再保险立法都采取这种模式。当然，这也与世界上大部分国家都为单一制国家有关。

（二）区域巨灾保险立法模式

区域巨灾保险立法模式，是指巨灾风险高发地区制定适用于本地区的巨灾保险法律制度的模式。受地质、水文和大气活动规律性的影响，巨灾风险多呈区域性集中分布。区域内部所能掌控的应急资源和风险管理手段也相对有限，因此通常只能对本地区最主要的灾害风险提供保险。

美国在洪水风险以外的巨灾风险领域，基本采取区域式立法模式。各州立法机关针对本州高发风险类型来制定本州的巨灾保险法律。也就是说，美国非洪水巨灾的保险立法都是区域性立法。该国州级巨灾立法的代表性立法例有：1993年佛罗里达州飓风保险（FH-CF）、1993年夏威夷飓风保险（HHRF）、1996年加利福尼亚州地震保险（CEA）、1999年得克萨斯州风暴保险（TWIA）等。

区域性巨灾保险模式的优点是，针对性强、符合本地实际需要，在立法和经济层面具有灵活性和务实性。

当然，从严格意义上说，美国其实是兼采统一立法模式和区域立法模式，形成了联邦单一风险巨灾保险法律制度与区域单一风险巨灾保险制度同时并存的复合型立法格局。

四 法律运行模式

从保险运行方式角度考察，巨灾保险立法可区分为强制保险和自愿保险两种模式。

（一）强制型巨灾保险立法模式

强制型巨灾保险模式，又称法定巨灾保险模式，多由法律直接规定投保人的强制投保义务。日本住宅财产地震保险，新西兰地震保险，罗马尼亚住宅洪水和地震保险，法国、西班牙、瑞士、挪威和意大利等国的综合风险巨灾保险，均采用强制保险立法模式。在财险保险密度较高的国家，还会将巨灾保险与住宅火灾险强制捆绑，以确保巨灾保险的市场覆盖率。如法国的《自然灾害保险补偿制度》就规定，巨灾险是居民和商业财产火灾保险保单的附加险，巨灾险保费按照主保单保费的12%收取。新西兰、挪威等国也采取了类似做法。

还有一些国家并无强制投险的法律原则规定，但在实务操作中也常将巨灾保险与特定公共服务捆绑，事实上产生了强制投保的作用，因此可称为"半强制保险"。例如，土耳其巨灾保险联合体要求，居民在办理房产证明，开通住宅水、电、气供应时必须提供地震保险的保单；美国 NFIP 规定，如洪泛区内的某社区未加入 NFIP，该社区的居民就不得投保洪水保险，也不能获得政府的洪水救济金，另外还不能从联邦法律管辖的贷款机构获得房屋抵押贷款。

推行强制巨灾保险模式的国家或地区，一般面积较大，巨灾发生频率较高或风险较集中。强制投保可提升巨灾保险的市场覆盖率使其满足"大数"要求，扩大巨灾风险分散面，同时也有助于减少保险市场上的逆向选择和道德风险。土耳其地震保险制度出台前，世界银行全面评估了该国的地震风险、综合经济实力和保险市场规模，将实施强制型保险作为向其提供政策和资金扶持的前提条件。事实证明，实行强制保险模式确实符合该国的国情。

（二）自愿型巨灾保险立法模式

自愿型巨灾保险模式，是指允许当事人根据自身意愿决定是否投保的保险立法模式。英国、德国、瑞士和日本等国采取此种模式。如德国法律对民众和保险公司均未设置强制投保或承保义务。英国洪水保险允许投保人自愿投保及选择保险公司。日本家庭财产地震保险目前也是任意附加于家庭住宅财产保单的。

自愿型巨灾保险模式对保险市场的供给能力和保险人的偿付能力

提出了很高要求。实行该模式的国家，譬如英国、德国、瑞士等，多为保险市场已经发育成熟的市场经济发达国家。这些国家保险市场的财产保险渗透率已相当高。保险业自愿以财产保险的附加险或特约险的形式提供巨灾保险。因为对于商业保险公司而言，增加风险概率极低的巨灾附加险有助于降低承保风险单位的高度相关性，扩大风险池和巨灾风险分散面。当然，这些国家的保险业均实力雄厚并掌握了世界先进的风险评估技术和风险转移技术，最重要的是它们国内的自然巨灾相对而言并不算特别严重，通过自由市场完全有条件、有能力维持巨灾保险机制的正常运作。

从性质方面分析，自愿型巨灾保险都是商业性保险；强制型巨灾保险，若政府介入程度较深（如给予资金支持、有官方机构充任保险人或再保险人），则同时还可能构成政策性保险。

五 损失分担模式

保险本质上是一种互助共济机制。巨灾直接保险和再保险的赔付金额巨大，只有建立多元主体共治的风险治理格局，才能应对巨灾风险造成的经济损失。多元主体共济就是要求投保人、保险人和其他利益相关方协力合作分摊损失。根据损失分担主体和分担方式的不同，可将巨灾保险制度分为以下三种模式。

（一）市场主导型巨灾保险立法模式

市场主导型巨灾保险模式，是以商业保险公司为主体，采用市场化方式运作巨灾保险的模式。其主要特点是，主要依靠市场机制和风险转移技术，将巨灾承保风险转移到再保险市场和其他市场；政府不介入巨灾保险运营、不参与巨灾损失分担。选择该模式的国家多实行自由经济体制，商业保险市场发达。英国洪水保险、德国巨灾保险、美国加州地震保险即其典型代表。

德国巨灾保险以完全自愿方式推行，法律对巨灾保险的投保、承保均无强制性要求。必须一提的是，德国再保险市场非常发达，巨灾直保公司可将承保风险转移到再保险市场，完全不需要政府介入巨灾再保险安排。该国2/3左右的巨灾赔付责任，就是以慕尼黑再保险、通用再保险、安联再保险为代表的德国本土再保险巨头承担的。市场主导型巨灾保险模式中，德国巨灾保险体系的市场化程度是最高的。

英国没有制定巨灾保险法。洪水直接保险及再保险均由商业保险公司自主经营。与其他国家不同，英国洪水保险未采取财产保险的附加险或特约险形式，而是被直接纳入标准财险保单。由于英国是传统保险发达国家，民众保险意识很强，洪水保险投保率占现有财险保单的95%。英国政府既不在保险市场上为民众购买洪水保险保单，不对承保洪水险的商业公司提供保费补贴，政府自身也不负责洪水直接保险和再保险的管理运营，更不参与再保险损失分摊。从法律层面上看，英国洪水保险体系以市场化方式运行，政府并没有通过法律手段直接干预洪水保险体系构建。但英国洪水保险的特别之处是，实际上英国政府采取的并非完全自由放任主义市场政策，而是施以特别的行政手段试图影响巨灾保险市场资源配置。下文将对此加以详述。

市场主导型巨灾保险立法模式，体现了相关国家尊重市场规律的经济治理理念。巨灾保险市场作为保险市场的一部分，按照价值规律、竞争规律、供求规律自发调节，能产生较高的效率，也给保险创新创造较大的市场空间。但是，从社会风险治理角度观之，巨灾保险的风险曲线波动性较大，完全由市场自发调节有可能导致市场失灵、效率损失。申言之，市场主导型巨灾保险可能导致以下问题：（1）如果巨灾保险的保费和免赔额无固定标准，巨灾保单受市场供求影响就会产生价格波动和损失赔付的不确定。这不仅有违风险社会的民主与科学原则，也不利于巨灾保险覆盖率的提高。（2）巨灾保险以纯粹商业化模式运行，与其准公共产品属性不符。商业保险公司作为营利性商业主体，始终以自身经济利益最大化为目标。若短期内巨灾风险上升，导致其亏损甚至破产风险增加，保险公司自会采取必要的商业手段自保自救。如上调保险费率水平，缩小承保规模或关闭巨灾业务等。这样就会导致市场供给不足，使巨灾保单成为稀缺品，普通民众便无法获得保险保障。（3）如果保险市场失灵，加上政府救助缺失，巨灾风险可能激发社会系统性风险，影响社会稳定。

(二) 政府主导型巨灾保险立法模式

政府主导型巨灾保险模式，是指依靠法律或政策支持来推行巨灾保险，通过政府财政为巨灾损失提供保险补偿、政策补贴的保险模式。美国洪水保险、土耳其地震保险、西班牙巨灾保险都采取这种模式。美国联邦政府《联邦洪水保险法》以半强制方式推行洪水保险，美国国土安全部下设的联邦紧急事务管理署（FEMA）负责管理和运作全国洪水保险基金。NFIP保单由加入"以自己的名义承保"计划的商业保险公司负责销售和理赔。保费收入与保单责任全部转给NFIP，WYO公司仅获得政府提供的佣金及免税待遇。若洪水保险基金不足以赔付，FEMA有权向财政部申请不超过15亿美元的有息贷款，必要时还可要求国会提供特别拨款。政府在NFIP多层次损失补偿体系中居于核心地位，即地方政府向居民和保险公司（即原保险合同主体）提供财政补贴和税收优惠，联邦政府以全国洪水保险基金承担再保险赔偿责任；联邦财政还可以通过贷款或特别拨款方式提供紧急融资。NFIP对商业再保险的使用相当有限。

在政府主导型巨灾保险模式下，政府常用法律、经济、行政等多种手段来保障巨灾直接保险和再保险运行：（1）政府通过立法或政策推行强制保险，以提高巨灾保险的市场覆盖率。（2）巨灾保险的社会保障意图明显，多为政策保险。政府会提供保险补偿、政策补贴和减免税待遇等。（3）巨灾损失主要依靠政府财政分担。如美国洪水保险主要由政府财政负担保险赔付损失，法国巨灾保险也由法国政府作为最后担保人承担兜底责任，等等。采取政府主导型巨灾保险模式的国家，也有一些共同特征。比如，巨灾损失较严重，政府管理职能较强大等。

政府主导型巨灾保险立法模式无疑具有某些优点，比如有助于保障巨灾保险制度的稳定和发展，有利于社会治理职能的实现，有助于"普遍安全"的实现，等等。但该模式的缺陷也很明显：其一，政策手段无法解决保险市场上的道德风险和逆向选择问题。美国洪水保险中一直大量存在重复赔偿或骗保现象，即可为证。其二，依靠政府定价或补贴维持的固定保险费率不能反映市场竞争关系，长期低成本运

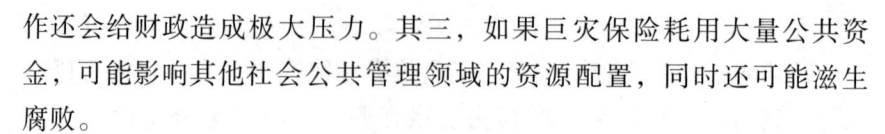

作还会给财政造成极大压力。其三，如果巨灾保险耗用大量公共资金，可能影响其他社会公共管理领域的资源配置，同时还可能滋生腐败。

（三）政府与市场协作型巨灾保险立法模式

政府与市场协作型巨灾保险模式的基本特征是，保险市场的自发调节与政府的适度干预被结合使用。巨灾保险体系以市场主体为核心，巨灾直接保险和再保险业务由商业保险公司以市场化方式经营。政府一般不直接参与保险经营管理，主要负责提供制度支撑和资金支持以维持巨灾保险市场的平衡和稳定发展。日本家庭财产地震保险、新西兰地震保险、中国台湾地区的住宅地震保险为其主要代表。

采取该模式的国家或地区，通常会通过规范化的法律设置确立多元主体参与、多层次的保险损失分摊方案。这些方案的基本特点是，其中的再保险安排比较复杂，且会在损失的较高层次或最高层次设置政府责任。比如，日本家庭财产地震保险体系中"两级三方"再保险损失分担方案、新西兰地震保险的三层再保险损失分担方案，都由专门立法统一设定损失层级分级，都由本国政府承担最多比例或最终的赔付责任。虽然日本和新西兰都是巨震严重高发的经济发达国家，地震损失巨大，但这两国本土的保险市场基本都能承受巨震带来的保险赔付损失冲击，都被公认为全球范围内巨灾保险制度健全、运作机制稳定的国家。

政府与市场协作型保险立法模式确有相当优势：第一，依托商业保险网络推行巨灾保险，可降低保险成本、提高经营效率，减轻政府负担。第二，采取佣金分成、损失分担、保费补贴、税收减免等政府干预手段，可提高巨灾直接保险和再保险的偿付能力，有助于克服市场失灵危机。第三，多方参与、分层级设置的巨灾损失分摊方案，可减轻保险公司赔付责任压力，有益于巨灾风险最大范围分散。当然，该模式可能会面临政府政策性目标与市场的营利性目标的冲突，对政府部门的风险管理和协调能力提出了较高的要求。

综上所述，本节按照法律编制方法、风险责任范围、法律效力层级、法律运行方式和损失分担等标准，对域外巨灾保险立法进行了类型化研究。从中也发现了立法模式选择上的某些共同特征或一般规律，不妨做如下总结。

与市场主导型巨灾保险立法模式兼容的，通常是发达的直接保险和再保险市场；与政府主导型巨灾保险立法模式对接的，一般是强势政府和完备的法律制度环境；与协作型巨灾保险立法模式配套的，则基本都需要构建多元主体参与、多层级多种损失分担方式结合使用的复杂的巨灾风险转移机制。由此可知，任何一种模式的选择，都离不开本国经济、社会、法律制度的具体背景，意即都有内在的必然性。巨灾保险法律制度的构建，并没有一定之规或某种通用模板。从某种意义上讲，任何国家发展巨灾保险体系，本质上都是一种本土化创新实践。因此，任何国家和地区在制定巨灾保险整体法律制度时，都应充分认识、考虑并尊重其所依存的客观风险条件、社会治理需要和经济社会发展规划，选择适宜于自己的巨灾保险立法模式。

第三节　巨灾保险运作机制考察

各国巨灾保险法律制度颇具多样性，不仅在立法模式方面各有千秋，而且运作机制也各具特色。制度是规则体系，机制则反映内部要素之间的结构关系和运行方式。制度反映该社会的价值判断和价值取向，机制则可以衡量制度构建的有效性。本节对巨灾保险运作机制的考察，主要结合两个层面进行。

其一，巨灾保险运作机制与其体系问题相联系。现代各国的巨灾保险制度均采用体系化构造，巨灾保险立法中包含原保险与再保险（甚至证券化）是常见的体例安排，基本不存在只有巨灾原保险没有再保险的制度安排。如果对巨灾保险制度中原保险与再保险的关系详加考察，就能发现各国保险运行机制的某些相似性特点，以此揭示不同国家在灾害风险治理的策略、思路、方法上的差异性。

其二，依社会治理视角审视巨灾保险运行机制主体构成及其作用。社会治理呈现的三种基本状态，即政府对社会的治理、社会自治、政府与社会组织和公民共同治理，或可以此蠡测诸国巨灾保险运作机制之成因。

一 政府管理型巨灾保险运作机制

一般而言，政府可以采取经济、行政、法律等多种方式干预巨灾保险机制的形成和运行。关于形成问题，前节关于立法模式分析中已有所论及，不复赘述。此处观察讨论的是域外巨灾保险运作机制中政府在组织管理、保险补偿和资金扶持方面的相似性与差异性。

（一）政府介入程度的差异

1. 政府独立经营式

政府介入程度最深的，是在巨灾损失补偿体系中统领全局，尤其是具体安排再保险机构的组织和管理、为其筹措资金来源。通常，政府会设立专门机构担任巨灾再保险人角色，再保险资金由政府财政直接提供。

最典型的当属美国洪水保险计划（NFIP）。美国政府将洪水保险定性为"公共产品"。目前 NFIP 年均售出逾 330 万张保单，承担逾 4300 亿美元的洪水保险责任。私营保险公司将其签发的洪水保单全部转给联邦应急管理局（FEMA）。当国家洪水保险基金不足偿付时，FEMA 可要求联邦财政提供有息贷款和紧急拨款。作为联邦政府部门的 FEMA，在 NFIP 中承担发起、管理、转分保和贷款等多重职责。政府独立经营巨灾保险运作机制固然有助于克服保险市场失灵，但政府深度介入覆盖面如此巨大的保险业务也给国家财政税收造成了很大压力，[①] 客观上还限制了商业再保险市场的发展空间。美国洪水保险最终选择了保险证券化的风险分散路径。

法国自然灾害补偿体系未对再保险进行强行限制，允许经营巨灾直接保险的商业保险公司自由选择是否向政府独资的法国中央再保险公司（CCR）分保。但是法国自然灾害保险的运作方法是，CCR 不收分保费且 CCR 耗尽巨灾保险准备金仍不足赔付的部分，由法国政

---

① 2005 年 NFIP 因"卡特里娜"飓风造成的损失赔付耗尽历史结余。FEMA 为此向美国财政部申请到 175.35 亿美元的有息贷款。

府承担无限担保责任。法国的巨灾保险运作机制看似奉行市场自由主义、允许自由竞争，但国家财政的强力支持使 CCR 事实上取得了再保险市场上的竞争优势和垄断地位，根本无须法律再予规定强制分保。法国政府虽未像美国洪水保险那样采取政府机构直接经营的方式，但从 CCR 设立到承担兜底责任整个风险转移机制的安排上，可以完全反映出其控制性管理的理念和方法。

2. 政府借贷经营式

依照政府与国际组织签订的限额贷款协议，政府得在约定的信用额度内获得贷款用以支付居民家庭财产巨灾损失赔偿金。土耳其地震保险即采取此方式运作。依据该国政府与世界银行签订的限额贷款协议，土耳其向城市居民家庭和小企业主推行基本限额为 2.5 万美元的强制地震保险。政府成立巨灾保险共同体（TCIP），世界银行向 TCIP 的巨灾保险基金提供 1 亿美元初始资金和头 5 年的技术支持。商业保险公司承保后将承保责任转移给 TCIP，由其安排国际再保险。TCIP 的再保险损失分担方案包含多个层级，达到协议规定层级的由世界银行提供专项贷款，土耳其政府仅负责 10 亿美元以上部分的损失补偿。需要指出的是，土耳其地震再保险虽未完全依靠政府拨款，而以世界银行贷款为其主要融资来源。其实通过政府协议获取国际组织援助，也应理解为一种政府干预手段。

3. 政府间接资助式

英国商业洪水直接保险与再保险都采取市场运作模式，但英国政府在资源配置方面给予了很大支持。该国政府与英国保险协会（ABI）协议设立了非营利性洪水再保险项目 Flood Re，希望为缺乏洪水保险或负担不起洪水保险的居民提供 50 万份价格低廉的住宅洪水保单。Flood Re 是世界上第一个洪水再保险项目，归保险行业所有并管理，项目期限为 2016 年到 2039 年。任何承保家财险的保险公司都可以按固定价格将家财险保单中洪水风险分保给 Flood Re。Flood Re 每单再保险费用年均成本为 10.5 英镑，或占保单金额的 2.2%，可保障 200 年一遇的洪水事件。Flood Re 的财务独立于政府。其资金来源包括税收、保险费和附加费三种，均向保险公司征收。其中，英国政府每年提供的税收收入为 1.8 亿英镑。Flood Re 还在再保险市场转分保,购买年损失赔偿限额 21 亿英镑的再保险。Flood Re 在筹建阶段出现特大损失时,还可以得到英国政府贷款。为了帮助洪水保险公司控制风险,英国政府须为加固防洪设施增加支出 3.7 亿英镑,每 5 年再根据通胀水平增加防洪预算。英国奉行商业自由主义和自由经济体制,所以政府没有直接介入洪水保险市场运行,而是调动公共资源,在再保险的项目决策、资金支持和市政减灾工程等作用点上通过外围发力来影响保险供给侧。

本书认为,英国洪水保险与再保险虽然在外观上属于市场运作方式,但事实上在其巨灾保险运行机制中政府在背后以间接方式发挥了政府主导作用。从治理角度考察,英国洪水保险揭示的风险治理理念,不是以法律规范为特征的国家治理,而是以行政干预为特征的政府治理。故而也可归入政府管理型巨灾保险机制之列。

(二)政府深度介入巨灾保险可能引发的问题

政府管理型巨灾保险的理论基础是公共利益论。该理论的主要观点是:(1)政府干预有必要性和合理性。再保险市场失灵会导致社会不公正和民众福利损失。政府应建立法律秩序克服道德风险和逆向选择。(2)政府干预具有有效性。政府可以用法律、行政、经济等多种手段直接干预巨灾保险市场,提高再保险资源配置效率。(3)政府代表公共利益,拥有完全信息,具有公信力。[①]

此类巨灾保险机制的运行,十分倚赖政府的行政干预和财政扶持。政府深度介入再保险,以国家信用保证巨灾保险赔付充足,可以有效保护商业保险公司,避免市场失灵。但它也可能造成如下问题:

首先,政府过多干预会耗费较多社会公共资源。由政府主导的巨灾保险通常属于政策性再保险性。非营利性项目的保险费率相对较低,因此前述国家干预弊端之一,即再保险市场的逆向选择,可能难以避免。这不仅加重国家财政负担,而且不利于全社会的均衡发展和

[①] 淦晓磊等:《基于"公共利益监管理论"两个假设修正提出的政府监管有效性理论》,《经济研究导刊》2009 年第 4 期。

可持续发展。

其次，巨灾保险与再保险是一个特殊的专业领域，政府在这个领域未必具有优于商业保险机构的专业能力和创新能力。巨灾保险尤其是再保险，专业要求高、经营难度大。专业再保险公司，如慕再、瑞再、通用等国际性再保险集团，资金雄厚、技术先进，在风险建模、费率厘定、险种设计、防灾防损和理赔精算等专业业务层面，拥有话语权。在长期全球巨灾再保险业务中积累了丰富的技术资源、业务经验和经营收益，通常具备定价优势。与之相比，不仅经济不发达、巨灾高发国家地区的政府并无优势，保险发达国家政府机构可能也需要"问计于民"。"卡特里娜"飓风灾害发生十年之后，NFIP 不仅积累资金耗尽还累计负债逾 300 亿美元，NFIP 终于找到了一个弥补保单数量缺口的解决方案。2015 年美国商业保险公司 Affinity Insurance Services 推出了一个商业洪水保险产品系列，包括超额保险和更宽松的承保条件。① 美国洪水保险最后不得不调整政府治理格局，走向与市场联合之路。由此可见，单一依靠大政府管理的机制也会出现运行失调、失效的问题。

最后，政府承担最终赔偿责任容易引发地区间发展不平衡。巨灾事件发生概率极低，巨额应急救灾拨款不可能列入政府财政的常列预算项目。灾后紧急拨款数目过大，就会影响当年财政预算平衡。此外，为灾后重建注入的资金，固然对受灾地区灾后经济增速和社会可持续发展是有利的，但政府财政收入同时也是相对有限的，紧急异动必然会导致未受灾的其他地区可利用财政资金相应减少。这就会引发地区间公平问题，对于推进社会治理的法治化现代化当然是不利的。

二 市场驱动型巨灾保险运作机制

市场驱动型巨灾保险制度以经济自由主义理论为基础。其基本主张是：提倡建立完全自由的巨灾直接保险和再保险市场，鼓励自由竞

---

① 笔者根据 FEMA 相关公告整理，https://www.fema.gov/national-flood-insurance-program。

争,认为巨灾保险机制可以市场化方式运行;主张政府职能限于政策支持、加强防灾公共工程建设等方面,在外部影响市场即可。

美国加州地震保险、英国洪水保险、德国巨灾保险为非强制性质,再保险的筹资、管理和赔付各环节均以完全市场化方式运作。民众和企业可自主选择保险公司投保,保险公司也可以自由选择再保险公司。再保险公司还可以通过转分保、互相分保、保险共同体将再保险的承保风险进一步分散到国际再保险市场,甚至借助巨灾保险金融衍生工具转移到更大范围的国际金融市场和资本市场。市场主导的巨灾保险机制利用市场主体自由竞争来优化社会资源配置、分散巨灾承保风险,客观上减轻了政府压力和财政负担。

建立市场主导的巨灾保险机制是需要满足特定条件的,即拥有高度发达的再保险市场,再保险供需关系比较稳定。例如,英国、德国再保险市场高度发达,财产保险的保险深度和保险密度很高,民众保险意识很强,完全可以依靠市场调节维持巨灾再保险机制运行。德国有647家保险公司,内部都设立经营巨灾保险或再保险的部门,还拥有安联、慕再、通用等国际再保险巨头。德国再保险公司分摊了本国巨灾保险赔付金的2/3,远远超出全球平均水平,慕再的巨灾再保险甚至还能保持较高的收益。这对于其他国家来说恐怕不太现实。

另外,市场主导的巨灾保险很难长期维持较低的再保险费率。在巨灾风险高发地区或高发年份,直保公司的赔付风险增大。再保险公司为减少保险赔付损失会调整保险费率。如2011年日本地震海啸事件后,部分再保公司拒绝续保巨灾超赔再保险合约。其他再保公司减少了承保份额,同时承保条件也变得十分苛刻,再保险费率涨逾50%,迫使直保保险公司增加自留额,以减轻在巨灾再保合约再保险费的负担。① 再保险价格上涨会带动直接保险报价走高。如果短期内巨灾风险预期不会明显上升,部分潜在投保人可能放弃投保。直保业务风险因此增加,再保险市场会出现连锁反应,巨灾保险市场可能出

---

① 余健男:《从国际保险公司角度看日本三一一大地震对保险业的影响和启示》,台湾:《保险大道》2011年第62期。

现失灵。近年来英国洪水保险市场运行不稳,政府再保险计划受阻,即为例证。

三 协作共治型巨灾保险运作机制

这种巨灾保险制度以市场增进论为理论基础。其主要观点是,市场调节与政府干预应相辅相成。民间机构在信息获取和快速反应、自我约束、适当激励等方面具有优势;政府参与市场活动是为了增进制度发展,解决失灵问题。① 该类型的巨灾保险制度一般有以下特点。

第一,巨灾保险体系主体比较多元。一般由政府、商业保险公司或行业协会、再保险公司等共同负担巨灾保险损失补偿。日本地震保险制度、新西兰地震保险制度、中国台湾地震保险制度均在再保险部分引入了多个损失分担主体。

第二,制定了复杂的再保险责任分层分摊方案。日本家庭财产地震保险的再保险法定全额分保,同时设置两级超额赔款再保险方案:JER 自留一部分,其余部分安排再再保险;再再保险按三个损失层级由 JER、国际再保险公司、直保公司和政府按比例分摊。

第三,保险风险转移以传统再保险为基础、风险证券化为补充,在保险损失分摊层级中,政府承担较高层次的赔付责任或兜底责任、担保责任。如台湾家庭住宅地震保险损失赔付在 560 亿—700 亿元的部分,由台湾当局承担。地震保险基金无法偿付时,由台湾当局担保对外举债。日本家庭地震保险由日本政府作为再再保险人之一,按照超额损失再保险合同即 C 特别签约,承担最后一层的有限赔付责任。又如,在新西兰地震再保险中,政府无偿拨付 15 亿新元给独资设立商业再保险公司的 EQC,EQC 大量投资政府公债、债权、银行票据和存款。EQC、再保险公司按损失层级分摊损失,政府作为担保人承担无限托底责任。在美国佛州飓风保险中,该州政府为 FHCF 再保险

---

① [日]青木昌彦等:《东亚经济发展中政府作用的新诠释:市场增进论》,载[日]青木昌彦主编《政府在东亚经济发展中的作用:比较制度分析》,中国经济出版社 1998 年版,第 27—42 页。

赔偿发行收益债券融资、加征特别税。

以公私协作为基础的巨灾保险体系，既可以借助政府的行政手段和财政支持，又可以通过商业再保险、共保体、风险证券化等多种渠道填补巨灾保险损失，风险分散效果较好。构建巨灾保险制度时，应在损失分担方案中明确设定损失分层、各方赔偿比例与限额，减少各方可能存在的利益冲突。

本书认为，巨灾保险体系的运作机理是，原保险通过风险池分摊巨灾风险，巨灾再保险则继续建构风险池以分摊原保险人承保责任这一"巨灾风险"。巨灾保险机制中的风险池，表面上是风险应对资金的集合，背后隐藏着的其实是多元主体合作共治的运作方式。以强制保险或自愿保险的划分标准观之，有些国家巨灾原保险与再保险采取同一运作方式，还有些国家则采取区别运作方式。如英、德两国的巨灾保险整体体系都采取自愿保险模式；日本家庭财产地震原保险为自愿附加险，JER 再保险则强制全额分出和分入；法国巨灾保险正相反，原保险为强制附加险，再保险可以自愿投保。在风险治理视域下，依社会治理的三种主体形态加以检视，不仅可以完成类型化考察，更可以发现各国巨灾保险运作机制与其社会治理策略之间的相关性。

英、德两国保险市场高度发达，故两国巨灾保险均奉行市场自治机制，但复因两国风险程度不同，市场机制运作的效果就不一，英国政府只能辅之以政府治理手段迂回干预；日本家庭住宅地震保险有强烈的社会福利色彩，政府服务意识和风险治理观念很强，故实行政府权威机制，巨灾保险市场流动性不高；法国看似持市场自由主义立场，法律甚至未予强制分保，但其巨灾风险转移方向性强，甚至可以说法国并未设置巨灾风险分散机制，实为风险单向传递机制，故本书姑且称其为以政府权威为保障基础的市场机制，或受政府干预的市场机制。

第四节　域外巨灾保险立法之启示

制度安排从来没有"最优"，只有最适合的。任何国家和地区构

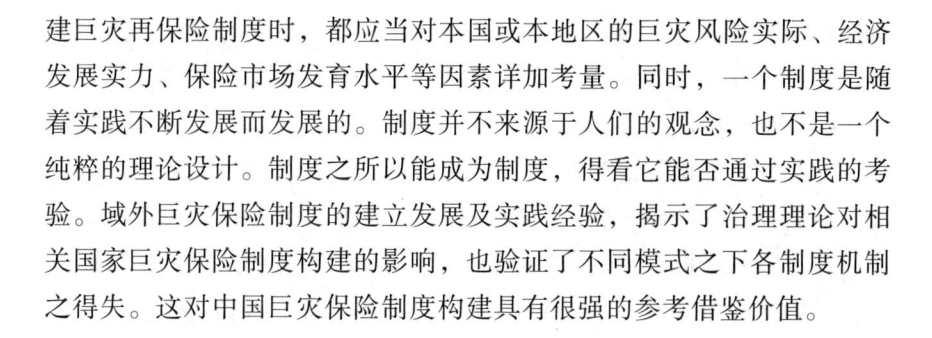

建巨灾再保险制度时，都应当对本国或本地区的巨灾风险实际、经济发展实力、保险市场发育水平等因素详加考量。同时，一个制度是随着实践不断发展而发展的。制度并不来源于人们的观念，也不是一个纯粹的理论设计。制度之所以能成为制度，得看它能否通过实践的考验。域外巨灾保险制度的建立发展及实践经验，揭示了治理理论对相关国家巨灾保险制度构建的影响，也验证了不同模式之下各制度机制之得失。这对中国巨灾保险制度构建具有很强的参考借鉴价值。

一 发展巨灾保险应坚持法治思维和法治方式

以英国、澳大利亚为代表的少数国家没有专门的巨灾保险立法，而是采取政府与保险业合作协议的模式。德国更是将巨灾保险和再保险定位为完全市场化的交易行为，没有为之提供任何法律或协议作为依据。从上述国家的具体情况分析，巨灾保险和再保险机制能够不以法律制度为支撑而维持正常运行，是需要具备特殊经济背景或市场条件的。其一，奉行经济自由主义理论。上述三国均为市场经济发达国家，提倡自由经济制度，鼓励自由竞争，主要依靠市场竞争机制实现市场供需平衡，优化资源配置。其二，巨灾风险及损失并不严重。在国际上，英、德、澳等国均非巨灾高发国家，巨灾风险并未给其保险与再保险市场造成很大压力。其三，保险市场和资本市场高度发达。英国和德国拥有发达的保险和再保险体系，商业再保险公司财力雄厚、技术先进，巨灾风险可以在再保险市场上消化。

中国不具备上述风险条件和市场环境，巨灾保险和再保险不可能以市场运作、行业自治律的方式推行，必须取得制度支撑和法律保障。巨灾保险法律制度体系的建立，并不是简单的规则编制问题。发展巨灾保险的目标指向，是将其纳入社会风险治理的框架之下，使巨灾风险治理趋向制度化、程序化、规范化和法治化。中国目前没有专门性巨灾保险法，也没有再保险法。再保险法律规范主要来源于《保险法》《保险公司管理条例》《外资保险公司管理条例》《再保险公司设立规定》《再保险业务管理规定》。其中，仅《再保险业务管理规定》提及发展巨灾再保险问题。由于中国再保险市场还不发达，巨灾再保险的国内业务量较小，行业规则也未形成。巨灾再保险是巨灾保险体系的重要组成部分，其制度构建问题应纳入巨灾保险整体立法规划之中。未来中国立法应对巨灾保险的目标原则、强制机制、运作模式、损失分担和监管等问题加以明确规定，使其能够充分发挥风险分散、损失补偿的功能。目前，银保监会正在酝酿再次修订《再保险业务管理规定》。建议在征求意见稿中将与巨灾保险相关的问题先增订进去，后期可再与《保险法》的修订，或者《地震保险条例》《巨灾保险条例》的出台相衔接。

二 巨灾保险制度构建的重点是风险分散机制创新

域外巨灾保险立法与实践的经验教训表明，保险对于巨灾风险治理体系的构建是不可或缺的，保险业可以深度地参与巨灾风险的社会治理。在当今风险条件和社会经济环境下，很少有保险机构能独力承担全部巨灾损失赔付责任，哪怕是一家行业龙头型直接保险公司或再保险公司。把巨灾风险应对放到社会风险治理的框架下，就能找到巨灾保险市场应对失灵困局的突破对策。这就是以社会治理的思路和策略来推动问题的解决。社会治理理论的核心主张是，以多元主体治理结构推动社会治理机制创新。重建风险治理主体结构，可能是实现巨灾保险风险分散机制创新的唯一可行路径。

本书认为，在风险治理框架下，巨灾保险法律制度构建的着眼点是打造一套有效的风险分散机制。常态化、长效化的巨灾保险风险分散机制应当包含以下构成要素。

其一，多元主体共同参与。就单一主体风险治理机制比较而论，应属政府完全管控风险之类型最为强力。但美国洪水保险发展史揭示，在巨灾风险治理问题上，"强政府、弱社会"的治理格局并不能保障巨灾风险治理的安全性与稳定性。这里有必要详细介绍一下美国政府主导洪水保险所致之困局究竟如何。"卡特里娜"飓风事件产生约 219 亿美元的洪水保险赔付责任。该笔总赔付额超出了洪水保险基金赔付能力的上限，NFIP 三十余年的盈余被一次耗尽。虽然美国财政部最后提供了 175.35 亿美元的借款，但 NFIP 至今仍严重入不敷出。按照 NFIP 现行规则，即使将洪水保险费率调高到法定最高值每年 10% 的水平，十年都无法还本付息。为此，美国国会不得不考虑豁免 NFIP 债务以维持其运行。众所周知，目前美国财政赤字已进入万亿美元时代。立法机关特别豁免债务，对美国政府现在和未来的财政预算计划的影响不可能是短期性的。由于 NFIP 严重依赖联邦政府财政支持，其保险损失补偿来源极度单一。相关研究和评论认为，一旦发生类似严重程度的新的巨灾赔付损失，恐怕美国政府也无法保证 NFIP 能否继续运行下去。美国洪水保险计划自问世以来，就不断遭受质疑，虽经多次调适仍困难重重。这个典型案例给了我们重要启示，规则改进、政策变迁弥补不了治理结构的缺失。

巨灾保险是准公共产品。从多中心治理理论角度来看，多元主体目标不同、性质不同、利益不同，它们能为风险损失分担体系带来的不仅仅是更多的融资，还有更好的利益表达和博弈机制。多元主体的博弈能推进风险治理动力机制、平衡机制、治理机制、发展机制的形成和优化，最终解决制度供给问题。这比任何单一中心治理机制都更有效率、更具竞争力。中国巨灾保险法律制度构建是国家治理体系法治化现代化的必要内容之一，其目的就是通过不同利益群体解决巨灾风险这一社会公共问题。因此，多元主体参与风险损失分配机制是完全符合社会治理和巨灾保险的普遍安全和优先保障原则的。

其二，设置合理的层级式损失分担机制。损失分摊可以是扁平化的，也可以是立体化的。前者譬如传统保险"点对面"型风险分摊机制，后者则为巨灾再保险创新出的阶梯式分担设计。目前，全球范围内已知最复杂的损失分层方案非日本地震保险莫属。JER、商业保险公司和政府三方主体形成"合作的三维"关系，协作分摊巨灾保险损失。同时，日本家庭住宅地震保险的再保险部分采用二级再保险模式。该方案按照损失严重程度从低至高地设置了五个损失层级，每个层级内还兼用共同保险方式。JER 实际上同时担任了再保险人、再再保险人等角色。这种多主体加多层级的分配策略，实际上以重复方式增加了巨灾再保险损失赔付主体的数量。同时，在阶梯式累进的损失分配框架内，JER 的分摊层级被设定为跃层出现，这也避免了风险过于集中的问题。中国台湾地区、新西兰、美国加州的地震再保险均采取了类似的设计。实践证明，损失分层机制能有效解决巨灾保险因风险累积过大而导致的偿付能力不足问题。科学的风险控制技术和先进的安全设计理念是保险机制创新必不可缺的。

其三，灵活地、组合式地使用多种风险分散方式。再保险供给不足一直是中国巨灾保险发展的瓶颈问题。而巨灾再保险供给不足的深层次原因，是该层面累计的风险依照传统的风险分散路径很难继续分散开去。当前，中国银保监会和欧盟在"偿付能力Ⅱ"协议框架下，都以提升经营机构的偿付能力为着力点。偿付能力的充实与承保风险转移分散是一体两面的。在这个问题上，新西兰地震保险损失分摊机制创新经验值得中国借鉴。新西兰地震保险采取政府与市场结合的混合治理模式，在地震保险损失分摊机制中再保险与保险共保体、转分保、风险证券化以及政府资金相辅相成。通过商业保险市场、巨灾基金与政府资助等多种渠道融资，才能有效弥补保险损失补偿可能出现的缺口，解决巨灾再保险产品供给的难题。

三 政府在风险社会治理机制中完成自我调适和重新定位

巨灾保险的模式选择，反映了立法者处理政府与市场关系的态度，是该国或该地区的市场机制与政府治理博弈的结果。从国外政府参与巨灾保险风险治理的实际情况来看，政府在巨灾保险体系中的角色定位是其社会治理方略的体现。

在政府管理型巨灾保险体系中，运行的是政府的行政权力机制。政府干预行为对巨灾保险机制的运行起着主导作用。政府干预主要表现为政策支持、组织设立、分保安排、财政资助、运营监管等。政府干预在巨灾保险体系初创阶段能起到较明显的效果，有助于巨灾直接保险的推进、保险赔付的及时到位；但从长期看，也可能增加国家财政负担，制约保险机制创新，影响经济社会可持续发展。

市场驱动型巨灾保险的逻辑起点是，巨灾再保险是纯粹的市场行为，体现和维护的是社会自治机制。在这种机制下，巨灾保险体系的需求和供给都依靠市场交换机制实现，市场机制在巨灾保险市场的资源配置中起基础性作用。政府最多只能从巨灾保险体系外部进行参与，如提供自然灾害风险数据及预警、防灾减灾公共措施，对公众进行巨灾风险宣传教育等，以帮助市场主体将巨灾风险控制在可保范围内。政府不介入再保险，虽符合经济民主原则，但也与巨灾保险的准公共物品特性偏离。① 完全由市场主导的巨灾再保险只能在理想化的市场交换条件下存在。英国政府不得不为洪水再保险提供资金支持的案例说明，发达的自由市场也可能无法彻底分散巨灾风险，市场机制本身不可能解决市场失灵问题。

政府与市场协作共治型巨灾保险，体现的是现代社会治理理念。社会治理常常关涉国家相关法律、社会治理体制机制和组织形式的改革创新。巨灾风险是一种特殊的社会风险，多元主体参与巨灾风险共治当然也会不可避免地出现某些问题。首先应该是，政府与商业保险公司、巨灾保险共保体、经营巨灾再保险业务的国内外保险机构以及民众之间可能发生利益冲突。

中国社会治理创新强调完善"政府负责、民主协商、社会协同、公众参与"，建设"人人有责、人人尽责、人人享有的社会治理共同体"。② 当前，中国已经改变过去那种政府全面负责巨灾危机管理的做法。推进国家治理体系和治理能力现代化建设对政府治理优化的要求是，成为"法治政府与服务型政府"。多元主体协作共治型巨灾保险完全契合中国风险治理创新机制建设的要求。但是，对中国政府来说，如何在巨灾风险治理创新中找准角色定位，并没有可以简单复制照搬的样本。

风险社会理论对我们的启示是：正视中国巨灾风险现实，以兼顾绝大多数人的利益为价值基础，构建"自反性"社会来主动化解风险。本书认为，中国政府在巨灾风险社会治理机制发展创新中，应该把握和落实好"四个坚持"，即政府坚持系统治理、依法治理、综合

---

① 田玲：《金融市场、政府行为与农业巨灾保险基金建设》，《保险研究》2014年第4期。

② 《中共中央关于坚持和完善中国特色社会主义制度　推进国家治理体系和治理能力现代化若干重大问题的决定》，《人民日报》2019年11月6日第1版。

治理、源头治理。在巨灾风险社会治理共同体中发挥主导作用,并不意味着政府全面参与、直接管理巨灾保险和再保险机制的运行。具体来说:(1)在系统治理方面,应实施政社分开,鼓励和支持社会各方面参与巨灾保险制度机制的发展完善,如进一步降低中国保险市场的外资准入门槛,推动保险业全面开放。(2)在依法治理方面,推动全国性巨灾保险立法或《地震巨灾保险条例》尽快出台,实现巨灾保险全覆盖。(3)在综合治理方面,规范保险市场行为,协调各种利益关系,重视重大疫情等新发巨灾风险治理创新。(4)在源头治理方面,找准巨灾风险治理和发展巨灾保险的症结点并解决实际问题,如建立巨灾保险基金、把握好巨灾直接保险和再保险经营的准入门槛、鼓励内地保险企业在香港或国外资本市场发行巨灾债券,等等。

此外,由于中国巨灾风险地区差异性比较大,地区间经济社会发展水平不一,地方政府在区域性巨灾风险治理中的角色定位应根据具体情况加以区别。譬如,非经济发达地区或区域风险高度集中的巨灾保险项目,主要依靠地方财政维持运作。经济条件比较好的地区,政府可根据需要适度参与巨灾保险。如设立地方性巨灾保险基金,或兜底承担保险赔付限额之外的损失补偿,或者分摊较高层级的损失、安排国际再保险或证券化合作,为民众提供保费补贴或给予保险公司减免税优惠,等等。

第四章 构建中国巨灾保险制度的总体思路

第一节 巨灾保险制度构建的必要性与可行性

一 中国巨灾保险制度构建的不利因素

（一）保险市场环境障碍

中国是世界上自然灾害最严重的国家之一。在过去几十年经济、社会快速发展的过程中，不合理的开发行为和城市化进程又加剧了巨灾风险。同时，国内保险市场的巨灾风险分散能力严重不足，离巨灾保障全覆盖还有很远的距离。中国巨灾保险市场的主要问题表现为以下几点。

第一，本土保险市场规模仍然较小，巨灾保险普及率不高。从发展速度和规模上看，中国保险市场整体发展非常迅速。2019年全国保险业总资产达到20.56万亿元，资金运用余额超18.52万亿元，年度原保费收入逾4万亿元。① 根据瑞再研究院公布的数据，目前中国虽然是世界第二大保险市场，但市场规模仍不到美国的40%，也小于英国、德国和法国这欧洲三大市场的总和。② 对比巨灾保险数据，2019年全球保险业的赔付比率为40%左右，欧美国家巨灾保险渗透率通常在50%—60%；经过十几年的快速发展，中国巨灾保险赔付率虽然已经从2008年汶川地震时的0.2%左右上升到2019年的10%

---

① 中国银行保险监督管理委员会：《保险业经营情况表》，2020年1月22日。
② Swiss Re, "World Insurance: The Great Pivot East Continues", *Sigma*, No. 3, 2019.

左右，但中国巨灾保险的深度和密度仍有待提高，这也说明了中国巨灾保险还有很大的发展空间。①

第二，巨灾保险自留风险过大。中国直接保险的分出比例在10%左右，远远低于国际商业保险的平均水平。据不完全估计，目前国内巨灾风险责任大约有80%—90%留在国内市场。国内保险公司巨灾损失赔付责任累积较为严重。个别保险公司的自留保费甚至无法达到最低偿付能力标准，即承保风险超过其自身的承保能力。

第三，中资保险公司的国际竞争力不强。巨灾直接保险和再保险业务经营可能引起巨额责任累积，经营风险较大。在国内保险市场上，外资保险公司发展速度非常快，展现了极强的竞争力。例如，在2019年再保险公司净资产收益率排行榜上，占据首位的德国通用再保险公司为33%，排名第七的中再财险为4.9%。中再集团虽然占国内市场的1/3份额，但其供给能力并不算强，综合成本率很高，资产规模在全球排名第八，仅为排名第一的慕再的1/10左右。② 从本土保险业，特别是再保险业的现有实力来看，至少在中国推行巨灾保险初期阶段，必须要开放市场、引进境外有实力的保险机构，否则很难完全承载巨灾保险风险。

（二）强制投保规则缺失

强制投保是各国巨灾保险法的基本原则之一。美国洪水保险计划、美国佛州飓风保险立法、法国自然灾害补偿制度、新西兰地震保险法、日本家庭财产地震保险法、罗马尼亚住宅洪水和地震保险法等，均设置了法定强制投保义务。美国加州地震保险法还规定，商业保险公司有强制承保义务。强制保险可提高巨灾保险的覆盖率，使投保数量满足"大数"之要求，扩大巨灾风险分散面。

中国民众保险意识较薄弱，对政府救灾资助产生了依赖心理。如果缺乏强制性投保规则，巨灾保险恐难推行。且巨灾保险作为准公共

---

① Swiss Re, "Natural Catastrophes in Times of Economic Accumulation and Climate Change", *Sigma*, No. 2, 2020.

② 笔者根据慕再、中再集团年报数据整理。

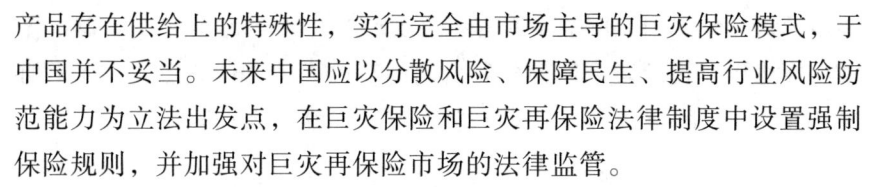

产品存在供给上的特殊性，实行完全由市场主导的巨灾保险模式，于中国并不妥当。未来中国应以分散风险、保障民生、提高行业风险防范能力为立法出发点，在巨灾保险和巨灾再保险法律制度中设置强制保险规则，并加强对巨灾再保险市场的法律监管。

（三）再保险交易方式简单

再保险承保能力是决定巨灾保险推进速度的最关键因素。中再等国内保险公司的主要收入来自直保业务，再保险产品简单，主要为企业财产险分保业务。常用分保方式为比例再保险。这种分保方式以保险金额为基础来确定自留责任和再保险责任，对保险技术要求不高。再保险相当于"借出"承保能力的交易，再保险公司之间的竞争以资本规模为主。

巨灾保险的赔付金额巨大，危险集中，交易方式较为复杂。巨灾再保险多采用非比例再保险，它在确定赔款金额、厘定保险费率方面均不同于比例再保险。巨灾再保险业务对再保险公司的定价能力和精算技术有很高要求。此外，当前国际再保险市场出现巨灾保险风险证券化的发展趋势。巨灾再保险金融衍生品开发和交易的专业性、复杂性更强。但是，国内再保险业暂时还不具备直接运作能力。目前中国唯一的巨灾保险证券化业务实践，是2015年在国外市场上发行的地震风险巨灾债券。

（四）巨灾保险创新技术运用不足

保险业通常根据大数法则测算损失，以此厘定保险费率。巨灾风险的正相关性很强，有明显的厚尾分布特点。巨灾保险业务非常倚重巨灾损失数据库及符合其损失分布的风险模型。缺乏风险模型和充足的数据，保险公司就无法确定是否应接受分保业务，厘定保险费率、确定保险价额均缺乏依据。这对确定巨灾保险具体实施方案也有很大影响。国内保险公司在巨灾风险建模和巨灾损失数据库的开发和应用方面比较滞后。目前，中国拥有自主知识产权的巨灾技术产品还不太多，主要有平安产险开发的地震指数保险风险评估模型、鹰眼（DRS）风控系统，中再巨灾风险管理公司开发的中国地震巨灾模型等。国内现有巨灾保险项目对国外巨灾风险模型和灾害预警技术的引进，如瑞再的 CatServer API、InSAR 雷达遥感技术等。

在中国巨灾保险制度创建和机制创新过程中，这些障碍与不利环节都可以通过技术开发、国际合作等手段逐渐得到克服。

二 构建巨灾保险制度的必要性

（一）改变现有巨灾损失补偿方式

对于巨灾风险，中国一直沿袭传统的灾难应急管理模式，依靠中央财政转移支付与地方财政部门主持救灾工作。巨灾损失补偿方案以政府无偿赈灾和财政补贴为主、社会慈善捐助为辅。这种方式不仅给国家财政和民众造成了负担，政府救济金和社会捐助款也远远不能填补巨灾损失补偿的融资缺口。

为了解决这一问题，中国启动了巨灾保险实践。从现有地方巨灾保险试点来看，仍然相当依赖政府的资金扶持。主要表现为：其一，政府承担保费或提供补贴。云南大理农房地震保险由省、州、县三级政府财政全额承担保费。四川省城乡居民住房地震试点采取保费补贴方式，省级和市县级财政分别承担 30% 的保费，普通居民自行承担剩余 40% 部分。其二，政府出资设立巨灾保险。如四川省财政出资 2000 万元成立地震保险基金，今后每年保费收入的 20% 也将进入基金。宁波市政府为该市公共巨灾保险安排了每年 5100 万元的专项经费。其中，每年支付给承保机构的年保费总额为 4080 万元。[①]

在上述地方巨灾保险试点中，由政府注资的巨灾保险基金实际上是巨灾保险损失融资的唯一来源。由于区域性风险相关性很高，这种巨灾保险损失补偿方式似乎风险转移效果不佳，如宁波公共巨灾保险首年即亏损逾 6000 万元。政府在实施巨灾保险后仍然承受巨大的财政压力。这说明，巨灾保险损失补偿不宜以政府为主导，而应以多渠道筹集补偿资金来源。以制度化方式明确损失补偿的融资安排，才能有效分散巨灾风险。

---

① 《宁波市应急管理局 2020 年部门预算公开》，2020 年 6 月 15 日。

（二）提升巨灾直接保险承保能力

从表面上看，被保险人的损失通过保险金获得了填补，而保险人依靠大数法则可以维持保费收入和保险赔付的平衡，巨灾风险似乎被化解了；但巨灾造成的绝对损失不可能消失。一旦巨灾保单大量出险，保险赔付责任总和可能会超出保险人偿付能力，导致其亏损甚至破产。保险公司的偿付能力虽与其自身资金规模相关，但更取决于损失补偿金的充足率。获得的补偿融资越多，保险偿付能力就越充足。新西兰地震委员会工作报告称："未作再保险安排时，自然灾害基金赔偿责任约为107.5亿新西兰元。进行了25亿新西兰元的再保险安排后，本基金仅需维持69亿新西兰元的资金规模。"[①] 足见巨灾再保险对原保险损失补偿的作用。巨灾原保险的成本降低，保险人就可以承保更多巨灾保单。

三 构建巨灾保险制度的可行性

（一）巨灾保险市场的双向驱动

2019年中国国内生产总值（GDP）为99.0865万亿元人民币，继续保持世界排名第二。该年中国人均国内生产总值70892元，按年平均汇率折算，约合10276美元。[②] 国际社会一般认为，人均GDP达4000美元以上，个人可支配收入上升，就会产生保险等私人服务需求。目前中国民众的保险意识和购买力都在不断提高，同时巨灾频发也激发了巨灾投保需求。只要保险市场承保能力充足，法律保障到位，引导措施得力，今后巨灾保险的投保需求还会稳步上升。

中国保险业目前进入可持续发展阶段，已具备巨灾风险的承保能力。从1979年开始，国内保险公司陆续开展地震、洪水等巨灾保险业务。大型保险公司在业务规模、资金积累和风险管理方面积累了一定经验。地方性巨灾保险试点和全国城乡居民住宅地震保险已经启

---

① Earthquake Commission, Briefing for the Minister in Charge of the Earthquake Commission. Chairmen and Board of the Commission, November, 2008.
② 数据来源：根据国家统计局官方数据整理。

动,中国巨灾保险体系正在逐渐发展。与此同时,再保险国际化也取得了很大进展,对巨灾直接保险业务产生了推动作用。例如,太平洋保险公司就为汶川大地震承担了5000多万元的保险赔付责任,其中的95%都安排了国际再保险。目前有7家境外大型再保险公司在华设立分公司,此外还有200多家离岸再保险公司、70多家在境内开展再保险业务的直保公司。它们承担了70%左右的再保险业务,巨灾保险分入业务的比例也非常高。由此可见,借助市场开放与国际经济技术合作,中国巨灾保险体系发展掣肘是可以解决的。在中国经济持续增长的大环境下,中国保险和再保险市场完全可以满足巨灾风险的承保条件。

(二)顶层设计的层层铺垫

虽然中国巨灾保险专门立法尚付阙如,但巨灾保险整体制度建设早已被纳入国家立法规划之中。2007年《突发事件应对法》、2008年《防震减灾法》均强调,要建立国家财政支持的巨灾风险保险体系,并鼓励单位和公民个人参加巨灾保险。2015年修订的《防洪法》也指出,国家鼓励、扶持开展洪水保险。2015年保险法修正案第104条规定,各保险公司应将"巨灾风险安排方案"报保监会备案。2015年中国保监会《再保险业务管理规定》也明确规定,①《保险法》第104条之规定适用于再保险公司。这可解读为中国保险法对巨灾再保险的首次规定。

在政策层面,国家构建巨灾保险制度的意图更为明确。"十一五""十二五"国家综合减灾规划均提出,要建立符合中国国情的巨灾保险和再保险体系,充分发挥保险在灾害风险转移和损失分担中的作用。2013年中共中央十八届三中全会的决定、2014年《国务院关于加快发展现代保险服务业的若干意见》(即"新国十条")指出,巨灾再保险是重点研究内容之一。2016年全国两会政府工作报告、"十三五"规划纲要也重申了上述规定。从上述法律政策关于巨灾再保险

---

① 2015年《再保险业务管理规定》第13条:保险人应当根据实际情况,科学、合理安排巨灾再保险,并于每年6月30日之前,将巨灾风险安排方案报中国保监会备案。

的规定中可以看出,国家将加快构建巨灾保险制度。2016年中国保监会和财政部出台了《建立城乡居民住宅地震巨灾保险制度实施方案》(简称《实施方案》),再保险被纳入其损失分担方案。

(三) 巨灾保险和再保险的实践探索

为落实国家综合减灾"十一五"规划"在重点城市及高风险区域制定巨灾应对方案"的思路,中国于2013年启动巨灾保险首批试点工作,主要包括:深圳巨灾救助保险、广东指数型巨灾保险、云南农房地震保险、宁波公共巨灾保险、四川城乡居民住宅地震保险、黑龙江农业巨灾保险、厦门巨灾保险、上海市巨灾保险试点等地方巨灾保险项目,2016年中国还启动了全国城乡居民住宅地震保险,等等。其中比较有特色的包括以下这些。

1. 深圳巨灾救助保险项目

深圳市巨灾保险项目是中国第一个城市巨灾保险。这个项目属于公共巨灾保险性质。它由深圳市应急管理局(原为深圳市民政局)以公共财政经费向商业保险公司采购保单,运作依据是双方每年签署的《深圳市巨灾保险协议书》[2014年为《深圳市巨灾救助保险协议书》与投保人制定的《深圳市巨灾保险救助工作规程(2020年)》]。经过2014—2016年的发展,承保人由2014年时的中国人保财险深圳市分公司扩展为包括该公司在内的5家保险机构。保障标准、保障范围都在逐年改进之中。深圳巨灾保险的基本内容及特点包括以下几点。[①]

(1) 保障对象范围很广。被保险人为灾害发生时处于深圳市辖区范围内的所有自然人,其中包括临时来深的人员和抢险救灾及见义勇为人员。

(2) 保障灾种多且有不断增加的趋势。根据该市自然灾害、地理地质条件、人口规模和结构及核安全风险等特点,保障范围覆盖到17种自然灾害,包括暴风(扩展到狂风、烈风、大风)、暴雨、崖崩、雷击、洪水、龙卷风、飑线、台风、泥石流、滑坡、地陷、冰

---

① 以2020年度深圳市巨灾保险保单为依据。

雹、内涝、海啸、森林火灾、主震震级 4.5 级及以上的地震，还有上述灾害的次生灾害。

（3）保障责任范围很大。包括承保危险造成的人身伤害救助费用、转移安置费用、人员救助费用及居民住房倒损补偿费用。特别值得一提的是，其中还包含了承保灾害导致核电事故产生的核应急救助费用。这不仅突破了常规巨灾作为保险作为财产保险的限制，实际上还涉及核保险这个特殊领域，极具创新性。

（4）保险救助力度大。人身伤亡每人每次灾害责任限额从 10 万元提高到 25 万元，每次灾害总限额 5 亿元；过渡期生活救助费用为每人每次灾害责任限额 2250 元；住房安置补偿费用为每户每次责任限额 2 万元；等等。不设免赔额。

深圳巨灾保险项目实行线上理赔，赔付程序简单，救助效率高，取得了非常好的社会效益。

2. 宁波巨灾公共保险项目

宁波巨灾保险项目试点同样于 2014 年启动。该市民政部门作为市政府委托的投保人和被保险人，负责协调各个政府部门，落实各项政府的政策和财政补贴资金，管理巨灾保险基金，配合做好巨灾保险承保、理赔以及防灾防损等各项工作。该市政府通过招标的方式指定人保财险等 6 家险企为共保人，双方签订《宁波市巨灾保险合同》。该合同的主要内容包括：（1）保障范围有两大类，一是宁波市 390 万户常住居民的家庭财产损失救助，二是宁波市常住人口以及临时来宁波的流动人口共计 1000 万人的人身伤亡抚恤保险。（2）承保危险事故范围为台风，强热带风暴，龙卷风，暴雨，洪水，雷击等灾害及其引发的突发性滑坡，泥石流，水库溃坝，漏电和化工装置爆炸、泄漏等次生灾害。（3）双方的基本权利义务包括，宁波市财政负担每年保费总额 3800 万元，总保额 6 亿元，家庭财产损失最高赔付限额为每户 2000 元。（4）巨灾保险上一层设有巨灾保险基金，承担公共巨灾保险赔付限额以上的赔付，资金主要依靠宁波市财政负担。

3. 云南农房地震保险项目

2015 年启动的云南农房地震保险试点是一个以政府灾害救助为

基础，以政策性保险为基本保障，以商业保险为补充，三位一体的巨灾风险体系。该项目的主要制度依据包括：大理州人民政府与诚泰财险、中再财险等6家公司签署的战略合作协议，云南农房地震保险试点协议，诚泰财险、人保财险、平安财险、大地财险、中华联合5家公司签订的试点共保协议。其主要内容包括：（1）保障对象为大理州所辖12县（市）82.43万户农村房屋及356.92万名大理州居民。（2）保障范围为试点地区发生5级（含）以上地震造成的农村房屋的直接损失、恢复重建费用以及居民死亡救助费用。（3）保险赔偿金根据震级分档，从2800万元到4.2亿元。地震灾害救助为每人死亡赔偿限额10万元，累计保险死亡赔偿限额为每年8000万元。

该项地震保险的特别之处还有：其一，它是震级触发型指数保险，配套建有地震风险数据库、云南农房易损性曲线。其二，在三年试点期间由省、州、县三级政府财政全额承担保费。其三，设置有保险风险分散机制。在直接保险部分，由5家商业保险公司组建地震保险共同体；引入再保险机制，中再财险担任再保险人；按照当年保费收入和超额承保利润的一定比例计提地震风险准备金。

4. 全国城乡居民住宅地震保险

2016年中国保监会和财政部印发《建立城乡居民住宅地震巨灾保险制度实施方案》，启动中国第一个全国性单项风险巨灾保险项目。该项巨灾保险与此前的地方性巨灾保险项目不同，采取市场运作模式，全国居民可自愿投保。保险人为地震共保体成员公司。中国境内的财产保险公司，只要成立3年以上、最近一个季度偿付能力充足率150%以上，且具有较完善的分支机构和较强的服务能力、具有经营相关险种的承保理赔经验，即可自愿加入地震共保体。[①] 地震共保体由人保财险担任共同体主席和执行机构，成员现有41家保险公司和5家再保险公司。2019年6月又在上海保险交易所开通了线上共同体保险理赔系统。截至2019年年末，该项巨灾保险投保居民住宅已达

---

① 《中国城乡居民住宅地震巨灾保险共同体成立》，中国保监会网站（http://www.circ.gov.cn/web/site0/tab5207/info3957241.htm）。

970 余万户，累计提供地震风险保障近 4300 亿元。中国政府主要负责推动，不参与该项目的经营管理。

城乡居民住宅地震保险在直接保险部分的主要内容包括：（1）地震保险可单独作为主险或作为普通家财险的附加险；（2）城镇居民住宅基本保额每户 5 万元，农村居民住宅基本保额每户 2 万元；（3）实行地区差异化的浮动保险费率制；（4）保险金最高限额 100 万元；（5）参照国家地震局、民政部等制定的国家标准定损，根据破坏等级分档理赔：标的基本完好的，不予赔偿；中等破坏的，按照保险金额的 50% 定损；严重破坏的，确定为全损。

该项目在再保险部分，强调运用国内外再保险市场和资本市场分散风险；损失分担主体体系由投保人、保险公司、再保险公司、地震巨灾保险专项准备金、财政支持构成；损失分层方案设为五层。其中，再保险公司承担第三层损失，地震巨灾保险专项准备金承担第四层损失，财政支持或巨灾债券等紧急资金安排承担第五层损失。此外可启动赔付比例回调机制。目前，关于地震再保险损失分担的额度与比例未见公布。

该项目有配套的巨灾风险证券化部分。其基本运作流程是：2015 年中再集团在百慕大群岛设立特殊目的再保险机构（SPRV）Panda Re；中再集团作为再保险人向其转分保；Panda Re 在国际资本市场发行金额为 5000 万美元的中国地震风险巨灾债券。

值得一提的还有，2020 年 4 月中国城乡居民住宅地震巨灾保险共同体的部分成员公司又联合开发了一项新的巨灾保险产品——中国城乡居民住宅台风洪水巨灾保险。该产品的保障对象为城乡居民住宅、门窗屋顶等室内附属设施以及家庭室内财产。承保危险为台风灾害、洪水灾害及其引发的次生灾害。保险金额方面，住宅及室内附属设施的最高保额不超过 100 万元，城镇住宅最低保额为每户 5 万元，农村住宅最低保额为每户 2 万元。住宅及室内附属设施的保险金额按比例分配。该产品的开发应该属于纯市场行为性质，这在国内巨灾保险市场上实为罕见，可以持续关注。

四　中国巨灾保险实践之检视

经过六年的实践探索，中国地方性巨灾保险试点和全国城乡居民地震巨灾保险建设都取得了显著的成绩。这些先行先试的巨灾保险项目为今后中国的巨灾保险体系建设提供了参考和有益经验。

（一）本土巨灾保险试点实践的积极意义

1. 巨灾保险试点的安排遵循了统筹布局、合理规划原则

从中国巨灾保险试点项目启动时间的先后、试点地点与承保灾种的选择，不难发现相关部门在布局选择上的用心和策略。第一阶段的地方性试点选定珠三角和长三角的经济发达城市，承保危险从当地最常发生的洪水和台风危险开始逐渐扩展。第二阶段则选择在经济不太发达的省份尝试开展地震保险，为其后全国地震保险项目的开展进行探索，积累经验。第三阶段在多地逐渐铺开针对当地风险类型的巨灾保险项目，如农业大省黑龙江、湖南的农业巨灾保险。试点线路图的安排考虑到了各地的风险实际、经济发展现状和社会需求。这种循序渐进的发展巨灾保险的思路具有科学性和务实性。

2. 巨灾保险试点方案具有普惠性

深圳、宁波等地的城市公共巨灾保险项目承保灾种范围很大，有些已经超越了自然灾害巨灾财产保险的国际惯例，实现了风险类型上对巨灾保险的创新。比如深圳巨灾保险中涵盖承保危险导致的核电事故人身救助；浙江台州公共安全综合保险的责任范围包括各类自然灾害、火灾爆炸、拥挤踩踏、恐怖活动、重大恶性公共事件、精神病人伤人、高空坠物伤人、野生动物伤害、渡船交通事故、抢险救灾（含见义勇为）10项内容。这些巨灾保险试点实践依托当地经济发展的优势条件，对涉及民生的社会救助内容进行了有益的尝试。这反映出当地政府的社会治理水平，体现了以人为本，关注民生、保障民生的理念，有助于增强全社会的保险意识和幸福感，提升城市竞争力。

3. 实现了创新社会治理体系的有益探索

从整体视角观察，这些地方性巨灾保险试点项目和全国城乡居民住宅地震巨灾保险项目非常具有试验意义。一者，几乎对各种类型的

巨灾保险运作机制进行了尝试。譬如，深圳和宁波等地方性巨灾保险项目都实行政府管理模式，由政府购买公共服务作为地方福利推行，对巨灾保险项目迅速起效起了保障作用；全国城乡居民地震巨灾保险实行市场运作模式，组建共保体来担任保险人，汇集和扩大了承保能力。二者，在巨灾承保风险分散机制设计上，深圳巨灾保险在再保险部分，安排向中再、瑞再、太平再等多家再保险公司分保，全国城乡居民地震巨灾保险则在再保险之外，还安排了再保险风险证券化。三者，在巨灾保险产品创新方面，中国巨灾保险项目中除了传统巨灾保险产品外，还与国内外专业机构合作开发巨灾保险创新产品。如云南农房地震指数保险、四川茂县财政风险巨灾指数保险、黑龙江省农业财政巨灾指数保险、广东巨灾气象指数保险等，这些地方性巨灾保险采取阈值触发、指数定级的方式，主要通过政府主导、机构和市场协同来运作。特别值得一提的是，2020年新冠肺炎疫情发生后，宁波市发布了《关于发挥保险社会治理功能促进我市防疫情促复产的实施意见》，扩展公共巨灾保险的保险责任，将参与疫情防控的医务人员、志愿服务者、基层干部及其他一线工作人员列入公共巨灾保险见义勇为增补抚恤。如在疫情防治工作期间因感染新冠肺炎或发生其他意外事故造成人身伤亡的，赔付金额最高20万元/人。这是国内首个疫情巨灾保险产品。[①] 当前中国巨灾保险创新实践，就如何形成具有兼容性的机制和开放性的模式做了很多尝试，也显示出国家在灾害风险治理策略上的转变。

（二）当前巨灾保险实践存在的主要问题

当然，现有巨灾保险实践还处于探索阶段，不可避免地也会暴露出一些不尽如人意之处。比较具有共同性的问题，主要表现在以下两方面。

1. 法治环境仍有待改善

中国巨灾保险实践倒逼立法的状态仍在持续。原本预期于2020

[①] 《宁波出台全国首个涉疫保险政策，一线人员纳入巨灾险》，2020年2月18日，浙江新闻客户端（https：//zj.zjol.com.cn/news.html?id=1387381）。

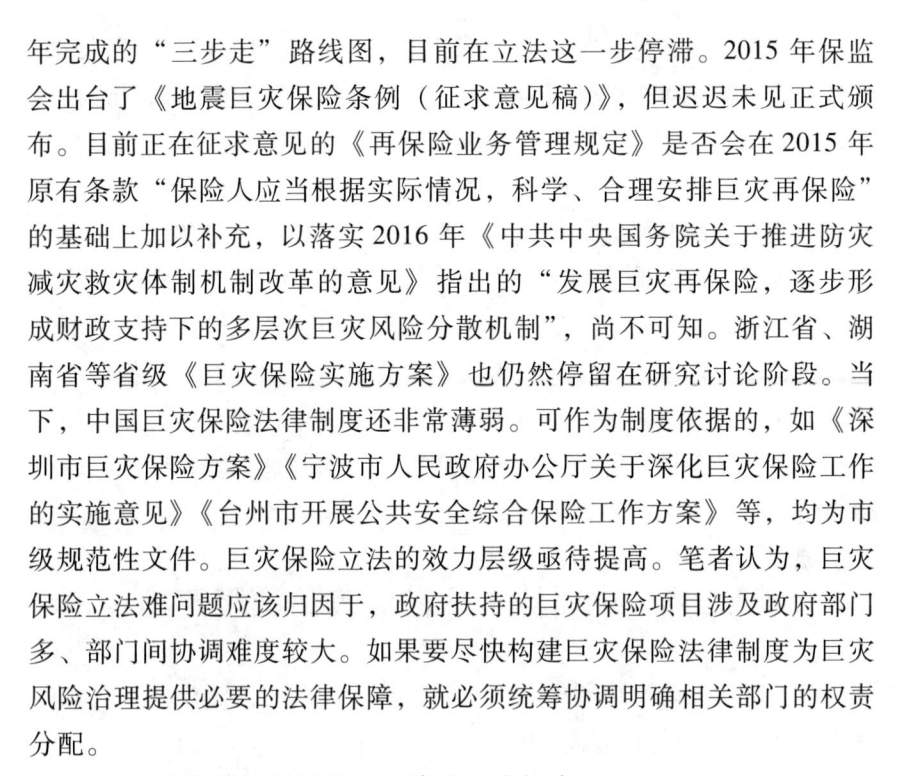

年完成的"三步走"路线图,目前在立法这一步停滞。2015年保监会出台了《地震巨灾保险条例(征求意见稿)》,但迟迟未见正式颁布。目前正在征求意见的《再保险业务管理规定》是否会在2015年原有条款"保险人应当根据实际情况,科学、合理安排巨灾再保险"的基础上加以补充,以落实2016年《中共中央国务院关于推进防灾减灾救灾体制机制改革的意见》指出的"发展巨灾再保险,逐步形成财政支持下的多层次巨灾风险分散机制",尚不可知。浙江省、湖南省等省级《巨灾保险实施方案》也仍然停留在研究讨论阶段。当下,中国巨灾保险法律制度还非常薄弱。可作为制度依据的,如《深圳市巨灾保险方案》《宁波市人民政府办公厅关于深化巨灾保险工作的实施意见》《台州市开展公共安全综合保险工作方案》等,均为市级规范性文件。巨灾保险立法的效力层级亟待提高。笔者认为,巨灾保险立法难问题应该归因于,政府扶持的巨灾保险项目涉及政府部门多、部门间协调难度较大。如果要尽快构建巨灾保险法律制度为巨灾风险治理提供必要的法律保障,就必须统筹协调明确相关部门的权责分配。

2. 风险分散机制创新还有待进一步探索

目前虽然有很多省市陆续在推进巨灾保险建设,但在风险分散方面还存在某些问题。首先,中国巨灾保险体系中目前只有地震保险同时存在全国性巨灾保险项目和省级巨灾保险项目。但省级地震保险项目基本都采取政府财政出资或政府补贴保费等方式,与全国地震巨灾保险项目不能对接。其他类型巨灾风险保险项目也缺少从地方政府到中央政府的层级式损失分担路径。其次,不少地方巨灾保险项目最初的制度设计还不够成熟,主要还是当地政府托底,没有实现风险分散和损失分担的多元化。在近年巨灾多发的情况下,有些地方性巨灾保险项目甚至出现亏损,给当地财政和承保企业带来了很大压力。目前中国商业保险公司承保巨灾保险或巨灾农业保险业务,往往依靠再保险来分散风险。但由于直接保险风险累计较大,再保险公司特别是国际再保险公司分保费通常定价较高。因此就会反过来出现要求政府加大资金扶持力度的需求。

本书认为，合理借鉴，对于激发思路、解决问题可以有所帮助。域外巨灾保险制度的某些独到之处，值得中国借鉴。如土耳其地震保险以与公用事业捆绑的方式半强制推行地震保险，并依靠世界银行贷款补偿保险损失，颇值得发展中国家学习。美国巨灾保险采取全国性立法与州级立法相结合、政府主导型与多方协作型并存的复合立法模式，对于巨灾风险分布复杂的国家有启示作用。在新西兰地震保险与法国自然灾害保险中，政府专设巨灾再保险机构及政府承担兜底责任的规定，对中国政府在巨灾再保险中的角色定位也有参考价值。在风险分散机制的完善方面，日本地震保险的两级三方五层的再保险损失分担制度、欧美国家和中国台湾地区的巨灾风险证券化经验，也颇值得效仿。

第二节　中国巨灾保险制度的模型建构

中国巨灾保险法律制度建构，应以确定适合的立法模式、有效的运作机制和风险分摊方案为基本框架。

一　补充式立法模式

采用何种立法模式，是构建巨灾保险法律制度首先要面对的问题。通常，巨灾原保险与巨灾再保险会合并制定在巨灾保险专门法之中。日本虽然制定了《地震再保险特别会计法》，但这部单行法只是关于地震再保险上的会计处理问题的规定。地震再保险制度作为日本地震保险立法的精华，其主体部分还是在《地震保险法》之中。除此一例，各国巨灾再保险制度均为巨灾保险整体立法所吸纳。巨灾保险整体立法体例反映了当代风险治理策略中统筹规划原则之运用。目前，中国学界关于巨灾保险立法体例提出了以下几种方案。

其一，统一立法方案。多数学者主张，未来中国可以效仿法国制定《巨灾保险法》或《巨灾保险条例》，将地震、洪水、台风等中国境内主要巨灾风险都纳入其中。

其二，分别立法方案。此方案即针对不同巨灾风险类型分别立法。美国采此体例，制定了国家洪水保险、佛罗里达州飓风保险项目、加利福尼亚州地震保险、夏威夷飓风保险、得克萨斯州风暴保险等多个单行法。

其三，补充立法方案。此方案认为，可借鉴中国台湾地区的做法，在修订保险法时加入巨灾保险的原则性规定，再根据需要制定地震保险、洪水保险等行政法规规章或地方性法规。

综合2015年保险法修正案、"十三五"规划纲要、"新国十条"的相关表述，笔者不揣冒昧地推测，中国巨灾保险立法的最终目标应是建立全国性综合风险巨灾保险法律体系。鉴于中国各地巨灾风险和经济发展不平衡，短期内出台统一巨灾保险法难度过大。中国是单一制国家，境内分布有十余种巨灾风险，如果采取分别立法模式，则立法成本不免较高，还可能因并发灾害而引发法律适用上的冲突。

补充立法模式，既不影响现行立法格局，也有利于及时调整、改进巨灾保险制度安排，应是中国未来巨灾保险立法体例之优选。根据2014年保监会制定的"中央统筹协调、地方破题开局、行业急用先建"的巨灾保险制度战略，全国性巨灾保险立法以地震保险为突破口。令人遗憾的是，《地震巨灾保险条例（征求意见稿）》2015年完成起草工作之后，目前仍然停留在征求意见和考察调研阶段，迟迟未能提交国务院审议。

本书认为，巨灾保险立法陷入困局，固然与巨灾保险受多种客观因素制约有关，但主管部门如能转换工作思路，恐不失为解决之策。巨灾保险在巨灾保险立法体系的内部分工上，对分布较广的巨灾风险类型，如地震、洪水、台风等，可分别由国务院制定专项巨灾保险条例；对区域性巨灾风险，可制定专项巨灾保险地方性法规和规章；在有条件的经济发达地区，可自行制定综合风险巨灾保险地方性法规和规章。巨灾再保险业务管理办法及监管细则，可由主管部门中国银保监会制定部门规章和规范性文件，或在修订《再保险业务管理办法》时一并解决。

二 市场与政府协作运行机制

在现代巨灾保险制度的三种运行模式中,市场与政府协作运行模式较为适合中国的国情、政情、社情。市场主导型巨灾保险体系完全依靠市场机制运行,只有在发达的保险和再保险市场环境下可能存续发展,且需具备巨灾风险和损失不特别严重这一前提。美国拥有发达的保险市场和自由贸易环境,但巨灾风险比较严重,也未彻底实行市场主导型巨灾保险制度。美国洪水保险和佛罗里达州飓风保险均采取政府主导型保险模式。政府主导型巨灾保险,一般需要成立一个国有巨灾再保险公司或巨灾基金,政府提供再保险资金或承担损失赔付的兜底责任。结合宁波公共巨灾保险亏损的情况分析,在政府主导巨灾再保险的运行模式下,对政府财政投入的要求甚高。对于中国来说,不管是国家层级还是省市层级的巨灾保险项目,都应当慎用,除非是政府财政实力极为雄厚的极少数地区。

中国保险法修改前曾在草案中规定,"国家建立有财政支持的巨灾保险制度"。但是,2015年出台的保险法修正案中并未出现该内容。从城乡居民住宅地震巨灾保险和各地巨灾保险试点实践情况来看,中国巨灾保险体系以采取市场与政府协作的运行模式为宜。域外立法例中,政府与市场在协作关系中的角色分工也有不同,政府参与程度差别较大。其中,有以国有再保险公司主持、政府资金为主要来源的运作方式,也有以市场为主、政府提供政策支持的运作方式。中国再保险业已完成市场化改造,灾害公共救助与宣传教育由各级政府应急办负责,行业监管以中国银保监会为主管机关。仿效新西兰设立国有独资巨灾再保险公司,并赋予其巨灾保险行业管理与公众服务职能,实与中国国情不符。

中国可以借鉴的是日本和美国加州在地震再保险方面的经验,即以商业再保险公司组成的共同体为巨灾再保险人。目前,国内保险业已经成立地震保险共同体、农业保险再保险共同体、核保险共同体等组织。"偿二代"体系启动后,国内外相关机构申请设立再保险公司的数量已大幅增加。未来经营巨灾再保险业务的再保险公司和直保公司在数量和资金规模上还会有很大提升。巨灾直接保险和再保险的风险资金归集，可以充分借助市场资源配置方式实现。考虑到中国巨灾风险实际及国内保险业的抗风险能力现状，也不宜照搬加州地震的再保险方案。如政府仅提供法律和政策支持，一旦发生巨额保险赔付责任或集中巨灾保险赔付，国内再保险市场可能出现供需失衡甚至市场失灵。

因此，中国巨灾保险制度应采取市场与政府协作的运行模式。巨灾保险主体体系可以包括：商业直接保险公司或由其担任共同保险人，经营再保险业务的商业保险公司和再保险公司，也可以是它们组成的巨灾再保险共同体，境外再保险公司或集团，特殊目的再保险机构（SPRV），专业投资机构和各级政府。巨灾保险运作模式应以市场资源配置为主，政府可承担最高层级的损失分摊责任，并从法律制度构建和政策扶持等方面发挥推动作用。

三 多层级损失分摊方案

确定巨灾保险损失分担方案，是巨灾保险制度构建的核心内容。巨灾保险立法对保险损失分担应有明确、具体的规定。巨灾保险损失分担应坚持"安全高效、风险共担"的原则，以确保资金来源充足、有效分摊补偿责任为目标。中国巨灾保险损失分担方案中应具备以下要素。

（一）采用分层策略

巨灾保险损失方案应设置多个层级，包含巨灾原保险自留责任层、巨灾再保险损失分摊层、巨灾保险证券化损失分摊层、政府损失分摊层等。在再保险损失分摊层，则可以借鉴日本家庭财产地震保险的两级再保险方案，或新西兰地震再保险的三级分摊方案，引入转分保机制；或将国内再保险公司、再保险共同体和国际再保险公司设置为多个损失分摊层级，兼用共同保险、相互保险等多种风险分散手段，使巨灾风险分散面最大化。待今后条件成熟，也可由政府全资或牵头筹资成立巨灾风险基金，并将其归入巨灾再保险损失分摊体系。巨灾风险基金可设置在商业直接保险公司和再保险公司损失分摊层级之上,以补偿保险公司和再保险公司赔偿限额范围以外的损失。

(二)引进多种损失分担方式

中国可借鉴日本、美国加州、新西兰和中国台湾地区经验,建立巨灾共保体、相互保险和商业再保险、巨灾风险基金、巨灾保险证券化和政府拨款、贷款或担保等多种风险转移渠道。多种风险转移方式结合使用,才能最大限度扩展风险分散面。

(三)总额控制与限额管理

根据巨灾损失历史统计数据和风险损失预测,中国立法应明确规定单次巨灾损失的最大赔付总额。同时,损失分摊方案中应规定被保险人免赔额、原保险公司自留额、再保险公司自留额。每一层级内,均应设置赔偿金额的上限和下限。如果同一层级内安排有多个损失分摊主体,或使用了不同损失分担方式的,可借鉴日本地震再保险的经验,规定不同主体的损失分担定级和每一层级的具体分摊比例。

(四)设置回调机制

对超过单次巨灾损失赔偿限额的,应规定回调机制。可由银保监会报请国务院批准,按巨灾损失赔偿的上限与应赔数额的实际比例赔付,从国家财政应急专项资金中拨付。该项专用经费由国家应急部管理。

第三节 巨灾保险制度的原则配置

一 普遍安全和优先保障原则

巨灾保险属于准公共产品性质。巨灾是极低概率事件,但其一旦发生在城市化程度高、人口和财产分布密度较高的城市,损失后果就相当严重。在风险社会条件下,巨灾风险应对还是社会风险治理的重要内容之一。如果灾后损失补偿程度不足或不能及时到位,会对灾后安置和恢复重建造成不利影响,产生社会其他风险方面的连锁反应。因此,巨灾保险供给在很大程度上是一项民生工程。从社会治理的角度来看,巨灾保险的运行效率非常能够考验政府的治理能力和治理水平,也是衡量社会治理是否贯彻"人民至上"理念的一把标尺。因此，巨灾产品设计需要考虑保险覆盖率问题、触发条款设计问题，兼顾效率与公平。

在受客观经济条件限制，不可能一步到位建立综合风险巨灾保险和保险赔偿金额不高的情况下，巨灾保险体系设立还应该考虑当地的巨灾风险实际，优先保障大多数民众最急需的风险损失赔付。普遍安全和优先保障，体现了中国巨灾保险和灾害风险社会治理的价值定位。这是中国及各地方在制定巨灾保险制度时应首先遵循的原则。

二 强制分保原则

目前中国的巨灾直接保险体系采取政府采购保单的公共政策型保险和商业保险并存的投保方式。既没有规定强制投保，也没有要求保险人强制承保，具有充分的自由度。但是再保险部分，由于整个巨灾保险体系对其风险分散的特殊要求，应当采取区分态度，实行强制分保，禁止保险人完全自留承保风险。

在中国保险业起步阶段，为了保障其经营稳定性，分散承保风险，1985年《保险企业管理暂行条例》规定，各保险公司必须向中国人民保险公司办理30%的法定分保业务，同时禁止国内保险公司与国外再保险公司相互分保。1995年《保险法》确定了法定分保和国内优先分保两项原则，法定分保比例降为20%，取消了向国外分保的限制。随后，保监会在《法定分保条件》《财产险法定分保条件实施细则》等一系列规章中细化有关法定分保的规定。上述规定实际上是授予中再集团[①]商业分保业务的特许经营权，从而取得国内再保险市场的垄断地位。自2003年起，根据加入WTO时开放国内保险市场的承诺，中国将法定分保比例逐年递减5%，至2006年完全取消法定分保。

目前中国保险市场已经完全商业化，对再保险跨境业务实行国民待遇。故强制分保限制再保险市场自由竞争的问题已不复存在。从巨灾保险风险转移的特殊性方面考量，巨灾再保险应以强制分保为原

[①] 中再集团源于中国人民保险公司再保险部，系其经过四次重组、改制而成。

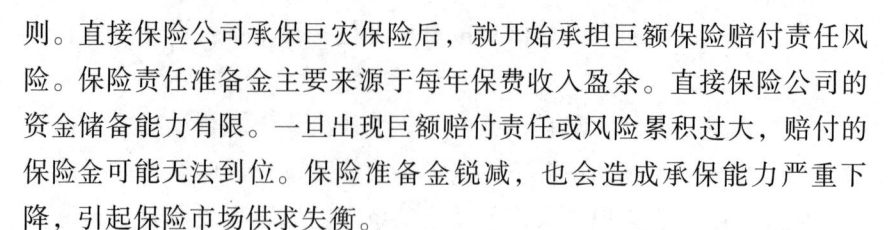

则。直接保险公司承保巨灾保险后，就开始承担巨额保险赔付责任风险。保险责任准备金主要来源于每年保费收入盈余。直接保险公司的资金储备能力有限。一旦出现巨额赔付责任或风险累积过大，赔付的保险金可能无法到位。保险准备金锐减，也会造成承保能力严重下降，引起保险市场供求失衡。

为了帮助保险业防范和控制巨灾风险，很多国家的巨灾保险制度规定了法定分保要求，即设置强制分保义务。法国自然灾害补偿制度则规定，法国中央再保险公司（CCR）有法定强制承保义务，只要商业保险公司提出分保，CCR必须接受。日本家庭财产地震保险法还将强制再保险设置为双向义务，即商业保险公司承保家庭财产地震险后，必须向日本地震再保险株式会社（JER）全额分保；JER也必须接受全部分入业务。

强制分保可解决原保险公司自留责任过高的问题，进一步分散巨灾风险。同时也有助于减少保险市场上的逆向选择和道德风险。中国在构建巨灾保险制度中，应规定强制分保原则，要求巨灾直接保险公司必须分出一定比例的巨灾保险责任。考虑到中国尚未设立全国性巨灾再保险公司，应允许保险公司自由选择向国内再保险公司或境外再保险公司分保。巨灾保险分出方案和相关信息，应报中国证监会备案，由证监会加强对巨灾再保险市场的监管。

三 限制补偿原则

损失补偿是保险法基本原则之一，是指保险人对于保险标的因保险事故造成的损失在保险金额范围内进行保险赔偿。损失补偿原则着眼于平衡保险人与投保人、被保险人之间的利益冲突，实现保险的保障功能。关于补偿的程度，保险法学上存在充分补偿与限制补偿两种观点。

充分补偿说认为，保险补偿的实质是使被保险人因保险事故所遭受的损失获得完全补偿（Fully Indemnified），即保险人赔偿的保险金能使其在经济上恢复至保险事故发生之前的状态。

限制补偿说认为，保险补偿不能使被保险人从保险损失中获利，补偿应是有限的（Limited Indemnified），即保险人赔偿的保险金不能超过被保险人的实际损失。实际损失并非指保险标的本身价值的损失，不是物质上的损坏、灭失或相关费用支出，而是被保险人因保险事故造成的保险利益的实际损失，即保险事故发生之前与之后，被保险人利益状态之间的差额。

依充分补偿说，保险补偿的程度应为完全填充被保险人经济状态在保险事故发生前、后的差额。在不足额保险发生保险标的实际全损的情况下，该说容易使人误以为损害补偿的标准，即保险金数额应为保险标的价值的全损额，可不受不足额保险合同约定之保险金额限制。保险补偿原则的机理，并非无条件完全填补被保险人所受损害，而是通过保险法规定与保险合同条款对保险人的赔偿责任加以限制。[①]因此，此原则的法律精神是防范道德风险，防止产生不当得利。

巨灾直接保险的标的，是被保险人的人身或财产。巨灾再保险的标的，是原保险人分出的巨灾保险责任。原保险人的保险利益，是其因赔偿保险金而产生的损失，因保险赔偿未发生而消极受益。由于巨灾损失严重、相关性高，且最终赔付的保险金数额在灾前无法确定，在灾后也很难与损失精确对应，巨灾再保险赔付不可能达到完全补偿的程度；故巨灾再保险赔偿均以限制补偿为原则，一般表现为原保险自留额、再保险最高赔偿额两项限制。

中国巨灾损失巨大，同时保险业承保利润低微，巨灾直接保险和再保险的承保能力和风险抵御能力都不高，巨灾保险市场特别是再保险市场上信息不对称比较严重。中国在构建巨灾保险制度时，有必要借鉴域外巨灾保险制度，采行限制赔偿原则，以降低道德风险，将巨灾再保险经营风险限制在可控范围内。

四 最大诚信原则

最大诚信原则源自英国海上保险领域，巨灾保险亦滥觞于此。巨

[①] 参见樊启荣《保险损害补偿原则研究——兼论我国保险合同立法分类之重构》，《中国法学》2005年第1期。

灾保险市场的信息不对称比较严重。为平衡双方当事人利益关系，减轻、减少道德风险和逆向选择，巨灾保险领域对告知义务、说明义务有更高要求。中国《保险法》和其他法律法规鼓励发展巨灾保险，亦同时强调应遵循保险之最大诚信原则。

　　善意与衡平理念是如实告知义务的法理基础。设置该项义务，是为了确保再保险人是在正确的危险估计前提下做出的承保决定，以避免保险合同因违反诚信原则而被解除。① 巨灾保险的射幸性很强。巨灾保险对告知义务的要求与一般保险有所不同。比如，现代巨灾保险实务中，直接保险公司往往在再保险安排妥当后，才开始承揽直保业务。告知义务无法作为先契约义务履行。国际巨灾再保险合同多设有"理赔合作条款"，要求原保险人在保险事故发生后及时通知再保险人，在取得其同意后，方得履行原保险赔付责任。

　　说明义务的实质是市场型交易成本的强制再分配，目的是降低保险合同的运行成本。② 巨灾原保险人本身就是专业保险机构，对一般保险术语、技术和经营信息较普通人更内行。相比之下，巨灾再保险的科学性和专业性更强，需要掌握更复杂的风险管理技术和国际市场信息、行业动态。普通直接保险公司与瑞再、慕再等专业再保险公司相比实力悬殊。除一般说明义务外，巨灾再保险人还需要向原保险人，甚至原保险投保人，提供保险费率、风险防控方面的咨询和改进建议。如新西兰地震再保险中，仅国际再保险层级就有90多家偿付能力达到A级的再保险公司参加，瑞再还一直是其"同一首席再保险人"。这些实力雄厚的国际巨灾再保险公司为EQC长期提供高质量咨询服务，内容涵盖保险营运、再保险安排、巨灾风险基金管理、巨灾防御调研与公众宣传教育等方面。

　　巨灾原保险人与再保险人还负有审慎义务。该项义务要求双方严格防范和控制风险，确保以稳妥的方式开展业务。审慎经营的内容包

---

① 学界对告知义务的立法根据有多种理解，还包括射幸契约说、瑕疵担保说、最大善意说、意思合致说等。参见樊启荣《保险契约告知义务制度论》，中国政法大学出版社2004年版，第48—82页。

② 汪华亮：《保险合同信息提供义务研究》，中国政法大学出版社2011年版，第180页。

括法人治理、风险管理、内部控制、资本充足率、资产质量、损失准备金、风险集中、关联交易、资产流动性等方面。另外，巨灾原保险人、再保险人对巨灾再保险业务中知悉的商业秘密负有保密义务。[①] 诚信义务的履行还应成为巨灾再保险监管的重点，构成保险机构信用评级的主要指标。

第四节 巨灾保险制度的规则构建

除保险合同常见之一般规则外，巨灾保险合同还有一些独有的规则。本节是关于巨灾保险法律制度构建中这些特殊规则的讨论。

一 巨灾保险的风险控制规则

巨灾再保险的风险控制规则，是指在缔约阶段采取各种措施将潜在损失控制在一定的范围内，以避免巨灾赔付损失给双方当事人造成无法承受的后果。巨灾再保险的风险控制，主要通过对原保险人和再保险人双方的能力要求和限制实现。

（一）承保能力判断规则

巨灾保险人安排再保险的目的，是向再保险人转移自身所承受的巨灾承保风险，发生巨灾赔付损失时获得再保险补偿。再保险人是否具有充足的偿付能力，是原保险人缔约考量的重点指标。再保险人能否及时、足额支付再保险赔偿金，对原保险人履行原保险赔付责任及恢复承保能力有重要影响。原保险人会选择偿付能力充足的再保险人缔约，以防范再保险违约风险。保险监管部门从行业风险控制角度，也将偿付能力充足规定为交易准入门槛。

偿付能力的通行判断标准是风险评估资本充足率。1988 年巴塞尔银行监管委员会（BCBS）的《统一资本计量和资本标准的国际协议》，首次确立了风险资本理念。20 世纪 90 年代，美国保险监督官协会（NAIC）推出基于风险的资本标准，规定保险公司的资本应与

---

① 2015 年《再保险业务管理规定》第 5—7 条。

其所面临的风险和业务规模相匹配。① 2002 年国际保险监督官协会（IAIS）《资本充足性和偿付能力原则》也设置了类似要求。偿付能力充足率由此成为当代保险立法与实践衡量保险公司承保能力的核心指标。

偿付能力充足率，代表保险公司实际资本与最低资本的比率。通常情况下，保险偿付能力充足率的最低标准是 100%。未达到该标准的保险公司，会被认为风险控制和经营处于非正常的状态，无法确保债务能够得到履行，因而成为保险监管部门的重点监管对象，并被采取相应监管措施。

巨灾损失的不确定性最强，巨灾保险人随时可能需要承担合同约定的保险赔偿责任。因此，巨灾再保险业务对再保险人的偿付能力充足率有更高要求。如中国城乡居民住宅地震巨灾保险共同体将最近一个季度偿付能力充足率达到 150% 以上，作为国内财产保险公司加入该共保体的一项条件。中国风险导向的偿付能力体系（简称"偿二代"）启动后，对再保险业的偿付能力充足率的监管更趋严格。保险公司和再保险公司都必须根据最新的《保险公司偿付能力监管规则》测算巨灾风险最低资本并经过压力测试。保监会负责披露每季度境内巨灾再保险公司违约风险信息。根据 2016 年正式运行的"偿二代"的要求，再保险主体也要披露公司的偿付能力季度报告。2016 年第一季度再保险公司首次披露偿付能力情况，从披露的结果来看，各再保险公司的偿付能力充足率均超过了 200%。② 由于巨灾再保险对再保险人的偿付能力要求更高，结合中国实际情况，笔者建议将巨灾再保险人的偿付能力充足率设定为不得低于 150%。

（二）巨灾再保险给付限制规则

巨灾再保险损失补偿以限制补偿为原则。再保险公司直接法律规定或合同约定范围内的原保险实际损失承担赔偿保险金责任。为了抑

---

① 王飞：《巨灾债券风险的法律控制——以保险风险证券化为背景》，博士学位论文，华东政法大学，2015 年，第 89—90 页。
② 刘敬元：《再保险主体偿付能力首次披露》，《证券日报》2016 年 5 月 12 日。

制道德风险,让被保险人、原保险公司与再保险公司共同分担巨灾损失,当代巨灾保险和再保险法律制度都设有给付限制的要求。它由原保险自留额、再保险赔偿限额两大标准构成,主要体现在巨灾超额赔款再保险合同之中。

自留额是保险赔偿责任的起点,即保险人一方对该数额以下的损失不负保险赔偿责任。设定被保险人免赔额、保险人自留额是当代巨灾保险立法的通例。有些巨灾再保险安排还包含有转分保方案,因而也会为再保险人设定再保险自留额。自留额限制将可能大量发生的小额赔付支出从保险赔付责任中排除出去,可以提高保险经营的效率,同时也通过风险分担的方式降低了被保险人的道德风险。

赔偿责任最高限额的作用,是将再保险人的赔付损失控制在其偿付能力范围之内。为了提高灾后救助效率,当代各国巨灾保险制度多明确规定赔偿责任限额。如加州地震保险中,再保险公司赔付责任限额为20亿美元。中国台湾地区住宅地震保险法规定,地震保险基金向住宅地震保险共同体转分保的限额为28亿元新台币,地震保险基金承担28亿—200亿元新台币区间的损失。对于再保险赔偿责任超过合同约定最高限额的,再保险人可能不予赔偿,或按比例赔偿。如在日本家庭财产地震保险中,再保险损失按"两级三方"方案分摊。JER 在第一层级的责任限额为1150亿日元。单次地震损失超过6.2万亿日元上限的,政府按上限与应赔数额的实际比例支付再保险金。

通过设置原保险自留额与再保险赔偿限额,巨灾再保险合同将巨灾损失分为三个区间,分别确定责任主体:低于自留额的损失部分,由原保险公司自行承担;介于保险人自留额与再保险赔偿限额之间的损失,由再保险公司承担;高于再保险赔偿限额的损失部分,由原保险公司全部或部分承担。

二 巨灾保险的风险转移规则

巨灾再保险中的风险转移规则是风险可保扩展理论运用的结果。该理论认为,经过一定手段的处理,巨灾风险能满足大数法则的条件,成为可保风险。① 本书认为,巨灾再保险之所以能成为巨灾风险转移的核心,就在于再保险人在运用风险转移规则方面具有独特的优势,能够进一步扩大巨灾风险分散范围。因此,中国的巨灾保险制度,不可忽视风险转移规则的设计。巨灾再保险风险转移规则,主要包括分层规则与兼容规则两个部分。

(一)分层规则

超额赔款再保险合同是巨灾再保险通用的合同形式。它以单次巨灾损失的赔偿总额为基础,确定原保险人自留责任额与再保险人最高责任限额,分层设计是其最核心的内容。

分层规则(layering)将赔偿数额巨大的保险责任分割为若干层级,每一层级均设定损失起赔点和最高限额。很多国家和地区在巨灾再保险合同中使用了分层规则。以日本家庭财产地震保险为例,再保险为法定全额分保,并设置为两级再保险:(1)1150亿日元为JER的自留责任上限,在此范围内的全部由JER负担;(2)超过再保险自留额的部分,安排再再保险,即转分保。再再保险部分又划分为四层,日本政府、原保险公司、JER等多方主体按规定比例分摊各自层级的再保险损失。美国加州地震保险、新西兰地震保险、中国台湾地区住宅地震保险及中国刚刚启动的城乡居民住宅地震保险,也运用分层规则,设计了比较复杂的巨灾损失分摊方案。

分层规则的作用在于:(1)每层级的赔付责任被控制在一定范围内,便于不同偿付能力的再保险公司接受;(2)通过多方联合分摊责任的方式满足了巨灾原保险的巨额分保需求;(3)按不同层级厘定再保险费率,可减少整体分保成本;(4)分层规则使再保险损失补偿体系产生兼容性,可整合多方主体和多种风险转移方式,最大程度分散巨灾风险。

(二)兼容规则

兼容规则与分层规则相辅相成,巨灾再保险每一层级内都可以配

---

① [意大利]克里斯蒂安·戈利耶(Christian Gollier):《风险和时间经济学》,徐卫宇译,中信出版社、辽宁教育出版社2003年版,第262—272页。

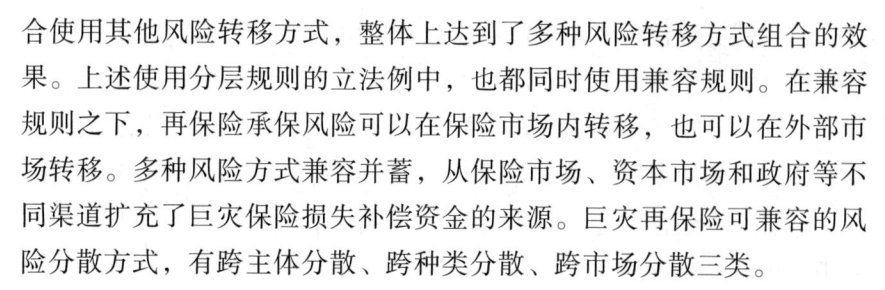

合使用其他风险转移方式,整体上达到了多种风险转移方式组合的效果。上述使用分层规则的立法例中,也都同时使用兼容规则。在兼容规则之下,再保险承保风险可以在保险市场内转移,也可以在外部市场转移。多种风险方式兼容并蓄,从保险市场、资本市场和政府等不同渠道扩充了巨灾保险损失补偿资金的来源。巨灾再保险可兼容的风险分散方式,有跨主体分散、跨种类分散、跨市场分散三类。

1. 跨主体分散方式

转分保、相互保险与共保体分摊,是巨灾再保险公司向其他保险公司转移再保险承保风险的常用手段。再保险风险经过复杂的跨主体分散,将巨灾风险引向更多的保险市场主体,扩充了巨灾保险损失补偿体系的主体数量。保险主体联合符合风险中性原理,有助于实现巨灾风险的帕累托最优分配。[1] 跨主体分散的方式,将所有巨灾再保险参与人的风险聚合成"风险池",但只是所有参与人之间的重新分配。

2. 跨种类分散方式

全风险保单的出现,代表风险可保扩展理论向实践的转化。全风险保单不仅可以组合不同地区的同种巨灾风险,而且可以进行跨地区、跨种类的风险组合。如东京海上保险公司推出的包含东京地震、日本台风和美国佛罗里达飓风的巨灾组合,瑞士再保险公司的美国加州地震、法国风暴和北大西洋飓风巨灾组合,等等。这种新型巨灾再保险使全球范围的巨灾风险都具有可保性。

3. 跨市场分散方式

巨灾保险风险证券化,亦称为巨灾保险证券化,通过替代风险转移技术(Alternative Risk Transfer),使巨灾风险与证券偿付条件相结合,将风险转移至广大的资本市场,解决传统再保险市场承保容量不足的问题。[2] 巨灾保险风险证券化的实质,是从资本市场为巨灾再保

---

[1] 张庆洪等:《巨灾风险转移机制的经济学分析——保险、资本市场创新和私人市场失灵》,《同济大学学报》(社会科学版)2008年第2期。

[2] 陈继尧:《金融自由化下新兴风险移转方法之运用现况与发展》,台湾财团法人保险事业发展中心,2000年,第6页。

险公司找到了替代资本，是巨灾再保险的衍生品。它主要用于风险责任特别巨大或累积责任沉重的巨灾再保险业务。在超额赔款再保险合同中，巨灾保险风险证券化通常被设置在较高层级。如加州地震保险损失分担体系的第五层为"资本市场层"，由 CEA 发行 15 亿美元巨灾债券。在中国住宅地震巨灾保险制度实施方案中，发行巨灾债券被安排在最高的第五层。

三 巨灾保险的风险补偿规则

巨灾再保险合同是补偿性合同。再保险人依法负有危险承担义务。若在合同有效期内，原保险人因巨灾发生产生保险赔偿责任损失，再保险人就应履行赔付保险金义务。依合同相对性原理，再保险人不得以原保险人未履行原保险赔付责任为由，从而拒绝履行或者迟延履行其再保险赔付责任。但是，巨灾再保险对原保险合同有一定的依附性，且巨灾再保险的立法目的，是保障广大原被保险人的基本生活需要，巨灾保险制度构建中应包含有体现巨灾再保险上述职能的特殊规则。

（一）通融赔付规则

巨灾损失发生后，根据再保险合同约定，再保险人对本不应承担或不应完全承担赔付责任的损失给予全部或部分赔偿的，为通融赔付。通融赔付可能于再保险合同条款规定不够明确的情况下发生，也可能是因为原保险人或原被保险人的行为难以界定或自身存在疏忽，或基于人道主义原因而发生。通融赔付通常需要合同双方当事人达成协议解决。但在巨灾损失发生后，为了保证再保险赔付资金尽快到位，使被保险人的损失得到及时补偿，巨灾再保险公司可能会主动安排通融赔付。例如，2013 年四川雅安地震、2016 年长江流域暴雨洪灾等巨灾发生后，中国保监会都要求国内保险公司通融赔付，包括延长报案时间、确认损失后先行预支、倒查保单等，对无保单或无法核实身份的也提供了保险补偿。再保险公司业放宽理赔标准，按照从快从宽的原则对原保险公司的赔付损失给予了补偿。

(二) 直接索赔规则

直接索赔规则允许被保险人直接向再保险人主张保险赔偿请求权。直接索赔规则可以体现为巨灾再保险合同的特别约定，也可以是再保险人与原被保险人的补充协议。直接索赔规则基于第三方受益理论而产生，仅于原保险人破产或出现其他丧失偿付能力的特定情况下适用。该规则似乎使原保险合同的被保险人成为再保险合同的受益人，或者要求再保险人为原保险人承担担保责任。在司法适用中，受到违反合同相对性或与破产法相冲突等质疑。在英美法系国家，直接索赔规则通常能得到法院的支持而或强制执行。但巨灾原被保险人多为普通民众，若因巨灾原保险的信用风险而无法获得损失补偿，巨灾保险之立法初衷亦无法实现。因此，中国巨灾保险制度仍应构建该规则，但其目的应限于在直接保险人丧失支付能力的情况下保护被保险人的利益。

(三) 背对背赔偿规则

背对背赔偿为巨灾再保险合同特有的解释规则，也是对合同相对性原则的松动。由于再保险合同设立的目的，是补偿原保险人履行保险赔付责任的损失。原保险合同与再保险合同在内容、效力等方面有牵连关系，采用目的解释方法来解决原保险合同与再保险合同适用的冲突，即若再保险合同对某一事项没有规定或与原保险合同约定不一致时，以原保险合同约定内容为准。该规则在灾后损失补偿中，可协调相关当事人利益，避免因出现争议而延误损失补偿。

(四) 浮动费率规则

在今后一段时期内，中国巨灾直接保险的发展方向应该是单一风险巨灾保险。中国境内的地震、洪水、台风等主要类型巨灾风险地区差异较大，不可能效仿法国、挪威、西班牙、新西兰等国实行全体统一的单一费率制。在实行差别费率时，可根据各地风险等级、经济情况、防灾减灾设施及建筑物类型等因素，确定不同的费率标准，并根据实际变化，适时调整费率。

费率厘定应坚持公平、充分、微利、可持续发展等原则。巨灾再保险公司微利经营，避免其获取高额利润。保险费率应与保险公司的偿付能力相匹配,与原保险承保风险状况相适应。再保险盈余资金以丰补歉,亏损年度可减免税或补贴费率,盈余年度可适当给予费率优惠。总体上应有利于巨灾保险和再保险的可持续发展。

第五章　巨灾保险合同的法律构造

第一节　巨灾保险合同的性质廓清与类型选择

一　巨灾保险合同的界定

(一) 巨灾保险合同的定义

巨灾保险合同，一般泛指承保巨灾风险的直接保险合同和再保险合同。由于合同法将原保险合同与再保险合同相互对称，下文为表述不致造成混淆，就在泛称意义上使用巨灾保险合同概念。

巨灾原保险合同，是指投保人与保险人就约定的巨灾风险事件发生导致损失赔付而订立的合同。巨灾再保险合同，是指巨灾保险人通过分保将其所承担的巨灾直接保险业务或原始保险责任转移给再保险人的合同。巨灾再保险合同，是原保险合同的对称，又称"巨灾分保合同""巨灾第二次保险合同"。

保险法理论对再保险的概念有不同的解释。广义的再保险是转移原保险人的任何保险赔偿责任的保险，可分为全部再保险和部分再保险。中国台湾地区的住宅地震再保险就可以是全部再保险。[①] 狭义的再保险，指保险人仅转移部分保险责任给其他保险人。再保险人仅对该部分的保险责任承担赔偿责任，原保险人必须自留一部分保险责任。中国《保险法》第28条第1款[②]，采狭义再保险说。中国大陆

[①] 中国台湾地区"保险法"第39条规定："再保险，谓保险人以其所承保之危险，转向他保险人为保险之契约行为"，即采广义再保险说。

[②] 中国《保险法》第28条第1款规定："保险人将其承担的保险业务，以分保形式部分转移给其他保险人的，为再保险。"

的城乡居民住宅地震险和地方试点巨灾保险、美国某些州级巨灾保险项目的再保险则为部分再保险,① 原保险人须自留部分责任。

巨灾再保险合同是一个独立的保险合同。再保险合同的客体即保险标的,是巨灾原保险人分出的原保险责任。再保险合同的保险利益,是原保险人因赔偿保险金而遭受损失,因保险赔偿未发生而消极受益。巨灾再保险合同的目的,是填补原保险人赔偿保险金的损失,而非原保险合同标的因巨灾发生所致之损失。

(二) 巨灾再保险合同与相关制度的区分

1. 巨灾再保险合同与巨灾共同保险合同

巨灾共同保险合同,是指两个或两个以上的巨灾保险人在同一保险期间内共同对同一标的、同一保险利益承担保险责任的保险合同。共同保险合同约定的保险金额不得超过保险标的的价值。在保险损失发生时,各保险人按约定的保险金额比例分摊损失。共同保险和原保险同样属于直接保险。

巨灾再保险合同和巨灾共同保险合同,都具有分散巨灾风险,减轻保险责任,扩大承保能力,稳定保险业经营的功用。但二者又存在着明显的区别:一者,再保险合同的承保人一方为某一个特定的保险人;而共同保险合同的承保人是两个或两个以上的保险人。二者,再保险合同以原保险人分出的原保险责任为保险标的,是"保险的保险",属于风险的第二次分散、纵向的分散;而共同保险合同是投保人以一个保险标的同时向数个保险人直接投保,属于原保险性质,是风险的第一次分散、横向的分散。

2. 巨灾再保险合同与巨灾复保险合同

巨灾复保险合同,是指投保人对同一保险标的、同一保险利益、同一保险事故分别与两个以上的保险人订立的保险合同。巨灾再保险与巨灾复保险的区别较明显:其一,再保险形成单一保险合同关系;而复保险形成数个保险合同关系。其二,原保险人投保再保险的目

---

① [美]约翰·道宾:《保险法》(第三版英文影印本),法律出版社2001年版,第333页。

的，是分散其所承担的原保险责任风险，保证原保险人财务稳定；复保险投保人的主观意图有善意与恶意之分，通常会对重复保险合同的效力产生影响。其三，再保险可能存在超额约定的情况；复保险的保险金额的总和超过保险价值，但是依据法律规定，超过的部分无效。如中国《保险法》第56条规定，重复保险各保险人赔偿金的总和不得超过保险价值。除合同另有规定外，各保险人按照其保险金额与保险金额总和的比例承担赔偿责任。

二 巨灾原保险合同与巨灾再保险合同的关系

再保险合同与原保险合同，是依保险人承担巨灾保险责任的次序所做的区分。二者在成立基础上相互依存，在法律上又各自独立。从与原保险合同的关系上看，巨灾再保险合同具有双重属性。

（一）巨灾再保险合同之从属性

巨灾再保险是巨灾风险的第二次转移。再保险合同的保险标的，是原保险人的保险赔偿责任。二者之间的依存关系可从以下方面考察。

1. 历史沿革之伴生性

古代海上保险是现代保险与再保险的源头。巨灾风险一开始就属于海上保险责任范围。资本主义建立后，保险和再保险行业迅速发展。再保险合同也从传统的海上保险领域延伸至火险、巨灾等其他财产保险领域和人身保险领域。随着再保险合同的广泛运用，再保险渐趋国际化。由于巨灾风险分散的复杂性，再保险与原保险、再保险与再再保险通过错综复杂的合同关系联系在一起。从巨灾风险的角度来看，再保险和保险的历史演进基本是一直同步的。

2. 基本功能之连续性

原保险的实质，是投保人以缴付保险费为对价，将保险标的风险转移给保险人，然后在众多投保人之间平均分散。如果承保金额能够维持在保险人偿付水平附近，可认定为已满足保险经营的平均法则，承保风险无须再转移。但在巨灾保险实务中，很少有保险人能长期维持与巨灾赔付损失相适应的偿付能力。巨灾原保险人通常在承保前就已安排好再保险。

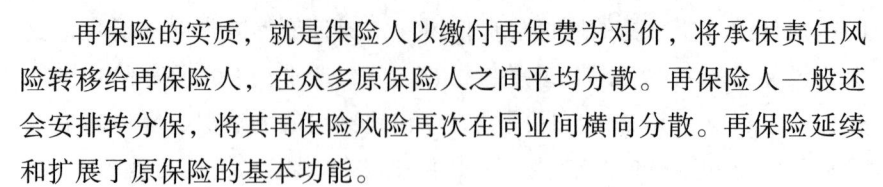

再保险的实质，就是保险人以缴付再保费为对价，将承保责任风险转移给再保险人，在众多原保险人之间平均分散。再保险人一般还会安排转分保，将其再保险风险再次在同业间横向分散。再保险延续和扩展了原保险的基本功能。

3. 合同效力之依附性

（1）再保险合同以原保险合同的存在为前提。二者在合同要素和事项方面的联系有：①再保险合同的标的是原保险人分出的保险责任；②原保险人因保险赔付造成损失，则再保险合同的保险事故发生；③再保险合同约定的再保险责任、再保险金额、再保险有效期，均以原保险合同约定的责任、金额和期间为限。

（2）再保险合同的效力从属于原保险合同的效力，不可能完全脱离原保险合同而单独存在。原保险人与再保险人利益相关。原保险合同责任解除、失效或终止时，再保险合同责任也随之解除、失效或终止，即"同一命运原则"之体现。

（3）原保险合同的被保险人虽非再保险合同当事人，但在特定条件下享有直接赔付请求权。为保护被保险人利益，原保险人可以和再保险人约定直接赔付条款，允许再保险人直接向原保险合同的被保险人或者投保人赔偿保险金。

（4）对于原保险合同与再保险合同，最大诚信、保险利益、损失填补等保险法诸基本原则同样适用。

（二）再保险合同之独立性

再保险是在原保险的基础上产生的，但在法律上原保险合同与再保险合同是各自独立的，并非主从合同关系。在实务中再保险业务也是独立的。除法定再保险外，原保险人通常会根据自身的承保能力、承保风险和责任性质及经营状况，决定是否需要分出承保业务。根据债权合同相对性理论，再保险合同与原保险合同的主体、客体、权利义务内容均各不相同。

1. 合同主体之差异性

巨灾原保险合同的当事人为投保人与保险人。投保人可以是自然人、法人或其他组织，保险人是依法成立并获得巨灾直接保险营业资格的商业财产保险公司。再保险合同的当事人则为原保险人与再保险人，双方一般均为保险公司法人。在巨灾再保险合同中，原保险合同的被保险人是利害关系人，并非合同当事人。巨灾再保险合同是典型的为第三人利益合同。

2. 保险标的之非同一性

巨灾原保险合同的标的是被保险人的财产。很多国家的巨灾保险法将其限定为家庭住宅和室内财产。巨灾再保险合同的标的，是原保险人分出的原保险赔偿责任。申言之，如果原保险合同约定的巨灾事故发生且给被保险人造成损失，原保险人承担合同约定的赔偿责任；原保险人因保险赔付受有损失，则再保险合同约定的保险事故发生，再保险人须承担合同约定之再保险赔付责任。巨灾再保险合同属于财产保险合同范畴下的契约责任保险合同。

3. 权利义务之不牵连性

巨灾原保险合同与再保险合同在法律上各自独立。根据合同相对性原理和中国《保险法》第29条之规定，除非法律或者合同另有规定，原保险合同与再保险合同的合同权利义务并不相同。

（1）保费请求权独立。再保险人只能向其投保人即原保险人，请求支付再保险费，而不得向原保险合同的投保人要求支付保费。原保险人不能以投保人未交保费为由拒绝履行交付再保费义务。

（2）保险金请求权独立。原保险合同的被保险人只能向原保险人请求赔付保险金；除非法律或合同另有规定，被保险人不得直接向再保险人请求保险赔偿。

（3）赔偿义务独立。原保险人不能以再保险人未支付再保险金为抗辩理由，拒绝履行或迟延履行对被保险人的赔偿义务。原保险人因破产或其他原因未履行原保险赔偿义务时，再保险人对原保险人的赔偿义务并不因此免除。再保险人未对被保险人承保，除再保险合同约定直接赔付条款外，一般不对其承担赔付义务。

三 巨灾再保险合同的性质廓清

关于巨灾原保险合同的性质，学界不存在争议。但对于巨灾再保险而言，现代再保险领域的合同类型和运作方式较为多样，理论界对巨灾再保险转移和分散的标的、巨灾再保险合同的性质归类，形成了很多不同看法。

(一) 非保险合同诸说及评价

非保险合同说认为，巨灾再保险合同不属于保险合同。但是，关于再保险合同具体属于何种性质的合同，该说又存在诸种不同的解释。

1. 非保险合同诸说的基本观点

第一，合伙合同说。该说认为，巨灾原保险人与再保险人签订的是以分担危险为目的的合伙合同。从经济功能分析，原保险人和再保险人危险分担、各得其利，与合伙人之间的共享收益、共担风险的关系相似；从合同内容来看，原保险人对被保险人承担给付保险金责任，与合伙人对债权人承担履行合同之责相类似；从责任分摊观察，再保险合同双方当事人约定分担保险责任，与合伙人按合同约定比例或约定的出资比例分担合伙债务相似。① 大陆法系国家的早期判例多采此说。

第二，委托代理合同说。该说认为，巨灾再保险关系是再保险人受原保险人的委托，为处理原保险人的危险承担等事务而成立的合同。英美法系国家早期的判例多认为，成数再保险合同就属于委托代理合同。②

第三，保证合同说。该说认为，再保险合同具有从属性，依附于原保险合同而存在，再保险人的角色类似于主合同债务人的保证人。

第四，债务转让说。该说认为，原保险人将其对原被保险人的权利义务转移给再保险人，即发生了合同主体的变更。再保险合同属于债务转让性质。

2. 非保险合同说之评价

其一，合伙关系说之不足。就合伙关系而言，全体合伙人之间存

---

① 袁宗蔚：《再保险论》，台湾：三民书局1972年版，第12页。
② 江朝国：《保险法规汇编》，台湾：元照出版公司2002年版，第70页；郑云瑞：《再保险法》，中国人民公安大学出版社2004年版，第51页。

在着共同出资、共同经营、共享收益、共担风险的协议这一基础。巨灾再保险合同的双方当事人似乎也共享收益、共担风险，但并不存在共同出资设立、共同经营一个经济组织的意思表示。同时，再保险人与原保险人之间也不存在着类似合伙人之间的无限连带责任。

其二，委托代理合同说之不足。就委托再保险合同关系而言，原保险人在保险事故发生后应理赔，然后有权就原保险金的损失向再保险人主张再保险赔偿。但再保险人不会代理原保险人向原保险的投保人主张缴付保险费请求权，一般也无须直接应对被保险人的索赔请求。这与代理人以被代理人的名义与第三人发生交易行为的情形显然不同。

其三，保证合同说之不足。在巨灾部分再保险合同中，原保险人赔付再保险合同约定范围的自负额部分，再保险人赔付再保险合同约定范围的分保额部分。若原保险人对被保险人未有实际赔付或者拒绝赔付，则原保险人实际上并未发生损失，再保险人向原保险人承担再保险赔付责任的前提条件，即再保险合同约定的事故发生，其实并不具备，再保险人有权拒绝履行赔付再保险金义务。当然，原保险合同的被保险人无权要求再保险人代替原保险人向自己赔付原保险人自留额部分保险金。就保证合同说来讲，债务人不履行或不能履行主合同债务时，债权人方可要求债务人的保证人承担保证责任，这与再保险的情形不符。

其四，债务转让说之不足。比例再保险或许与债务部分转让有相似之处，但在溢额再保险合同、超额赔款再保险合同中，原保险人应承担自留额以内的原保险责任。再保险人只有在原保险人赔付的保险金超出再保险合同约定的自留额时，才承担溢额部分的赔偿责任。这种情形，根本无法用债权转让理论来解释。

综上所述，非保险合同诸说皆难以成立。

（二）保险合同诸说及评价

1. 保险合同说之理由

一者，从巨灾再保险合同的主体考察，原保险人和再保险人为双方当事人，原保险合同的投保人或被保险人只是该合同的参与人。再保险合同独立于原保险合同。二者，从巨灾再保险合同的内容考察，原保险人承担给付保险费义务，再保险人对原保险人赔偿保险金的损失承担再保险赔偿责任。这与保险合同损失填补原则及双方当事人的权利义务相符。三者，从巨灾再保险合同的特征考察，一旦原保险人依约赔付保险金，再保险合同的保险事故即发生且保险标的受到损失，再保险人则应承担再保险赔付责任。若原保险人并未实际赔偿保险金，则再保险合同约定之保险标的损失并未发生。再保险人有权收取保险费，但无须承担赔偿责任。

巨灾再保险合同完全满足一般保险合同之射幸性、双务性、损失补偿等特征。因此，巨灾再保险合同应为独立于原保险合同的另一保险合同。保险合同说是学界的主流观点。晚近以来，该说也得到英美法系判例的支持。[①]

2. 保险合同诸说的基本观点

第一，原保险合同说（又称继承说、同种保险合同说）。该说认为，原保险合同是再保险合同的基础，再保险合同系对原保险合同的继承，故再保险与原保险合同性质相同，二者的保险标的具有同一性。巨灾原保险合同为财产保险合同的，故巨灾再保险合同亦为财产保险合同。英美法系国家判例多持此说。[②]

第二，财产损失保险合同说。该说认为，巨灾再保险合同属于财产损失保险合同。再保险是用于填补被保险人（即原保险人）因承担原保险合同的损害补偿责任而受有损失。巨灾原保险人向被保险人实际赔付的，财产损失发生。因此再保险人才须向原保险人承担再保险赔付责任。

第三，责任保险合同说。该说认为，巨灾再保险合同的标的是原

[①] 1807 年，英国法官曼斯菲尔德爵士（Lord Mansfield）在 Delver V. Barnes 的判决中，首次将再保险合同界定为"为了补偿原协议的保险人而设立的一个新的保险的保单，其与原保险的风险相同，与原保险同时存在"。这一表述成为英国法上的经典定义。

[②] 见前注 Delver V. Barnes（1807）案、Glasgow Assurance Corporation（Liquidators）V. Welsh Insurance Corporation（1914）案、Forsikringsaktiesel National of Copenhagen v. Attorney General（1924）案等，参见郑云瑞《再保险合同的性质及其条款研究》，《政治与法律》2004 年第 4 期。

保险人分出的保险责任。保险责任本身是非物质性的，再保险填补的是原保险人依原保险合同所承担的赔偿责任所致损失，而非原保险合同约定的保险事故发生使原保险合同标的遭受到的损失。以填补此种责任损失为目的的再保险合同，当属责任保险合同范畴。德国商法典第779条即采此说。[①] 此说是目前保险法学界的通说。

第四，新型保险合同说。该说认为，再保险的实质内容以原保险的内容为基础的，在相当程度上，可以准用原保险相同的规定。如原保险为火灾保险或责任保险，再保险可以准用火灾保险或责任保险的规定；再保险合同则应当适用保险法通则和再保险的专门规定。再保险合同与一般保险合同存在不同之处，应为独立的新型保险合同。[②]

3. 保险合同诸说评析

法学界普遍认为，巨灾再保险合同的性质应属责任保险合同。有立法例就明确规定，再保险合同可以适用责任保险合同的相应条款。如《韩国商法典》第726条规定，有关责任保险合同的规定，准用于再保险合同。反观其余诸说，皆存在无法与再保险合同的实质相符的情形。主要分析与理由如下。

首先，原保险合同说难以成立。从表面上看，再保险合同以原保险合同的内容为基础，二者似乎承担同一危险，构成利害共同体关系。但再保险合同的保险利益、保险标的与原保险合同显然有不同之处。原保险合同的保险标的，或为特定财产及利益，或为被保险人的身体和生命；而再保险合同的保险标的，是原保险人转移的保险赔付责任。原保险合同可能为财产保险合同，也可能为人身保险合同。再保险合同则属财产保险合同范畴。可见，原保险合同并不能决定再保险合同的性质。考察中国《保险法》第29条之规定，再保险接受人与原保险的投保人或者受益人之间不存在给付保险费

---

① 有学者认为，该条采纳"原保险合同说"［参见胡炳志《再保险》（第二版），中国金融出版社2006年版，第30页］。然德国商法典该条列举了海上保险的十项具体标的，将"保险人承担的风险（再保险）"与"船舶""运费""货物"诸项并列，可见再保险标的实为原保险人的保险责任，与原保险标的并不相同。

② 桂裕：《再保险实务研究》，台湾：三民书局1969年版，第69页。

请求权、赔偿保险金请求权，原保险人也不得以再保险人未履行再保险责任为理由，拒绝履行其原保险责任。由上述规定不难发现，原保险的投保人或被保险人与再保险人并非合同当事人，双方也不存在直接的合同权利义务。再保险合同确实独立于原保险合同而存在，两合同不具有同一性。

其次，在财产损失保险合同下，损失填补以实际损失为限。依财产损失保险合同说，唯有原保险人因赔付保险金受有实际损失，再保险人方承担赔付责任；倘若原保险人尚未履行赔偿或给付保险金义务，则并未发生实际损失，再保险人就不用承担再保险赔偿责任。然而，在当代保险实务中，再保险先于或同时与原保险赔付的事例并不鲜见。① 另外，巨灾再保险通常设有赔偿责任限额，超过最高限额的不予赔偿。如加州地震保险、台湾住宅地震保险均有超过限额按比例赔偿的规定。故财产损失保险合同说亦不成立。

最后，依新型保险合同说，再保险合同似应与人身保险合同、财产保险合同并列成为保险合同的基本分类之一。再保险合同的保险标的与人身保险合同的标的迥然不同。但再保险的标的是原保险人的保险赔付责任，即其因承担原保险赔偿责任造成的损失。此为责任利益，属于财产保险合同保险标的。再保险合同并不能独立于财产保险合同之外。

（三）本书的立场

再保险合同属于责任保险合同性质，不仅在中国学界得到普遍支持，似乎也得到了中国立法的肯定。2015年保险法第二章"保险合同"之"一般规定"部分仅设两个再保险合同条款，并未言明保险合同的性质，但从保险法第28条考察，可以得到以下结论：（1）原保险合同是再保险合同存在的基础；（2）法律对"以分保形式部分转移"的保险业务类型并无限制；（3）再保险是对原保险责任的风

---

① 再保险赔付先于原保险赔付，多见于保险事故损失巨大、再保险分入比例较高的情形。如，2013年SK海力士无锡半导体工厂火灾后，韩国再保险公司先于原保险人现代财产保险公司赔付1.5亿美元；2014年马航客机失联案中，德国安联再保险公司在尚未确定航班坠毁、乘客死亡前就支付了高额赔偿金。

第五章 巨灾保险合同的法律构造

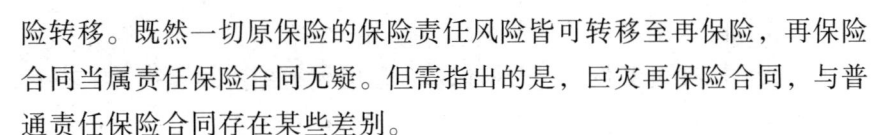

险转移。既然一切原保险的保险责任风险皆可转移至再保险，再保险合同当属责任保险合同无疑。但需指出的是，巨灾再保险合同，与普通责任保险合同存在某些差别。

第一，责任保险的标的，即《保险法》第65条第4款所称之"被保险人对第三者依法应负的赔偿责任"。依据民法原理，赔偿责任包括侵权责任和合同责任。再保险合同的标的，只能是再保险合同的被保险人（即原保险人）的原保险责任。且巨灾原保险一般为对财产的保险金赔偿责任，而非对人身的保险金给予责任。

第二，责任保险的保险事故是被保险人致人损害。再保险的保险事故是原保险事故发生致被保险标的（财产）受损后，原保险人因赔偿保险金而受有损失。

第三，责任保险的保险赔偿需要满足两个前提条件：被保险人对第三人依法负有赔偿责任，被保险人对原保险人主张了保险赔偿请求权。再保险赔付仅强调原保险人负有保险赔偿责任。

第四，责任保险的保险人可直接向受到损害的第三人赔偿保险金；① 而普通再保险合同受合同相对性限制，原保险的被保险人一般不得向再保险人主张赔偿再保险金。

以保险利益而论，责任保险与再保险的保险利益皆为"消极的保险利益"，因此再保险可归入广义的责任保险范畴。② 但根据再保险合同的"同一命运原则"，再保险合同的损失填补责任受原保险合同内容及条件的限制。巨灾原保险合同对巨灾类型、认定标准及损失程度有明确限定。巨灾再保险合同也与原保险合同保持一致。因此巨灾再保险应为"有条件的责任保险"。③

但巨灾再保险合同也有不同于普通再保险合同的特殊之处，即巨灾再保险赔付不以原保险赔付的履行为前提。因为巨灾事件发生概率极低，原保险人又会在事先的再保险安排中分出大部分承保风险，所

---

① 中国《保险法》第65条第1款规定，保险人对责任保险的被保险人给第三者造成的损害，可以依照法律的规定或者合同的约定，直接向该第三者赔偿保险金。
② 江朝国：《保险法基础理论》，中国政法大学出版社2002年版，第107页。
③ 梁宇贤：《保险法新论》（修订新版），中国人民大学出版社2004年版，第166页。

以巨灾原保险人承保责任总和一般会超出其平均偿付能力，经营风险较大。如果巨灾再保险赔付严格以原保险赔付得到实际履行为前提条件，原保险人很可能会破产，再保险人就会被拉入不必要的破产清偿程序之中。这就妨碍巨灾再保险实现及时补偿损失功能，也有违立法初衷。因此，当代巨灾再保险立法及实践均允许再保险人在巨灾损失发生后得直接向原保险合同的被保险人履行赔偿保险金义务，而无论原保险人是否已履行或完全履行其赔偿责任。这种做法打破了合同相对性之限制，巨灾再保险人实际上可代位原保险人承担原保险合同责任。

综上所述，结合中国再保险合同基本原理与巨灾保险问题之特殊性，巨灾再保险合同应属于特殊的合同责任保险合同。

四 巨灾再保险合同的类型选择

巨灾原保险合同的类型，相对较少。最常见的是巨灾财产保险合同，在某些国家和地区还出现了巨灾人身保险合同，或财产与人身混合的巨灾保险合同。巨灾再保险合同的类型，有不同的划分标准。故此处以专门篇幅讨论该问题。

巨灾再保险领域的创新实践，使巨灾再保险合同在内容和形式上发生了丰富的变化。巨灾再保险合同的种类很多，可以依照不同标准来区分。再保险法通常以责任分配形式为标准，将再保险合同分为比例再保险合同与非比例再保险合同两大类。前者以保险金额为责任分配的基础来划分自留额和分保额。后者在赔款金额超出一定额度或标准时，才分出保险责任。在保险实务中，对不以多项财产为标的的单一事故责任，多采用比例再保险和险位超赔临时再保险。

巨灾事故往往造成多项财产同时发生巨额损失，且事先难以准确预测，风险累积责任可能大大超出再保险人所具有的偿付能力。因此，比例再保险于巨灾风险转移作用不大。非比例再保险基于损失来确定责任分担，且分保手续简便。有鉴于此，本书认为，参考国际巨灾再保险业务，可将中国巨灾再保险合同类型主要设置为以下两种非比例再保险合同形式，即事故超赔再保险合同与赔付率超赔再保险合同。

（一）事故超赔再保险合同（Excess of Loss Per Event Reinsurance Contract）

事故超赔再保险合同，又称为巨灾超赔分保合同，是以一次巨灾发生的赔款总和来计算自负责任额和再保险责任额的再保险合同。即单次巨灾事件导致大量风险单位同时发生损失，其赔款总额超过自负责任额时，再保险人就超过部分承担一定额度赔偿责任。这是目前使用最广泛的巨灾再保险合同类型，主要适用于损失数额超过正常值的分保业务。

事故超赔再保险合同的制度要点主要在于以下两方面。

第一，以一段连续时间或一定灾害级别为划分单次保险事故的标准。不同类型巨灾风险适用不同的时间条款，有时还会出现地区差异。如，台风以连续48小时为一次巨灾事故，地震以烈度达到5级及次生灾害持续72小时为一次巨灾事故，等等。在单次巨灾损失相同的情况下，持续时间较长的巨灾事故，按时长比例多次摊付，分保额逐次降低，最后累计的再保险赔付责任会明显低于按时长倍数计算的结果。

第二，使用分层（layering）机制划分损失赔付责任。即将整个再保险赔偿额划分多个层级，每个层级设定了相应的责任限额，使更多再保险人得以参与保险损失分摊。前述美国加州地震保险、新西兰地震保险、日本家庭财产地震保险和中国台湾住宅地震保险均采用多层损失分摊机制设计，确保巨灾保险制度运行稳定。中国保监会、财政部近期出台的《建立城乡居民住宅地震巨灾保险制度实施方案》也借鉴了这一先进经验，推出原保险与再保险一体的巨灾损失分层方案。其中，第三层损失由再保险公司承担；第四层损失由地震巨灾保险专项准备金承担；第五层损失由财政或巨灾债券承担。如仍无法完全负担，则启动赔付比例回调机制。

第三，采取超额与限额相结合的风险控制方案。依事故超赔再保险合同，不论巨灾事件危险单位和保险金额的大小，只有在总赔款超过原保险人自负额时，再保险人才承担一定额度内的再保险赔付责任。同时，每一层级的再保险分摊责任也设定了最高限额。例如，日本最新的地震保险赔付方案规定，JER 的再保险自留额为 1150 亿日元以下，其余四层损失分摊责任最高限额分别为 11226 亿日元、19250 亿日元、37120 亿日元、55000 亿日元。每层内部均由不同主体按规定比例分摊赔付责任。单次地震保险赔偿金上限为 6.2 万亿日元。

第四，配合使用多种风险转移方式。兼容于事故超赔再保险合同中的风险转移方式主要有：（1）在层级内部安排共同保险分摊，进一步分散承保风险。在前述日本地震再保险损失分摊方案中，原保险、再保险和再再保险的每一层级均安排了共同保险。如第三层级即再保险层级，由政府和 JER 各承担 50%；第四层级，政府承担 95%，其余 5% 由直接保险公司以相互保险形式承担。（2）安排内嵌式再保险。原保险人通过临时分保、溢额合同分保、成数合同分保或险位超赔再保险等方式，减少原保险人在巨灾超赔再保险合同项下的净自留额，有效弥补原保险多年累积损失，使不同时期的损失和保费之间具有可比性。（3）将风险证券化纳入损失分摊较高层级，以满足巨额损失补偿融资缺口。如在加州地震保险损失分摊方案中，第四层为"一般收入债券层"，由 CEA 发行 10 亿美元加州政府公债；第五层为"资本市场层"，由 CEA 发行 15 亿美元巨灾债券。

事故超赔再保险合同在分散巨灾承保风险方面具有强大的优势：对原保险人来说，它可通过分保避免巨额赔付造成净资产枯竭和偿付能力急剧下降，维持对新业务的承保能力；对再保险人来说，它能有效削减原保险人损失率波动和自赔额的变异性，控制再保险承保风险，从而吸纳到众多再保险人加入损失分摊体系；从制度层面分析，事故超赔再保险合同有效扩大了综合偿付能力，具有防范重大巨灾损失的功能。由于同时兼顾众多小数额赔款责任和少量巨额赔款责任，事故超赔再保险被称为"再保险的再保险"。[①]

[①] 胡炳志：《再保险》（第二版），中国金融出版社 2006 年版，第 111 页。

（二）赔付率超赔再保险合同（Excess of Loss Ratio Reinsurance Contract）

赔付率超赔再保险合同，又称停止损失再保险合同，是按赔款与保费的比例来确定自负责任与再保险责任的再保险合同。即在一段时间（一般为一年）内，当赔付率超过一定标准时，由再保险人就超过部分负责至某一约定赔付率。赔付率超赔再保险合同与超额赔款再保险合同非常相似，区别仅在于后者以单次巨灾损失数额为赔付责任基础，而前者有赔付率和金额的限制。

在赔付率超赔再保险合同中，原保险人的自留额与再保险人的分保额都受合同约定的赔付率标准限制。设定赔付率标准，既要使原保险人能获得必要保障，又要防止其从中牟利损害再保险人利益。通常，当营业费率为30%时，再保险赔付率起点为70%，最高责任为营业率的2倍即60%。再保险人承担赔付率区间为70%—130%的赔偿责任。某些时候为防止单次赔付绝对金额过大，也会设定赔款最高限额。赔付率超赔再保险合同还会出现"共同再保险条款"，约定对赔付率区间内的再保险赔款，原保险人仍应承担一定比例的赔偿责任。

赔付率超赔再保险合同期限一般为3—5年，赔付率每年计算。一般适用于损失较集中且累积责任沉重的巨灾分保业务。

第二节　巨灾保险合同的主体

巨灾保险合同分为巨灾原保险合同与巨灾再保险合同。合同主体本质上均为投保人和保险人身份。但是，巨灾再保险合同是区别于原保险合同的独立保险合同。与普通保险合同相同，巨灾原保险合同和再保险合同的主体，包含合同的双方当事人、关系人和辅助人。以下称巨灾原保险合同的当事人为巨灾投保人、巨灾保险人，巨灾再保险合同的当事人为巨灾保险人（分出方，即再保险合同的投保人）、巨灾再保险人（分入方，即再保险合同的保险人）。巨灾保险领域还存在转分包，即巨灾再保险人投保分出再保险责任，其承保人被称为

"再再保险人"。兹不赘述。另外，巨灾再保险合同还有关系人，即为原保险合同的被保险人。因为再保险合同非人身保险合同性质，故不存在保险受益人。巨灾保险合同的辅助人包括保险代理人、保险经纪人和保险公估人等。

一 巨灾投保人

巨灾投保人，是指与经营巨灾保险业务的保险人订立保险合同，约定保险的巨灾风险并按照保险合同负有支付保险费义务的人，亦称为"巨灾要保人"。

巨灾保险合同领域存在特殊性，某些巨灾保险是政府集中采购为其行政管辖范围内的居民提供的。在这种情况下，巨灾投保人就是政府，接受其所提供的巨灾保险保障的人为被保险人。

二 巨灾原保险人

巨灾再保险合同的投保人，是巨灾保险合同的保险人，又称为"分出公司"。再保险本就是从事直接保险业务的保险机构为减轻和控制自身运营风险，将相对于自身偿付能力而言风险累积较大或赔偿数额较高的保险业务，分出给其他保险机构的营运安排。再保险合同双方当事人均为以营利为目的的保险法人。因此，在实践中很少出现保险公司为其他保险公司投保的情况。投保人通常就是被保险人。

巨灾原保险人为法定保险机构。虽然普通再保险业务中有再保险公司直接充任原保险人的情况，但在国际巨灾保险实务中，巨灾原保险人多为从事直接保险业务的商业保险公司。在中国，承保巨灾风险的保险人是商业保险公司。且在本书所设计的制度框架内，巨灾原保险人必须办理巨灾保险分保业务，从而成为巨灾再保险合同的投保人。

巨灾原保险人一方面承保巨灾直接保险业务，另一方面将承保责任分出给再保险人，同时是两个合同的当事人一方，成为连接巨灾原保险合同和再保险合同的纽带。巨灾原保险人根据再保险合同约定支付的保费，称为"再保险费"或"分保费"。原保险人还会向再保人收取报酬,用以弥补其在直接保险业务中的费用支出,称为"分保佣金"或"分保手续费"。再保险费的高低,取决于原保险人的营业费用和经营业绩。

巨灾原保险责任有全部分出的,也有部分分出的。在美国洪水保险、加州地震保险、日本家庭财产地震保险和中国台湾住宅地震保险中,负责销售和理赔的商业直保公司均将保费收入和保险责任全部转让给再保险公司,自己只负责垫付赔款和收取佣金。上述国家和地区的巨灾再保险合同均为全额分保合同。

据中国现行《保险法》第 28 条规定,再保险为部分分保。出于保险经营安全考量,现行法为直接保险公司设置了自留责任上限,超出部分强制分保。① 在中国巨灾再保险合同制度设计中,应坚持这一立场,即巨灾原保险人只能部分分保。巨灾保险公司为管控承保风险,通常自留很小比例的低风险保险责任,而将大部分保险责任,尤其是高风险保险责任分出给再保险公司。如前述太平洋保险在"5·12"汶川大地震相关业务的自留责任比例不足 5%。

三 巨灾再保险人

巨灾再保险人,是巨灾再保险合同中的保险人,即巨灾原保险人的保险责任的分入方,又称为"分入公司"。

(一)巨灾再保险人的资格

关于再保险人和原保险人的资格,国际再保险实务有多种表现:(1)再保险双方都是直接保险公司,一方将自己直接承揽的保险业务分出给兼营再保险业务的另一方。(2)原保险人一方为直接保险公司。再保险人为再保险公司,也可以是兼营再保险业务的直接保险公司。(3)原保险人一方为再保险公司,分入公司为直接保险公司或再保险公司。(4)相互分保,兼营再保险业务的直接保险公司也

---

① 中国《保险法》第 103 条规定:保险公司对每一危险单位,即对一次保险事故可能造成的最大损失范围所承担的责任,不得超过其实有资本金加公积金总和的百分之十;超过的部分应当办理再保险。

可互为原保险人和再保险人。再保险公司之间也可以相互转分保。为了应对巨灾保险赔付责任风险，当代各国巨灾再保险合同中通常设有多层超额损失分摊方案，以多方主体联合方式共同分担再保险赔付责任。

在国外巨灾再保险立法例中，巨灾再保险人的性质非常多元化，主要有五种：（1）普通商业再保险公司。如英国洪水保险的再保险人均为商业再保险公司。（2）国有独资再保险机构。如法国中央再保险公司。（3）共保体。共保体会根据本国法律采取不同的组织形式，如美国佛罗里达州商业保险公司组成飓风巨灾基金，日本商业保险公司共同出资设立了日本地震再保险株式会社。（4）多元主体共同分担。新西兰地震保险设置了多层超额损失分担方案，地震保险委员会主导巨灾再保险，同时其损失分担体系中还包括地震保险委员会、普通再保险公司、以瑞再为代表的国际再保险集团、新西兰政府等。（5）政府。如美国洪水保险的再保险责任由美国联邦政府以国家洪水保险基金名义承担。①

（二）中国的选择

再保险业务在中国起步晚，再保险市场还有较大上升空间。但是，目前国内国有独资再保险公司、普通商业再保险公司以及国际再保险集团公司在中国设立的分公司数量有限。加之巨灾保险及再保险的赔付压力大，结合笔者主张推行巨灾再保险强制保险的建议，对于巨灾再保险人的资格，建议突破现有再保险制度的限制，不将巨灾再保险人的资格仅仅局限于专门再保险公司，还应当允许巨灾保险人可以兼营巨灾再保险业务，从而取得巨灾再保险人资格。

巨灾再保险人签订分保合同，将巨灾再保险责任风险转移给其他保险人的，为"巨灾再再保险"或"巨灾转分保"。巨灾再再保险合同的双方当事人，是转分保分出人和转分保接受人。巨灾再再保险合

---

① 有学者对此有不同理解，认为美国政府是洪水保险的保险责任承担者。参见谷明淑《自然灾害保险制度比较研究》，中国商业出版社2012年版，第66页；王和《国际巨灾保险制度比较研究》，中国金融出版社2013年版，第116—117页。

同与原保险合同、再保险合同的内容基本相同。再保险人有缴付保险费的义务，再再保险人承担合同约定范围内的保险责任。巨灾再保险的国际化程度较高，相互分保和转分保错综复杂，最终形成了以各种合同关系为基础的复杂网络系统，即国际巨灾再保险市场。

四 巨灾保险关系人

巨灾保险合同的关系人是原保险合同的被保险人，即当保险事故发生对其财产造成损失时，有权向保险人要求赔付保险金的人。巨灾再保险合同的被保险人一般就是原保险人。原保险合同的被保险人，并非再保险合同的当事人，再保险合同的权利义务与其无直接关系。

巨灾再保险合同独立于原保险合同而存在。从合同相对性方面来说，原保险合同的被保险人是原保险合同的当事人，与巨灾再保险合同的权利义务并无牵连。原保险合同与再保险合同的保险金请求权各自独立。被保险人的保险金请求权对象为原保险人；除非法律或合同另有规定，原保险合同的被保险人，不得向再保险人请求赔付保险金。再保险人未对被保险人直接承保，故无保险责任。

但是，在国际巨灾再保险实践中，巨灾再保险合同一般会以特约条款给予原被保险人直接求偿权。当原保险人无力清偿或濒临破产等特殊情况出现时，被保险人可以直接向巨灾再保险人请求赔付保险金。这一做法值得我们借鉴。巨灾风险事故发生，将导致巨灾保险被保险人的惨重损害，巨灾保险及再保险本为分担该损失的制度设计环节，当巨灾原保险人发生偿付能力危机情形时，赋予巨灾原保险被保险人以直接求偿权，既有利于其利益保障，同时因为适用情形的严格限制，也不会从根本上背离合同相对性原则。

五 巨灾保险辅助人

（一）保险代理人

保险代理人，是以巨灾原保险人或再保险人名义，依照保险代理合同或授权书指定内容，为原保险人或再保险人从事相关保险业务，并向其收取报酬的人。巨灾保险代理是一种特殊的商事代理，主要表现为：(1) 保险代理人的行为后果由其被代理人承受；(2) 向保险代理人履行告知、说明或通知义务的，可推定为已向其被代理人履行信息提供义务；(3) 保险代理必须采用书面形式。很多国家的巨灾保险原保单依靠商业保险公司网络销售，然后商业保险公司再将原保单与保费一并转给专门的巨灾保险机构，如国有巨灾再保险公司、巨灾保险共同体等。其中，有以商业保险公司为巨灾原保险人，再全部分保的，如美国洪水保险计划；也有商业保险公司充当代理人的。新西兰地震保险以居民房屋和室内财产保单的附加险形式提供，由商业保险公司代销并代征地震保费。国有独资保险公司地震委员会负担2亿新元以内的损失赔付责任，超过此限额的则启动多层级再保险方案。可见，地震委员会为巨灾原保险人，商业保险公司担任代理人角色。

通常，保险代理人可分为专业代理人、兼业代理人和个人代理人三种，并须经国家主管机关核准具有代理人资格。由于巨灾保险业务专业性极强且涉及面广，笔者建议将中国巨灾保险及再保险代理人限定为专业代理人，兼业代理人和个人代理人不得从事巨灾保险及再保险的代理业务。

(二) 保险经纪人

保险经纪人一般是基于投保人的利益及委托，为其与保险人订立保险合同提供中介服务，并依法收取佣金，主要为保险经纪公司及其分支机构。保险经纪人的劳务报酬通常由投保人按保险费的一定比例支付。依商法学原理，保险经纪人为行纪人或商事居间人性质。

国际巨灾再保险市场上，通常会有专门的保险经纪人安排再保险业务。巨灾保险经纪人必须掌握巨灾再保险的专业知识和职业技能，熟悉市场规则、行情和发展动向，能为原保险人设计再保险方案，为原保险人缔结或促成再保险交易。保险经纪人不为再保险人的偿付能力提供担保，也不承担再保险赔付或再保费摊回等法律责任。若保险经纪人因执业过错给原保险人或再保险人造成损失的，应当承担赔偿责任。由专门性的保险经纪人从事巨灾再保险业务的居间服务，也应成为中国巨灾保险制度的组成部分。

（三）保险公估人

保险公估人是依法设立，受保险当事人委托办理保险标的的评估、勘验、鉴定、估损以及赔款理算，并向委托人收取酬金的专业定损机构。保险公估人是保险业特有的一种中介机构，是保险市场发展到一定阶段后专业化分工发展的结果。保险公估人的主要作用，是弥补保险人定损能力的不足，缓解保险合同主体各方利益冲突，保证保险赔付趋于公平、合理。在国际巨灾再保险领域，保险公估人还拓展出了现时价值评估和承保风险评估公估等新业务。

本书认为，中国巨灾再保险的保险公估主要应从承保、理赔两个环节介入。原保险人委托的保险公估人，主要负责原保险赔付责任的损失查勘、定量计算，查明是否有除外责任因素介入。再保险人的理赔公估人，主要承担再保险赔偿责任的理算、鉴定和评估。这类保险公估人不仅负责巨灾再保险方面的业务，同时还解决与巨灾再保险业务相关的其他领域的技术问题。保险公估人与巨灾再保险合同当事人的关系主要有两种：一类是专任公估人，即基于雇佣合同关系长期为委托人服务，一般不接受其他保险公司的委托；另一类是独立保险公估人，即基于委托合同提供指定业务的公估服务。这类公估人可以同时接受数家保险公司的委托。

第三节　巨灾保险合同的权利义务

巨灾保险合同法律关系的内容设置，主要体现在原保险和再保险合同双方当事人权利义务关系的构建上。

一　巨灾原保险人的主要权利

其一，原保险人有承保决定权。原保险人和再保险人的专业分工有别，再保险人掌握直保业务全部信息不仅成本过高而且难度大。巨灾再保险的国际化程度很高，为纠正信息不对称而设置过高的保险合同信息提供义务，既没有必要，也对再保险经营效率不利。当代保险实务中，巨灾直接保险业务多在再保险安排之后承保，且多为合约再保险，再保险人有义务接受约定险别的全部分出业务，原保险人可自行决定承保事宜。

其二，原保险人有权决定危险单位的划分标准。危险单位是一次保险事故可能造成的最大损失范围。危险单位的划分标准是确定再保费及再保险赔偿责任的重要依据。原保险人掌握保险标的的实际状况，通常负责危险单位的划分、分配和安排，再保险人不得提出异议。原保险人在划分危险单位时亦不能损害再保险人的利益；否则，因违反最大诚信原则，再保险合同将归于无效。

其三，原保险人有权决定原保险赔付事宜。原保险人应依原保险合同承担原保险赔偿责任。再保险人并非原保险合同的当事人，对原保险理赔不得提出异议。但原保险合同与再保险合同有牵连关系，如果原保险人承担额外的保险金赔付，也会影响再保险人的利益。国际巨灾再保险合同通常载明：如原保险人采取优惠赔款、协商解决赔偿方式的，须事先征得再保险人的同意；[①] 否则，再保险人可拒绝就相关原保险赔付承担再保险责任。这一立场，值得我们借鉴。

其四，原保险人的赔付请求权。除原保险人丧失巨灾保险赔付能力的情形外，原保险人在向巨灾保险的被保险人承担了巨灾保险赔付责任后，有权请求巨灾再保险人承担赔付责任。

其五，原保险人的现金摊赔请求权。现金摊赔（Cash Loss），又称现金赔款，是指原保险人在保险赔付超过合同约定限额时，可立即要求再保险人以现金摊付赔款，以解决财务调动的困难。现金摊赔主要适用于比例再保险发生巨额赔款的情形，起赔点依再保险合同确定。现金摊赔请求权，可以在原保险人理赔之后主张，也可以在原保险人理赔前预估损失额向再保险人提出。

二 巨灾原保险人的主要义务

第一，投保巨灾再保险的义务。为有效转移巨灾赔付风险，保障

[①] 陈继尧：《再保险——理论与实务》，台北：智胜文化事业有限公司2002年版，第171页。

巨灾保险制度的良性运转以及巨灾保险市场的长期稳定，巨灾原保险人负有投保巨灾再保险之义务。

第二，原保险人有交付再保险费的义务。原保险人应按约定的期限向再保险人交付再保费。再保费是原保险人为获得再保险人承担再保险责任所支付的对价。再保险费率通常由原保险人按照原保险费率决定。

第三，原保险人的通知义务。通知义务是指，在保险合同成立后，当危险程度增加或保险事故发生时，原保险人应将相关事实告知再保险人。巨灾再保险合同是继续性合同，承保风险在缔约阶段和合同履行阶段可能发生较大变化，导致赔付责任的概率或金额增加，破坏合同原有的对价平衡。原保险人熟悉保险标的和危险变化情况，保险法基于情势变更原则对其科以通知义务，以便再保险人重新评估危险及采取必要应对措施，如增加再保费或终止合同。其立法理念是为了维护交易的诚信和公平。①

第四，保险事故发生后的通知义务，为法定义务。危险程度增加的通知义务，依中国现行保险法第52条之表述，应为约定义务。巨灾再保险合同中应通知的事项包括：（1）保险事故发生；（2）再保险危险增加；（3）各分保账户分保业务变化。若原保险人未履行通知义务，因危险程度显著增加而发生保险事故的，再保险人不承担赔偿责任；保险事故发生后，原保险人故意或者重大过失未及时履行通知义务，致使保险事故的性质、原因、损失程度等难以确定的，再保险人不承担赔偿责任。

第五，原保险人有防灾防损的义务。原保险人应对原保险标的的安全情况进行检查，及时提出消除不安全因素的建议。保险事故发生后，原保险人有责任采取必要的措施，以减轻损失或防止损失扩大。

第六，原保险人有提供相关单证的义务。在达成再保险协议后，原保险人应向再保险人发送正式分保条；定期编送业务账单、业务更改报表、赔款通知书、已决和未决赔款报表等。

---

① 林诚二：《民法理论与问题研究》，中国政法大学出版社2000年版，第22—26页。

三 巨灾再保险人的主要权利

一者，再保险人有权收取再保险费。再保险费是再保险责任准备金的主要来源，也是再保险人承担保险赔偿责任的对价。再保险人有权依照再保险合同约定向原保险人收取再保费。如果原保险人拒绝支付再保险费，再保险人可以依法解除再保险合同。

二者，再保险人有权检查原保险人的业务记录。在巨灾再保险业务需要时，再保险人可要求检查原保险人的有关账册、单据和分保记录。对于原保险人的再保险安排，如危险单位的划分标准、危险单位的分配与安排、保险标的风险评估、再保险费率等事项，再保险人有权检查。上述业务记录关系到再保险人的自身利益和经营安全，如果检查发现原保险人有违反诚信原则或未履行义务的行为，再保险人有权要求对方改正，甚至解除再保险合同。一般认为，检查记录权可构成巨灾再保险合同的默示条款。因为该权利可能与原保险人的商业秘密权相冲突，实务中并不经常使用。

四 巨灾再保险人的主要义务

其一，再保险人负有承包巨灾再保险的义务。当巨灾保险人依强制保险之规定，向巨灾再保险人分出巨灾保险责任时，再保险人不得拒绝承保。

其二，再保险人有危险承担义务。巨灾再保险合同约定的保险事故发生，即原保险人因原保险合同约定的巨灾事故发生并导致保险标的损失而应承担原保险赔偿责任时，再保险人就应该在再保险合同约定责任范围内向原保险人履行赔付保险金的责任。再保险合同责任是损失填补责任。原保险人是否已向被保险人支付保险金，与再保险人无涉。再保险人不得以原保险人未履行赔付责任为由，拒绝履行再保险赔偿责任。

其三，再保险人有提存保险费准备金、支付再保险佣金和盈余佣金的义务。原保险人分保时，须确信再保险人偿付能力充足。原保险人在应交付的再保险费中预留一部分作为保险费准备金，作为再保

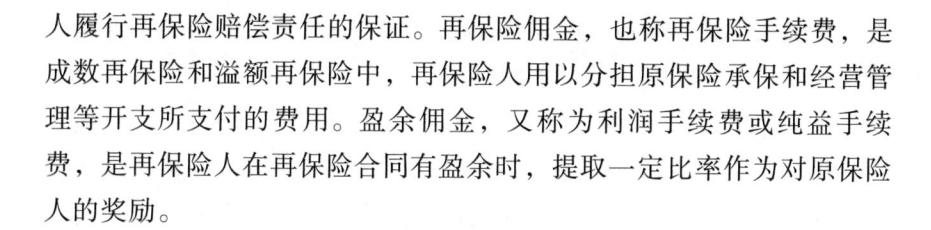

人履行再保险赔偿责任的保证。再保险佣金,也称再保险手续费,是成数再保险和溢额再保险中,再保险人用以分担原保险承保和经营管理等开支所支付的费用。盈余佣金,又称为利润手续费或纯益手续费,是再保险人在再保险合同有盈余时,提取一定比率作为对原保险人的奖励。

第四节　巨灾保险合同的条款构成

巨灾保险原保险合同的条款,一般包括关于保障对象、保障灾种、保障责任、免赔额、保险责任期限等条款。巨灾保险合同体系中,比较特殊的是再保险合同的条款构成。因篇幅所限,本节对巨灾保险合同条款的讨论,主要集中在再保险合同部分。

再保险合同法需要由长期实践中大量再保险合同惯例积累而成。关于巨灾再保险合同的格式和程序,国际上尚无标准文本。这与保险合同双方当事人个性化的保险需求、多样性的再保险方式有关,也与再保险合同国际化程度较高,各国对再保险赔付自留额、准备金、损失分担方案有不同规定有关。目前专业化程度较高的大中型巨灾再保险公司都自制标准文本。结合这些标准文本,笔者认为,中国巨灾再保险合同的条款应由基本条款、通用条款和特别条款三部分共同构成。

一　巨灾再保险合同的基本条款

再保险合同以安排方法为标准,又有临时再保险合同、合约再保险合同、预约再保险合同等类型。在各种不同形式的再保险合同中,以合约再保险合同的协议内容最为全面和复杂。巨灾再保险合同的基本条款,是指各类巨灾再保险合同的必备条款,主要包括以下内容。

(1) 再保险合同的双方当事人。此条款包括原保险人、再保险人的名称、住所和各类联系方式等信息。

(2) 再保险合同的期限。巨灾再保险主要采用事故超赔再保险合同,也有少数采用赔付率超赔再保险合同、成数再保险合同的。由于合同主体双方均为专业保险机构且分保业务规模较大,巨灾再保险通常实行跨期分担机制,合同期限较长。

（3）执行条款。该条款主要用以明确双方的责任范围,一般包含三项内容：①约定再保险方式,约定自留额和分保额。再保险方式通常有成数再保险、溢额再保险或超赔再保险等。双方当事人约定风险单位的划分标准后,再以风险单位为基础划分自留额和分保额的比例或数额。②约定业务范围,即明确保险责任范围包括何种风险类型,如地震、飓风、洪水等。国际实务中,也有一份再保险合同分出数种巨灾保险保单的做法。由于不同巨灾保单的承保范围不同,再保险合同还应明确约定各险种的承保责任和除外责任。③约定地域范围。巨灾风险有明显的地域分布规律。地域范围直接决定巨灾保险责任范围。对在多区域经营巨灾保险的原保险人,再保险人可以分入全部保险责任,也可能对其在某些地区的保险业务作为除外责任处理。

（4）除外责任条款。该条款明确载明再保险人不接受的风险和责任。

（5）再保费条款。该条款详细说明再保险费的基础和计算方法,包括再保险人需要支付给原保险人的税款和其他费用。

（6）再保险手续费条款。该条款约定再保险人应当向原保险人支付的手续费及其计算方法。如有纯益手续费,也应标明计算方法。

（7）再保险赔付条款。该条款约定,原保险人对被保险人赔付保险金后应及时通知再保险人。如果出现巨额赔款,约定原保险人可向再保险人请求现金摊付。

（8）账务条款。该条款约定分保账务的编制、寄送和账务结算事宜。

（9）查账条款。该条款主要是原保险人赋予再保险人查核其账单和其他业务文件,如保单、保费、财务报表和赔案卷宗等,使其有权核实分出人申报情况。通常该条款在双方发生争议可能付诸诉讼时才会使用。

（10）再保险合同终止条款。该条款约定终止再保险合同的事由、终止合同的程序和方法。

二 巨灾再保险合同的通用条款

(一) 同一命运条款 (Follow the Fortunes Clause)

同一命运条款在国际巨灾再保险市场上被广泛使用，即使当事人没有约定，再保险合同也适用该条款。该条款得到了英国法、德国法、美国法的承认。[①] 通常同一命运条款表述为："兹特约定，凡属本合同约定的任何事宜，再保险人在其利害关系范围内，与原保险人同一命运。"该条款的具体内容是：凡有关保费收取、赔款结付、对受损标的施救、损失收回、向第三者追偿、避免诉讼或提起诉讼等事项，授权原保险人为维护共同利益做出决定，或出面签订协议，由此而产生的一切权利和义务都由双方按达成的协议规定共同分享和分担。[②]

因双方当事人基于再保险合同享有共同利益而同一命运，这与再保险合同与原保险合同的依附性相关。原保险人将其按照原保险合同应承担的保险赔付责任转移给再保险人，双方因此利益攸关。再保险合同的保险事故以原保险合同保险事故及损失发生为触发条件。再保险责任、再保险金额、再保险有效期也均以原保险合同约定的责任、金额和期间为限。再保险合同不可能脱离原保险合同独立存在。此外，巨灾再保险业务通常是跨国或跨地区发生的，如果不根据同一命运条款来执行和解释，巨灾再保险合同适用的分歧和矛盾将不可避免。

当然，再保险合同与原保险合同毕竟是相互独立的两个合同，同一命运条款也会有必要的内容限制。对于超过再保险合同约定限额的巨灾保险赔付损失，再保险合同约定范围以外的巨灾事件造成的损失，原保险人按原保险合同约定承担赔偿责任的，再保险人也无须负责。

---

① See Croly Colin & Jefferies, "Questigaitons Relating to Follow the Settlements in Reinsurance under English Law with Comparative Reference to the Laws of Germany and the USA", *Colin Croly and Yvonny Jefferies*, No.1, 2012.

② 胡炳志：《再保险》（第二版），中国金融出版社 2006 年版，第 42 页。

设立同一命运条款的目的，是在原保险人和再保险人之间最大限度地分散风险。该条款的本意是使原保险人相关诉讼结果、根据诚信原则做出的非诉讼赔偿，都对再保险人产生约束力。[①] 禁止法院和仲裁机构重新审查原保险人的理赔行为，除非再保险人能证明原保险人的赔付具有恶意或未善尽调查义务。值得注意的是，近十几年来，国际巨灾再保险市场连受巨灾重创，实务中出现了同一命运条款适用限制的趋势。有些巨灾再保险合同中增加了特约条款，要求原保险人在通融赔付和提起诉讼前，须征得再保险人的同意。这种做法被中国巨灾再保险合同当事人借鉴。

（二）错误与遗漏条款（Errors and Omissions Clause）

巨灾再保险业务手续繁复、内容庞杂且专业性很强，从危险责任分配和安排到账单与再保费支付等环节，很难完全避免出现错误和遗漏。由于巨灾再保险合同双方当事人之间一般都建立了互惠互利的长期合作关系，基于诚信原则和公平原则，对于再保险合同中的某些非故意的错误和遗漏，再保险实务中通常按行业惯例和双方默契来解释当事人的真实意图，并不做文义性解释，以避免产生不利后果。错误与遗漏条款的通常表述为："有关本合同或其分保业务项下的错误延迟、疏忽或遗漏，在任何情况下不能推卸双方的责任，一如这些错误、延迟疏忽或遗漏未曾发生。但这些错误、延迟、疏忽或遗漏一经发现，应立即更正。"

实务中常见的错误与遗漏有：业务分出的错误或遗漏，再保费的错误或遗漏，登记的错误或遗漏，应通知再保险人事项的遗漏，等等。根据错误与遗漏条款的规定，如果再保险合同出现上述错误和遗漏，再保险人不得以此为由拒绝承担再保险责任。当事人一旦发现错误和遗漏，应当立即通知对方并及时纠正、补缺。该条款也不会导致其他合同条款无效。

错误与遗漏条款设立的目的，是维持双方当事人关系的稳定，保证再保险目的实现。如果适用该条款将明显不利于一方当事人，

---

① 郑云瑞：《再保险法》，中国人民公安大学出版社2004年版，第65页。

则该条款因与最大诚信原则相悖而归于无效,主要包括三种情形:(1) 错误和遗漏出于故意;(2) 错误和遗漏的发生超过合理期限;(3) 纠正错误和遗漏将导致再保险赔偿超过合同约定的责任范围或责任限额。

(三) 仲裁条款 (Arbitration Clause)

仲裁是国际再保险合同争议解决的通用方式。在保证争议解决公正、合理的前提下,仲裁与诉讼相比在效率、自主性、灵活性、专业性、保密性和国际性等方面具有优势。仲裁条款通常表述为:"本合同及项下再保险业务发生分歧,在友好协商不能解决时,可提交××仲裁庭解决。仲裁庭由双方各指派一名仲裁员,并由这两名仲裁员指派一名公断人。"国际巨灾再保险合同常用仲裁条款现为1975年英国再保险人联合会和伦敦承保人协会制定的标准再保险仲裁条款。

仲裁条款是在双方自愿的基础上形成的。订立巨灾再保险合同时,双方当事人应明确约定将有关合同纠纷提交仲裁;否则,一方不得自行提交仲裁,除非对方同意。设立仲裁条款,是为了排除适用诉讼方式,以避免因诉讼管辖、法律冲突出现对己方不利的情况,当然也是为了快速解决争议,实现订立合同的目的。因此,笔者建议中国巨灾再保险合同当事人宜在合同中设立仲裁条款。当然,如果合同当事人选择以诉讼方式解决纠纷也未尝不可。

巨灾再保险合同的仲裁条款一般包括仲裁地点、仲裁机构、仲裁规则、仲裁程序和仲裁效力等内容。再保险合同大多适用分出公司国家法律。中国再保险业务多为分出业务,基本由中国境内的仲裁机构仲裁。为了避免诉累,巨灾再保险合同通常规定一裁终决。中国《民事诉讼法》和《仲裁法》也规定,提交中国仲裁机构仲裁的,双方当事人均不得起诉。[①]

(四) 中间人条款 (Intermediary Clause)

巨灾再保险业务的专业化和国际化程度很高,再保险中间人对双方当事人缔结合约、联络信息、达成交易起了重要的辅助作用。巨灾

---

① 参见《民事诉讼法》第257条、《仲裁法》第9条。

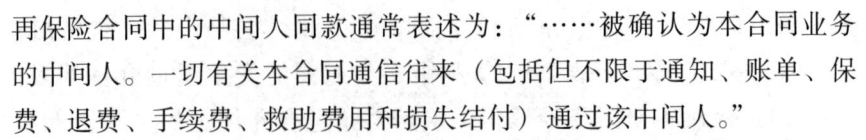

再保险合同中的中间人同款通常表述为:"……被确认为本合同业务的中间人。一切有关本合同通信往来(包括但不限于通知、账单、保费、退费、手续费、救助费用和损失结付)通过该中间人。"

再保险中间人主要是再保险代理人和再保险经纪人。前者是巨灾再保险人的代理人,在再保险人的授权范围内,以再保险人名义为其办理再保险事务,由此产生的法律后果由再保险人承受。后者可以接受原保险人或再保险人的委托,以自己的名义为委托人办理结算账务、受领赔款等再保险事务,但一般不负责安排分保。再保险经纪人须为自己的过失和疏忽承担责任。

三 巨灾再保险合同的特别条款

巨灾原保险合同的被保险人与再保险人本无法律上的权利义务关系。根据合同相对性原理,再保险人不得向原保险合同的被保险人要求支付再保费,被保险人不得向再保险人直接主张赔付保险金。但如果原保险人因破产或其他原因导致偿付能力丧失,保险赔付责任就会落空,被保险人的损失填补无从实现。为保护被保险人的利益,实现再保险的目的,应在巨灾再保险合同中设定变通性条款。

(一) 直接索赔条款(Cut through Clause)

直接索赔条款,是指再保险合同双方当事人约定,允许被保险人在特定情况下直接向再保险人要求赔付保险金。直接索赔条款明显具有保护被保险人利益的意图。在原保险人的偿付能力有限的情形下,适用该条款有助于增加原保险承保数量。再保险人则基本不受该条款的影响,因为在再保险合同中约定及适用该条款并未增加或扩大再保险责任。目前,直接索赔条款的效力为英美法肯定,国际再保险市场也普遍允许加贴该条款。该条款可以是巨灾再保险合同的特别条款,也可以以补充条款形式出现。

直接索赔条款是损失填补原则在再保险合同中适用的结果,同时它也突破了合同相对性的限制,使再保险合同保险金给付义务的独立性丧失。损失填补原则的目的,是使被保险人财产恢复到损失发生前的状态。再保险损失填补本来只发生在再保险合同双方当事人之间,与原保险合同的被保险人无涉。直接索赔条款基于第三方受益理论，允许被保险人在特定情况下向非直接当事人的再保险人直接主张赔偿请求权，实质上是要求再保险人为原保险人承担担保责任。因此，行使直接赔付请求权应满足债务人无法清偿到期债务这一条件，即原保险人因丧失偿付能力、付款迟延、清算等原因无法履行保险赔付责任。这是打通原保险合同和再保险合同损失填补通道的前提。

虽然直接索赔条款的适用可能引起一些法律问题：第一，可能与保险法、破产法冲突。如中国现行《保险法》第29条即禁止被保险人向再保险人提出赔偿保险金请求。[①] 依破产法原理，未获赔偿的被保险人为破产债权人，保险赔偿请求权应纳入普通破产债权范围。但通过破产清算和分配只可能部分受偿。第二，直接赔付解除了再保险人对原保险人的赔付责任，可能引致原保险人起诉，再保险人存在负担两次理赔款的风险。但鉴于直接索赔所具有的优点，权衡利弊之下，本书认为应在巨灾原保险人偿付能力丧失的情形下，赋予被保险人以直接索赔权。

国际巨灾再保险市场一般要求，再保险合同在适用该条款时应注明以下事项：（1）原保险人须证明适用该条款不违背当地保险、破产、税收法律和监管规则。如有违背，该条款无效。（2）适用该条款应再保险人、被保险人、原保险人及清算权利人一致同意，并在原保险合同、再保险合同中加贴直接索赔条款。（3）直接赔付不得超过原保险标的之实际损失。若被保险人因此额外获利，则构成不当得利。

（二）背对背赔偿及相关条款（Back to Back Cover Clauses）

所谓背对背赔偿，是指对某一再保险合同事项，在再保险合同没有规定或规定与原保险合同条款不一致时，以原保险合同条款为准。依据背对背赔偿原则解释再保险合同，可避免再保险合同和原保险合同因适用不同法律而出现赔付责任差异。作为再保险合同特有的解释

[①] 关于被保险人能否依保险法第65条责任保险之规定向第三人直接赔偿，学界有不同看法。本书认为，原保险人未赔付与"被保险人给第三者造成的损害"的情形不同，故不应适用该条款。

原则,背对背赔偿的理论依据是再保险合同与原保险合同保险责任的牵连性。它使用目的解释方法,推定再保险合同与原保险合同内容相关,在适当情况下应对再保险合同做出与原保险合同相同的解释。

在英国普通法上,背对背赔偿原则常被用来解释再保险合同的承保范围、承保期间、条款用语和转分保问题,以平衡原保险和再保险的赔偿责任。在保险实务中,背对背赔偿一般适用于临时分保的比例再保险合同。① 因为只有临时再保险才存在原保险人和再保险人对特定的一个或多个风险是否承担相同赔付责任的争议问题。在中国巨灾再保险合同制度设计中,应予认可背对背赔偿条款之效力。

巨灾再保险合同实务中,比例再保险合同必须包含完整再保险条款(Full Reinsurance Clause)、"如同前约"(As Original)的字样和理赔跟随条款(Follow the Settlements Clause),以表示再保险合同已含有适用背对背赔偿原则的意思合致。完整再保险条款一般表述为:"保证适用相同的毛收益率和术语,公司为相同风险的分出部分保留相同比例的自留额,自留额低于以上数额的,分出额按比例减少。"②理赔跟随条款主要是指,再保险合同采用与原保险合同相同的理赔方案。

---

① Özlem Gürses, Facultative Reinsurance and the Full Reinsurance Clause, *Lloyd's Maritime and Commercial Law Quarterly 2008*, March 7, 2012, https://www.i-law.com/ilaw/doc/view.htm? id=165225.

② See Wasa International Insurance Company Limited, v. Lexington Insurance Company Limited and Others: How "Back to Back" is "Back to Back"? Sweet & Maxwell's Insurance and Reinsurance Law Briefing, Issue 127 (May).

第六章　巨灾保险证券化的法律规制

第一节　巨灾保险证券化的产生与发展

一　巨灾保险证券化的产生

（一）传统巨灾再保险的局限性

传统再保险机制可将巨灾风险跨公司、跨时期、跨地区、跨风险分散，以国际再保险市场为最终风险池。但对于损失特别巨大、风险累积特别严重的巨灾保险责任风险来说，传统再保险只能提供有限的解决办法，其局限性主要表现为以下几方面。

其一，巨额赔付责任导致传统再保险市场供求失衡。再保险人承保的前提是再保险赔付的损失可以获得补偿，这是因为再保险人同样需要依靠大数法则来分散风险、维持财务能力稳定。但就巨额赔付责任而言，巨灾再保险市场不具备足够多数量的主体来分担损失。目前全球再保险公司资本总额约为5700亿美元，巨灾再保险资本为全部保险公司股本的1/3到1/2。[①] 国际再保险市场的资金储备能力相对有限。一旦出现巨额赔付或集中赔付，再保险准备金锐减，承保能力严重下降，导致再保险市场供求失衡。1992年安德鲁飓风、1994年美国加州北岭地震导致全球保险业损失分别达170亿美元、153亿美元。全球巨灾保险和再保险费率急剧升高，出现需求增加、供给严重不足的市场失灵问题。

其二，巨灾再保险人存在信用风险。再保险的信用风险，是指再

[①] 数据来源：Aon Benfield, *Reinsurance Market Outlook*, September, 2014.

保险人不承担或不能承担再保险赔付责任的风险，一般包括合同风险、履约风险和管理风险。传统再保险供给高度依赖再保险公司的财务实力，巨灾再保险人，尤其是离岸再保险人的信用风险相当高。一旦出现巨额损失、市场周期性波动等情况，再保险人违约或破产的可能性会增加。

其三，巨灾原保险人的道德风险比较严重。再保险的道德风险，主要包括原保险人未尽安全维护义务的事前道德风险以及因虚假理赔、盲目理赔和通融赔付等不当理赔行为引起的事后道德风险。原保险人可以通过再保险合同关系将赔付损失转嫁出去，因此会放松对理赔环节的控制。原保险人基于降低理赔成本、营造企业形象、与大型公司投保人维持长期合作关系等目的，赔偿了本不应承担的保险金，也会导致再保险人赔付责任加重。

其四，巨灾再保险合同安排的效率不高。再保险合同能否缔结，取决于双方风险预期损失及分布情况是否近似。如果双方的风险估测结果相去甚远，再保险人不可能接受分保。巨灾再保险安排一般以合约再保险为主，也会有临时再保险。合约再保险缔约过程繁难，双方当事人需要为寻求最优再保险合同耗费大量时力。临时再保险则是原保险人在对特定业务有分保需求时，才临时接洽再保险公司、决定分保条件，常因寻找再保险人困难、分保价格过高而无法及时安排。

随着巨额保险赔付的不断出现，国际传统再保险市场有效供给严重不足，巨灾保险与再保险市场供需缺口很大。如果不另寻新的融资渠道，根本无法消化巨灾风险。以2001年数据为对比，全球巨灾直接经济损失1150亿美元，保险业损失320亿美元，而美国资本市场的规模已逾36.9万亿美元。[①] 在这种背景下，国际巨灾再保险业将目光投向了资金规模巨大的国际资本市场，实属商业理性。

（二）资本市场的金融创新实践

1. 巨灾保险证券化的理论探索

1973年，美国学者Goshay和Sander首次提出，将传统保险风险

---

① 笔者根据2001年Swiss Re数据、美国商务部经济分析局数据整理。

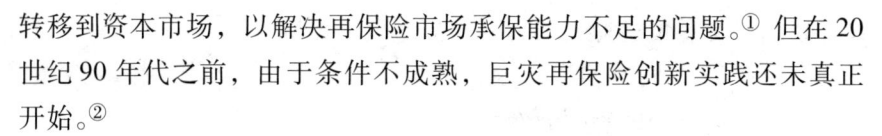

转移到资本市场,以解决再保险市场承保能力不足的问题。① 但在20世纪90年代之前,由于条件不成熟,巨灾再保险创新实践还未真正开始。②

1990年前后,受巨灾冲击,国际再保险市场供求严重不平衡。保险业开始探索跨领域风险转移。这一时期出现的新金融中介理论为巨灾再保险ART提供了理论依据。其代表人物默顿认为,金融体系由金融市场和金融中介组成。就风险管理而言,也存在金融中介方法和金融市场方法。保险机构是传统风险管理的金融中介,侧重于纯粹风险,具有跨期熨平风险之优势。金融市场提供透明化的标准合约,如期货、期权和互换等,负责管理金融风险,有效分担横向风险。③金融中介通过在不同参与者之间分配风险,扩大交易量,减少市场参与成本,实现增值。在金融产品技术、制度和法律条件具备时,金融市场可以成为中介的有效制度替代。④ 整体风险管理理论也认为,保险市场和资本市场在技术上的共通之处为开发融合两大市场的创新产品提供了可行性。

2. 巨灾保险金融创新的起步

1992年安德鲁飓风重创美国保险市场后,芝加哥贸易委员会(CBOT)率先向资本市场推出巨灾保险期货,它以美国保险服务局ISO指数为交易标的,是最早的巨灾保险金融创新产品。1994年德国汉诺威再保险公司(Hannover Re)发行了8500万美元的巨灾债券。1995年CBOT又开发了PCS期权,它以美国财产理赔服务中心(PCS)超过2500万美元巨灾损失的每日指数为标的,是与超额赔款再保险相似的买权差价合约。1997年百慕大商品交易所(BCOE)也推出了GCCI巨灾指数期权。这些初期开发的巨灾保险衍生品因产品

---

① Robert Goshay & Richard Sander, "An Inquiry into the Feasibility of a Reinsurance Future Market", *Journal of Business Finance*, Vol. 5, No. 2, 1973, pp. 56–66.

② 1984年瑞典出口信贷公司曾发行日本地震债券,但全部被日本保险公司购买。故学界并不视其为风险证券化的起点。

③ 李永:《中国保险风险证券化研究》,上海财经大学出版社2008年版,第54页。

④ 邱波:《金融化趋势下的中国再保险产品发展研究》,经济科学出版社2010年版,第52—56页。

设计缺陷、交易量过低,最后基本都停止了交易。

二 巨灾保险证券化的发展

1997年金融危机爆发后,国际社会开始放松金融监管。1997年世贸组织在《金融服务协议》中制定了全球金融自由化时间表。1999年美国废除了禁止兼业经营的《格拉斯—斯蒂格尔法》。此时,资本市场亟须找到一个比普通风险投资收益更高、与经济周期相关性低的投资方向,跨领域金融创新迅速获得投资者的青睐。再保险业吸取初期实践的教训,ART(Alternative Risk Transfer)巨灾再保险开始快速发展。Hannover Re 再次推出以日本地震、澳洲与加拿大的飓风与地震、欧洲飓风为触发条件的巨灾债券,并取得成功。1996年 Aon 再保险、Centre Re 与 Replacement Lens 签订了巨灾权益卖权合同,不久后就为北岭地震保险损失补偿发挥了重要作用。2000年 Munich Re 通过特殊目的公司发行了3亿美元的巨灾债券,为美国飓风、加州地震和欧洲暴风雪承担为期3年的再保险责任。

2005年卡特里娜飓风造成创纪录的1250亿美元经济损失和436亿美元的保险损失后,各大评级机构提高对巨灾保险公司的资本金要求。巨灾债券进入井喷期。从1997年到2007年,国际市场上总共出现116只巨灾债券,交易规模共计224亿美元。2007年年末巨灾债券的未偿本金规模逾138亿美元,年度涨幅更达到创纪录的62%。[①] 这一时期,巨灾保险证券化发展更趋多样化。巨灾互换、行业损失担保、巨灾风险信用融资、或有资本票据、巨灾风险侧挂车等相继出现。

资本市场投资者提供的 ART 再保险资金,日益成为再保险业主要的低成本来源,而 ART 再保险的投资回报也越来越受投资者欢迎。过去保险业承担了巨灾保险衍生品市场一半以上的投资,现在再保险公司投资比例不足10%,资本市场投资者成为主要投资主体。近十

---

① Sylvie Bouriaux,"Securitization of Catastrophe Risk:New Developments in Insurance-Linked Securities and Derivatives",*Journal of Insurance Issues*,Vol. 32,No. 1,2009.

余年来，借助体量巨大的国际资本市场，ART 巨灾再保险发展十分迅速。2011 年日本"3·11"地震海啸事件造成经济损失 3000 亿美元，保险业损失 150 亿—350 亿美元，① 但国际再保险市场并未受到较大影响。究其原因，是再保险损失基本被留在日本国内，后转移给国际资本市场。目前，国际巨灾保险衍生品市场规模逾 254 亿美元，② 有效提升了全球再保险市场的承保能力。据 Aon Benfield 预计，2018 年该市场资本总量将达到 1500 亿美元。③

第二节 巨灾保险证券化的界定及其价值

一 巨灾保险证券化的概念与法律特性

（一）巨灾保险证券化的概念

ART 为 Alternative Risk Transfer 的简称，即"非传统风险转移"，是指利用传统保险和再保险以外的技术，为风险承受实体提供保险的产品或机制。在 ART 的产品中，仅保险风险证券化一种属于再保险产品。保险风险证券化，最初即专门针对巨灾风险开发，当前也以巨灾风险为主，因此亦称"巨灾保险风险证券化"，或"巨灾保险证券化"，国际上一般简称为"巨灾风险证券化"（Catastrophe Risk Securitization）。作为巨灾再保险的衍生交易，它以资本市场常见的证券化程序，将巨灾风险与证券偿付条件相结合，将风险转移至广大的资本市场，由资本市场投资者来承担，以解决传统再保险市场承保容量不足的问题。④

巨灾保险证券化与资产证券化有所区别：（1）标的不同。资产证券化的标的是能信贷资产和应收账款。巨灾保险证券化的标的是转分

---

① 余健南：《从国际保险公司角度看日本三一一大地震对保险业的影响和启示》，台湾：《保险大道》2011 年第 62 期。
② 数据来源：Artemis' data, Q3 2016 Cat Bond Market Report.
③ Reinsurance: Compacts of God, The Economist, June 1, 2015, http://www.economist.com/news/finance-and-economics/21652363-market-risk-changing-compacts-god.
④ 陈继尧：《金融自由化下新兴风险移转方法之运用现况与发展》，台湾财团法人保险事业发展中心，2000 年，第 6 页。

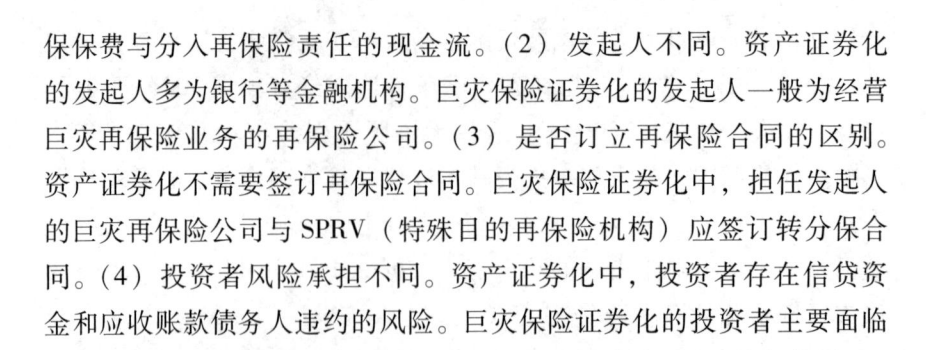

保保费与分入再保险责任的现金流。(2) 发起人不同。资产证券化的发起人多为银行等金融机构。巨灾保险证券化的发起人一般为经营巨灾再保险业务的再保险公司。(3) 是否订立再保险合同的区别。资产证券化不需要签订再保险合同。巨灾保险证券化中，担任发起人的巨灾再保险公司与 SPRV（特殊目的再保险机构）应签订转分保合同。(4) 投资者风险承担不同。资产证券化中，投资者存在信贷资金和应收账款债务人违约的风险。巨灾保险证券化的投资者主要面临两类风险，即因触发条件可能出现产生的损失本金和利息的风险，SPRV 违约或破产导致的信用风险。

（二）巨灾保险证券化的法律特性

巨灾保险证券化属于再保险创新业务，虽然具有金融产品的外观，但其基本性质为再保险合同。其主要特征为以下几方面。

1. ART 巨灾再保险合同的射幸性很强

巨灾保险证券化具有普通保险合同的射幸性特征，又与一般巨灾再保险合同有所不同。证券投资的损益，虽然也以巨灾损失产生为前提，但其真正的触发条件是巨灾再保险赔付责任达到 SPRV 与再保险人合同约定的赔付标准。巨灾损失发生但再保险赔付责任的损失规模未满足触发条件的，SPRV 与投资者无须承担相应责任。巨灾保险证券化与资本市场价格波动的相关性很低，可以对冲和降低巨灾再保险投资组合的整体风险。

2. ART 巨灾再保险是含触发条件的再保险合同

民法中的附条件合同是指条件成就才生效或失效的合同类型。ART 再保险合同在 SPRV 与再保险人、SPRV 与投资者缔结相应合同时就产生法律效力，SPRV 与对方当事人都需要承担相应责任。故此处所指"条件"，非合同生效条件，意指射幸合同当事人履行实际赔付责任的触发条件。从证券角度而言，巨灾保险证券化的基本交易结构与一般证券无异，其核心内容在于触发条件条款。ART 再保险提供个性化的产品或服务，触发条件条款是契约自由的产物。在国际市场上，巨灾保险证券化的触发条件主要包括：发起人赔偿责任的损失、行业损失指数、特定巨灾事件、现有巨灾损失统计指标四种。ART 再保险赔付责任的负担与否及其数额，实际上取决于特定发起人偿付能力、全行业损失状况、特定巨灾及损失的地区差异。ART再保险合同的射幸性其实来自触发条件条款。

3. ART巨灾再保险具有风险隔离性

发起巨灾保险证券化的再保险公司必须首先设立一个具有独立法人地位的特殊目的再保险机构，即SPRV。SPRV的资本金、运作和评级都是独立的。SPRV独立投资信托账户的资金及其投资收益，只能用于再保险赔付及证券还本付息。SPRV以自身资产维持运作，一旦无法清偿到期债务，就面临破产问题。再保险公司发起人并不需要为此承担法律责任。

4. ART巨灾再保险产品属于资产支持证券

传统证券产品以发行人的资信为基础。证券发行时，对利息、期限等已有明确约定，证券持有人在期满后享有的权益也已确定，属于实定证券。ART巨灾再保险类证券的射幸性很强。巨灾保险证券的信用基础，包含SPRV自有资产信用和转分保的保费收入，但更多的是巨灾再保险责任的不确定性所产生的现金流，即投资者预期巨灾事故不会发生或即使发生损失也不严重，不会触发巨灾损失赔付。ART巨灾保险证券也不以资本市场募集的资金直接支撑投资者的收益权，而是将资金统一交由信托投资机构管理，以投资增值满足投资者的收益权。

二　巨灾保险证券化的运行程序

以发行巨灾债券为例，巨灾保险证券化一般按以下流程操作。

（1）设立特殊目的再保险机构（Special Purpose Reinsurance Vehicle，SPRV）。SPRV为独立法人，资产与发起人资产进行破产隔离。

（2）SPRV与巨灾再保险人签订巨灾转分保合同，并收取保费。

（3）SPRV将现金流转换成可交易金融证券并在资本市场发行。

（4）SPRV将募集到的资金和保费收入集中于投资信托账户，并进行市场投资。

（5）在合同约定期限内，若巨灾损失发生，SPRV履行巨灾再保险合同的赔付责任；若巨灾损失未发生，SPRV 向投资者支付本金及利息。

SPRV 是巨灾保险证券化的核心主体。从资金流转层面考察，SPRV 连接巨灾转分保和证券发行两个法律关系，被赋予风险分散和破产隔离的功能。巨灾再保险公司发起人向 SPRV 转让部分公司资产，属于公司法上的发起人出资让与行为。发起人在 SPRV 成立后得依法享有股东的各项权益，如资产受益权、重大事项决策权、经营者选择权等。所让与的财产属于 SPRV 的原始公司资本金，SPRV 享有法人财产权。即使发起人破产，此项财产也与破产财产无关。从投资者的角度来看，SPRV 拥有独立的财产权，正是他们做出投资决定和取得投资收益的保障。[①]

SPRV 发行证券的融资行为，则为债权转让性质。依民法原理，在 SPRV 与投资者（即转让人与受让人）之间，发生债权转让的对内效力。巨灾再保险人为此项债权转让的外部第三人，不应以其与 SPRV 之间的出资转让关系，或转分保关系，而影响资本市场投资者的合法利益。因此，风险隔离是巨灾保险证券化的首要任务。SPRV 应承担独立的法律责任，将投资者隔离在巨灾再保险人的运营风险之外，使其不受巨灾再保险人破产的影响。此即"破产隔离"。

破产隔离机制是巨灾保险证券化得以正常运行的保障。破产隔离主要表现为 SPRV 与发起人的资本金独立、营业独立、信用评级独立。SPRV 由两个或以上的发起人出资设立，它将自有公司资本金和分入再保险责任的现金流价值证券化，再把从资本市场上获得的融资交给信托投资机构管理。信托投资收益只能用于指定目的，即还本付息或补偿再保险损失。只有将投资者收益与巨灾再保险人的其他分部业务分割开，SPRV 才能保证融资能力，使巨灾风险在资本市场分散成为可能。如果 SPRV 因资金链断裂或发起人因偿付

---

① 有观点认为，出资让与具有让与担保的性质。本书认为，这与让与担保的原理不符。再保险公司与 SPRV 之间并非债务人与债权人的关系。SPRV 承担赔偿保险金责任，并有保费的请求权。无论再保险赔付是否被触发，再保险公司都不能主张返还标的物或担保物优先受偿权。

能力严重不足而无法清偿到期债务,另一方都可以不受该方破产的影响。

国外法多以"真实销售"为破产隔离的认定标准。美国 2001 年《破产法改革法案》规定,真实出售是将合格资产转让给合格实体的行为,其结果是已转让财产被排除在转让人财产之外。[①] 发起人将与基础资产有关的收益和风险全部转移给 SPRV,SPRV 对基础资产拥有完全所有权,发起人及其债权人不得再对该资产行使控制和收益权。[②] 如果发起人向 SPRV 转让出资满足真实销售标准,在发起人破产时,SPRV 的资产才不会被归入破产财产用于破产清算和分配。这就避免了投资者与破产债权人,即巨灾保险连接证券之持有人的利益冲突。ART 巨灾再保险设置破产隔离之目的,就是保障投资者的合法权益,维护证券交易的安全与稳定。

三 巨灾保险证券化的价值

巨灾保险证券化由传统巨灾再保险市场的需求驱动。巨灾再保险业进行跨领域金融创新的意图十分明确,即解决单纯依靠转分保、多层损失分担方案,仍无法安排巨灾保险赔付责任的融资问题。再保险赔付资金主要来源于责任准备金、保费盈余和公司资本金,在资金成本上无法承载巨额再保险赔付责任。再保险人为弥补急剧下降的现金缺口、维持其承保能力,会选择风险证券化路径。当然,这也需要考虑经济上的可行性,即证券化的发行成本小于偿付能力所需资金的维持成本。因此,再保险人选择实行巨灾保险证券化的业务,通常具备以下特征:(1)巨灾风险发生概率极低;(2)巨灾预期损失特别巨大;(3)再保险人不能或不愿意耗费主要或全部现金流去承担再保险赔付责任。

对于可保性较弱的巨灾风险而言,巨灾保险证券化使其在财务上

[①] Steven L. Schwarcz, "The Impact of Bankruptcy Reform on 'True Sale' Determination in Securitization Transactions", *Fordham Journal Corporate and Financial Law*, Spring, 2002, symposium issue, pp. 1–2.

[②] 张泽平:《资产证券化法律制度的比较与借鉴》,法律出版社 2008 年版,第 122 页。

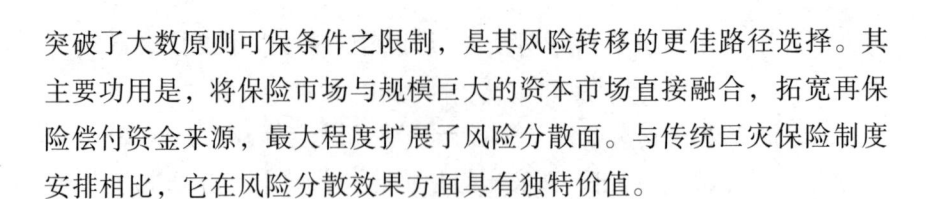

突破了大数原则可保条件之限制，是其风险转移的更佳路径选择。其主要功用是，将保险市场与规模巨大的资本市场直接融合，拓宽再保险偿付资金来源，最大程度扩展了风险分散面。与传统巨灾保险制度安排相比，它在风险分散效果方面具有独特价值。

（一）跨市场分散巨灾风险

ART机制风险转移与风险融资整合在一起，改变了巨灾保险的现金流向和大小，巨灾风险通过可交易证券分散给资本市场投资者。从保险角度看，ART机制将再保险容量从保险市场扩大到了资本市场；从金融角度看，被证券化的风险对应的是资产负债表中的负债部分，巨灾保险证券化实际上增加了巨灾再保险人的负债。

（二）巨灾保险综合成本较低

因为信息不对称、损失预测困难、再保险合同流动性差、偿付能力不足、风险分散程度较低等原因，传统巨灾再保险合同的交易成本较高且波动性大。ART再保险的SPRV设立成本较高，但在其他方面具有优势。如投资者没有市场进入的障碍，资金流动性强、交易成本低且不存在续约成本；证券市场上的信息公开减少了管理成本及信息不对称，巨灾连接证券的参量触发机制可降低信用风险和道德风险；由于巨灾连接证券与资本市场投资回报率没有相关性，证券交易相对稳定，适宜长期投资；巨灾债券可为保险赔付的抵押，期货和期权交易非常方便，有助于提高保险赔付效率。两大市场融合后，使巨灾再保险综合成本降低，资金利用率提高。

（三）减轻巨灾再保险人的实际责任

巨灾风险证券化后，再保险人可从再保险市场和资本市场筹得融资。巨灾连接证券的综合成本较低，同时触发概率低、收益率较高、期限较长，对投资者有吸引力。再保险人与投资者分享收益和风险。在约定期限内，若触发事件未发生，投资者可收回本息，SPRV也能获益；若触发事件发生，投资者失去利息或本金。这部分资金被用于支付保险金，减少了再保险人的实际赔偿金额，客观上也提高了再保险人的承保风险容量。

第三节 巨灾保险证券化中的契约群

巨灾保险证券化在本质上仍是再保险合同关系。它由 SPRV 与相关各方签订的一系列合同组成，主要包括：SPRV 与巨灾再保险人的巨灾转分保合同、SPRV 与投资者的证券投资合同、SPRV 与信托机构的信托投资合同。SPRV 巨灾转分保合同是其主干部分。SPRV 的证券发行、信托投资都受巨灾转分保合同约定内容的限制。

一 巨灾保险证券化合同的主体

（一）巨灾保险证券化合同的当事人

ART 巨灾再保险包含一系列合同关系，其基本法律框架由再保险人与 SPRV 的转分保合同、SPRV 与投资者的证券投资合同组成。这两个合同法律关系包含了三方当事人。

1. 巨灾再保险人

巨灾再保险人是与 SPRV 签订转分保合同，向其转移再保险赔付责任的一方。由于 ART 巨灾再保险转移的都是巨额赔付责任，在实践中亦常于再保险分层赔付方案中出现，故一般 SPRV 转分保协议都是部分分出再保险责任。

巨灾再保险人欲以 SPRV 为风险替代对象，通常需要以发起人身份投资设立 SPRV。发起人一般是两个或两个以上再保险公司或兼营再保险业务的保险公司。再保险人设立 SPRV 的意图是，在满足合同约定之触发条件，即分入的再保险赔偿责任达到预定标准时，再保险人可从投资者的本金和利息、SPRV 依约承担的赔偿金中获得补偿；如果期满触发条件未出险，再保险人可以作为发起人股东，以分红派息等方式分享 SPRV 的投资收益。

2. SPRV

SPRV 主要有信托型、公司型、有限合伙型三种组织形式。信托型 SPRV 主要为资产证券化使用。有限合伙型 SPRV 一般规模较小，巨灾风险证券化较少使用该种组织形式。公司型 SPRV 可以将巨灾再

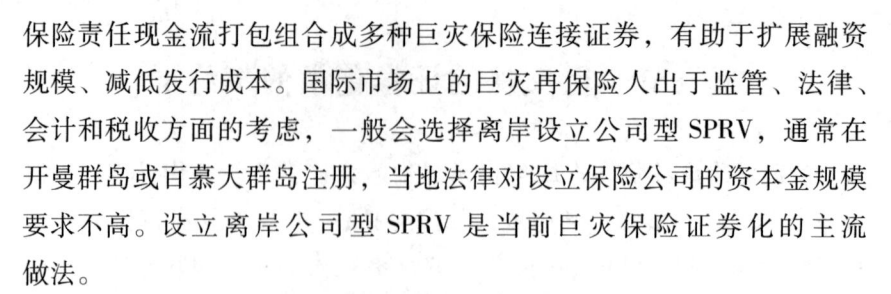

保险责任现金流打包组合成多种巨灾保险连接证券，有助于扩展融资规模、减低发行成本。国际市场上的巨灾再保险人出于监管、法律、会计和税收方面的考虑，一般会选择离岸设立公司型 SPRV，通常在开曼群岛或百慕大群岛注册，当地法律对设立保险公司的资本金规模要求不高。设立离岸公司型 SPRV 是当前巨灾保险证券化的主流做法。

从 2001 年美国全国保险监督官协会（NAIC）的《保险公司投资示范法》开始，SPRV 的合法性逐渐得到了国际社会的承认。巨灾再保险人为进行资产转让与风险分担而设立 SPRV，其目标是维持巨灾再保险人之偿付能力。从主体性质上说，SPRV 兼有再保险人和证券发行人资格。与普通再保险人的交易对象均为专业保险机构不同，SPRV 同时还是证券发行人。它连接投资者与再保险人，在 ART 再保险中居于核心地位。ART 巨灾再保险仿效资产证券化方式，将分入的再保险责任风险现金流以组合方式推向资本市场。SPRV 为独立公司法人性质，从事发起人协议、公司章程指定范围内的巨灾再保险转分保和证券业务。其资本金主要来源于发起人的出资、保费收入和证券发行募集的资金及其收益。根据触发条件的发生与否，SPRV 决定是否赔偿再保险人及具体赔偿数额，同时也决定是否向投资者支付约定的投资收益。实践中，也有少数 SPRV 承接来自外部的巨灾再保险转分保业务，以降低经营成本。

3. 证券投资者

证券投资者是通过 SPRV 的巨灾保险证券发行合同或证券市场上的证券转让合同，买入巨灾保险连接证券的一方。巨灾债券、巨灾期货、巨灾期权、巨灾互换、或有资本票据等巨灾风险证券化业务，专业程度很高、运作方式复杂。投资者作为巨灾风险的最终承担者，需要掌握金融、保险和巨灾风险管理方面的专业技能，并且有较强的资金实力和抗风险能力。因此，巨灾保险证券化的投资者一般都是专业投资机构。常见的有证券投资基金、银行、再保险公司、寿险公司和社保基金机构等。巨灾再保险证券投资领域很少出现个人投资者。

(二) ART 巨灾再保险合同的其他当事人

ART 巨灾再保险还可能出现其他类型的合同，作为 SPRV 转分保合同、SPRV 证券投资合同的必要补充。如 SPRV 与信托投资机构签订的资产管理信托合同，与证券承销机构签订的证券承销合同。SPRV 也会与律师事务所、会计师事务所、审计师事务所、破产清算事务所等签订各类中介服务合同。上述合同中，SPRV 的相对方均为 ART 巨灾再保险合同的当事人。其中较为重要的是信托投资机构。

SPRV 发行巨灾保险连接证券所募得的证券价款，及 SPRV 依转分保合同所得分保费，按照风险隔离的要求统一存放于一个信托投资账户。SPRV 与信托投资机构签订信托投资合同，将账户内全部资金转移给信托投资机构。信托投资机构负责在资本市场投资。为保证资金的安全，实践中信托投资机构多按约定投向政府公债等无风险或低风险投资项目。信托项下的收益，在触发条件满足时用于赔偿转分保赔偿金，或者在期限届满触发条件未出现时，用于支付证券投资回报。

(三) ART 巨灾再保险合同的参与人

ART 巨灾再保险的系列合同关系中，还会出现其他合同相关方。如巨灾原保险合同的投保人与保险人；负责巨灾风险及损失评估的专业建模公司和评估机构；负责巨灾风险地质、水文、大气勘测的专业咨询机构；对保险公司、再保险公司和证券发行进行市场信用评估的评级机构；提供证券发行筹资和上市准备方面专业服务的投资银行；保险业和证券业的监管机构等。

二 巨灾保险证券化合同的权利义务配置

(一) SPRV 转分保合同的权利义务

SPRV 与巨灾再保险人之间订立的转移巨灾再保险责任风险的合同，性质为转分保合同。依中国《保险法》第 28 条之规定，再保险只能向 SPRV 分出部分再保险责任。加之现行法已取消法定分保之规定，第 103 条强调：保险机构对每一危险单位承担的责任"超过其实有资本金加公积金总和的百分之十"时应分出业务，故而双方当事人可根据需要自行约定分出比例。

SPRV 转分保合同以资产转让与风险分担为特定目的。该合同的基本内容应为转让部分的承保风险和相应的保费债权。保险风险的证券化实为保费债权的证券化，即巨灾再保险人向 SPRV 对价转移保费债权。SPRV 转分保合同的基本权利义务为：巨灾再保险人有向 SPRV 支付再险保费的义务；SPRV 承担转分保责任，在巨灾损失满足触发条件时，须以风险证券化募得的资金和投资收益，向再保险人赔付保险金。

关于再保险人的风险承担义务是否随保费债权一并转移，学界有不同的观点：第一种观点认为，如该项义务仍完全留在再保险人处，受保费转移的影响，再保险准备金更无法满足巨灾损失赔偿责任的需要；第二种观点则认为，保费转移是 SPRV 接受分入再保险责任的对价，此对价应归入 SPRV 准备金。巨灾再保险赔付的风险仍是平衡的。美国判例法亦认同此观点，认为 SPRV 有权收取保费并承担风险，其合同性质属于"再保险合同"。[①] 笔者认为，第二种观点关于保费归属的认识，与当代巨灾风险证券化实践有所出入。通常，SPRV 保费收入的现金流被转化为可交易证券，以作为获取投资收益及风险分摊的成本。如果 SPRV 将保费直接用于赔付再保险人损失，则与普通保险机构的转分保行为无异，也无法解决传统再保险无法应对巨额赔付责任的困境。这显然有违巨灾再保险人设立 SPRV 之初衷。

（二）SPRV 证券投资合同的权利义务

巨灾保险连接证券的法律性质为合同无疑。中国《金融机构衍生产品交易业务管理暂行办法》将巨灾保险连接证券界定为金融合约。最高人民法院《关于审理期货纠纷案件若干问题的规定》也明确该类纠纷按合同纠纷审理。但学界对其属于何种合同，有不同认识。有观点认为，其应属新型的无名合同，应参照近似合同做出效力判断。[②]

[①] 金震华：《巨灾风险证券化中相关合同的法律性质探析》，2018 年 7 月 15 日，http://www.hailyare.com/theorya7.asp。

[②] 宁敏：《国际金融衍生交易法律问题研究》，博士学位论文，中国社会科学院研究生院，2002 年，第 48 页。

也有观点认为，巨灾保险证券投资合同的标的是一种契约，① 是以特定金融标的物的给付为标的之买卖合同。② 美国金融监管立法也将金融消费品界定为买卖关系，认为"每一个衍生品合约都有买方和卖方，称作一笔交易的交易对手"③。依合同法，买卖合同的标的，可以是财产或可转让的权利。巨灾保险连接证券应为以权利为标的之买卖合同。④

SPRV 的商事能力限于分入再保险业务的证券化操作，不经营其他保险业务，证券发行一般只针对发起人的分出业务。在 SPRV 证券投资合同关系中，SPRV 是证券发行人，享有募集资金的使用权。SPRV 有权与信托投资机构签订信托合同，将募得的资金交由信托投资机构管理，取得投资收益。同时，SPRV 也是该项合同之债的债务人。在合同期满，约定触发条件仍未满足时，SPRV 有义务向投资者归还本金并支付利息，以满足对方的收益权；如果触发条件出现，SPRV 得免除部分或全部付息或还本义务。由于巨灾保险连接证券有很强的专业性、复杂性，投资者通常为实力雄厚的专业投资机构。鉴于 SPRV 证券投资合同双方当事人交易能力相当，SPRV 一般无须承担受信义务、适当性义务。

SPRV 负有信息披露义务。这对场外交易型巨灾保险连接证券尤为重要。由于该类交易为一对一的个性化协议，信息严重不对称，投资者无法知悉 SPRV 与其他投资者交易的情况，可能因风险估计不足而受损。监管机构也会因场外市场透明度因素出现监管不力的情况。SPRV 的信息披露义务主要包括：（1）在证券投资合同项下，对买方承担的信息披露义务；（2）依公认会计标准，在财务会计报告中披露交易的巨灾保险连接证券之信息；（3）向监管机构报告具体证券交易内容。

---

① 冯博：《金融衍生品定价的法律规制》，法律出版社 2013 年版，第 17 页。
② 王旸：《衍生工具基础法律关系研究》，《法学家》2008 年第 5 期。
③ [美]约翰·马丁森：《风险管理案例集：金融衍生品应用的正反实例》，钱泳译，东北财经大学出版社 2011 年版，第 6 页。
④ 颜延：《金融衍生工具买方义务研究》，法律出版社 2014 年版，第 55 页。

以投资者的损失范围来区分，SPRV 证券投资合同可分为保本型与本金没收型两种。依保本型证券投资合同，触发条件出现，投资人只能主张本金返还请求权，SPRV 以其损失的利息向再保险人支付保险金；依本金没收型证券投资合同，投资人在触发条件出现时损失本金及利息。

（三）SPRV 信托投资合同的权利义务

SPRV 信托投资合同，是 SPRV 与信托机构签订的将 SPRV 发行证券所得资金和巨灾转分保费转移给信托机构，由信托机构以信托财产从事投资行为的合同。在 SPRV 信托投资合同中，SPRV 是委托人，信托机构是受托人，巨灾再保险人为 SPRV 指定的受益人。

SPRV 必须将证券发行所得资金和保费收入全部移转至信托人账户，不得控制信托账户内的财产，也不得享受信托投资的收益。委托人有权了解其信托财产的管理、投资、损益和其他情况。受托人未按约定管理、处分信托财产，或者有重大过失的，委托人有权解任受托人。

信托人应当将该账户与自己其他业务账户区别，不得将信托财产转为其固有财产。信托人应以自己的名义，按照委托人 SPRV 指定的内容，谨慎从事投资行为。受托人有权按合同约定取得报酬，但不得主张分享投资收益。在证券规定的触发条件发生时，应以信托账户内的财产向巨灾再保险人支付转分保赔偿金，不得向证券持有人支付本息。

三 SPRV 证券投资合同的特殊条款

SPRV 证券投资合同，是 SPRV 与投资机构之间就巨灾保险连接证券的发行和认购、双方当事人权利义务、交易金额、投资收益情况和合同期限等事项所订立的合约。如前文所述，SPRV 证券投资合同是具有射幸性的买卖合同。它与普通买卖合同的区别在于该合同存在特殊条款，即触发条件条款。

（一）触发条件条款的含义

SPRV 证券投资合同的触发条件条款，是 ART 巨灾再保险合同的核心内容。巨灾保险连接债券发行后，投资者的收益权最终能否实现，完全取决于合同约定的触发条件是否出现。该条款是指，双方当事人以巨灾事件的类型、量级及造成经济损失的程度、保险赔偿责任的数额等为标准，约定投资者实现收益权的条件、本息损失的范围与具体数额的条款。

触发条件条款是 SPRV 证券投资合同的格式条款。SPRV 证券投资合同是双务合同、诺成性合同。同时，触发条件条款使 SPRV 承担合同义务具有很大的不确定性。SPRV 证券投资合同的射幸性正源于该条款。实际上，投资者正是以承受损失本息风险的方式，成为巨灾风险的终极承受者。

(二) 触发条件条款的常见模式

1. 赔偿型触发条款

当巨灾再保险人的保险赔付责任超过其承保额度时，SPRV 直接扣除投资者本息，以补偿其损失金额。这种触发模式有两种主要标准：（1）发起人损失状况。这是根据特定发起人的巨灾再保险赔付责任损失是否达到合同约定的程度，来决定投资者是否丧失收益权。（2）全行业的巨灾损失状况。美国加州地震保险适用此标准。如瑞士再保险公司发行的巨灾债券按行业损失程度分为三级。A-1级、B级债券的行业损失标准为 185 亿美元，C 级债券的行业损失标准为 120 亿美元。发起人损失状况触发模式不存在基差风险，但仍应与再保险责任范围有所不同。行业平均损失可能与特定再保险人的实际损失有差距，证券现金流不能完全补偿再保险损失，因此存在基差风险。[1]

2. 指数型触发条款

这种模式多以第三方专业技术机构制定的巨灾指数作为触发条件，[2] 主要标准有三种：（1）物理参数指数型，即以特定的巨灾事

---

[1] Robert W. McDowell, "Insurance Securitizations in Canada: Key Principles for a Canadian Regulatory Regime", *Euromoney International Reinsurance Review*, 2012/2013.

[2] 谢世清：《巨灾保险连接证券》，经济科学出版社 2011 年版，第 14 页。

件为条件。(2) 行业指数型。日本曾发行巨灾债券,触发条件为东京地区十年内发生 7.1 级以上地震(依该国地质协会制定的震级标准)。① (3) 模拟损失指数型。以巨灾模型公司测定的风险组合期望损失为标准。② 指数型触发条款在天气类巨灾保险衍生品中甚为流行。它弥补了某些险种历史数据不足的缺陷,同时减少了道德风险或逆向选择,但基差风险较大。

3. 混合型触发条款

该条款通常将多种触发标准组合使用,具体标准有两种:(1) 对不同地区的同种巨灾设置不同标准。如美国佛州飓风保险使用美国财产理赔服务部制定的 PCS 行业指数标准,台湾风灾使用参数指数标准。(2) 同种巨灾使用多种触发机制,如印尼海啸同时使用参数指数和模型指数两种标准。

指标型、参数型、建模型和混合型触发条件克服了道德风险,但可能留下基差风险。巨灾保险连接证券支付与保险公司损失之间的随机差,就是基差风险。如行业损失触发条款估计的行业损失和保险公司的实际损失就存在差异。③ 巨灾保险连接证券的触发条件不同,就可能面临不同程度的基差风险和道德风险。

第四节　中国巨灾保险证券化制度的创设

一　发展中国巨灾保险证券化的现实意义

(一) 巨灾保险证券化是对传统巨灾再保险的有益补充

尽管巨灾保险证券化在理论上适用于所有类型的可保风险,但这种新兴的风险分担机制对巨灾风险尤为重要,因为普通保险公司,甚至保险行业整体的偿付能力通常无法覆盖巨灾潜在的特别重大损失。

---

① 熊磊:《巨灾保险风险证券化的法律制度浅析》,《法学研究》2012 年第 11 期。
② 王飞:《巨灾债券风险的法律控制——以保险风险证券化为背景》,博士学位论文,华东政法大学,2015 年,第 42 页。
③ Sylvie Bouriaux, "Securitization of Catastrophe Risk: New Developments in Insurance-Linked Securities and Derivatives", *Journal of Insurance Issues*, Vol. 32, No. 1, 2009, p. 3.

对巨灾再保险公司个体而言，巨大风险累积或赔付责任可能构成保险准备金的沉重压力。ART 巨灾再保险具有明显的优势，可充分利用资本市场提高其可用资本和风险承受能力。① 从整个行业角度而言，巨灾保险证券化的发展，提高了全球再保险业的巨灾承保能力。就巨灾风险高发国家和地区而言，它们动用全社会资源仍无法承受的巨灾损失，有可能被 ART 巨灾再保险所消化。

在巨灾保险证券化出现的二十余年间，越来越多的再保险公司将源于资本市场投资者的再保险替代资金用作风险转移的低成本来源，同时巨灾保险连接证券的投资回报也越来越受投资者欢迎。截至2016 年第二季度，全球再保险市场资本金规模为 5850 亿美元，传统再保险资本金为 5100 亿美元，证券化资本为 751 亿美元，占全球再保险公司资本的 13% 左右。② 全球巨灾保险连接证券的现有市场规模为 254.49 亿美元。③ 这些数据说明，巨灾保险证券化市场还有很大的发展空间。这也意味着，在巨灾风险转移领域，传统再保险仍占据主导地位；巨灾保险证券化只是对传统再保险的补充，尚不构成替代或威胁。④

（二）巨灾保险证券化是中国巨灾保险发展的重要突破口

国际经验表明，巨灾风险证券化是传统保险业进化过程中的一个重要阶段。与国际保险市场相比，中国保险市场的整体发展水平依然太低。截至 2014 年，中国保险普及率仅为 3.2%，远远低于 6.2% 的全球平均水平。⑤

---

① David Durbin, "Managing Natural Catastrophe Risks: The Structure and Dynamics of Reinsurance", *The Geneva Papers on Risk and Insurance*, No. 26, 2001, pp. 297-309.

② Source: Aon Securities Inc, http://www.artemis.bm/blog/2016/09/09/alternative-capital-across-ils-hits-new-heights-at-75-1bn-aon-securities/.

③ Artemis ILS Market Report Q3 2016, http://www.artemis.bm/artemis_ils_market_reports/.

④ ARTEMIS, *ILS Enlarges Reinsurance, Complements it, Says SCOR. But is it in Contest*? http://www.artemis.bm/blog/2016/09/07/ils-enlarges-reinsurance-complements-it-says-scor-but-is-it-in-contest/.

⑤ Aon Benfield, *Reinsurance Market Outlook*, September, 2016.

中国是世界上自然灾害最严重的少数国家之一。在过去几十年经济、社会快速发展的过程中，不合理的开发行为和城市化进程又加剧了巨灾风险。在面临巨灾风险的严峻挑战的同时，国内保险市场的风险分散能力严重不足。巨灾承保水平相当低，2014年以前的平均赔付比例仅为1.5%。[①]

在国内保险市场无法承载巨灾风险的情况下，中国过去不得不依赖政府干预和财政拨款来应对巨灾损失。这种传统的灾害管理方式，不仅给国家财政造成了巨大压力，巨灾损失的补偿效果也十分有限。以中国巨灾最严重的2008年为例，当年国家财政救灾资金高达303.8亿元，仅占灾害损失的2.59%。[②]

"新国十条"之后，中国逐步启动巨灾保险制度建设和实践探索。国家在一些省市开展地方巨灾保险试点。2016年5月保监会与财政部推出了《建立城乡居民住宅地震巨灾保险制度实施方案》，以城乡居民住宅为承保对象的地震巨灾保险保单刚刚面世。但是，对于洪水、台风等国内其他主要类型巨灾风险，相关专项建设还未启动。2016年夏季，中国长江流域11个省份因严重暴雨和洪水灾害遭受直接经济损失280亿美元，保险损失8亿美元，赔付占比仅为2.85%。[③]

再保险市场，是衡量一国保险业发展水平的标尺，也是巨灾保险风险分散的出口。目前，中国再保险市场总体规模仅占全球再保险市场的2%左右。再保险主体约10家，国内再保险公司资金缺口较大。占1/3市场份额的中再集团的综合成本率就高达102%。在现有巨灾保险业务中，损失补偿资金主要由政府和保险业负担，再保险机制还未充分发挥作用。

"新国十条"将巨灾列为再保险业的发展方向之一。但是，受中国保险市场整体偿付能力不足的限制，刚刚启动的巨灾保险建设在短期内尚不可能通过国内再保险市场找到风险分散出口和足够的融资来

---

① 数据来源：慕尼黑再保险《2014年度全球自然巨灾报告》。
② 数据来源：国家民政部2008年《民政事业发展统计公报》。
③ Aon Benfield, *Analytics*, 2016.

源。在此种情况下，保险业更应反思行业定位，在大力发展再保险市场的同时，充分依靠国际资本市场推进 ART 巨灾再保险，以弥补中国巨灾保险与再保险的不足。

二 中国构建巨灾保险证券化制度的基础条件

（一）资本市场环境向好

资本市场是 ART 巨灾再保险的资金池和风险分散终点。它主要由债务资本市场和股本资本市场构成。过去三十余年间，中国 GDP 增速长期保持全球第一，现已成为全球第二大经济体。在中国经济的快速发展的大环境下，中国资本市场虽然历史很短，但规模扩张很快。截至 2019 年年底，中国股票市场总市值达到 59.29 万亿元，居全球第二位；中国债券市场亦占据全球第二位。

我国资本市场目前处于发展模式转型、结构调整的重要关头，亟待提高直接融资比重。直接融资，是资金供给者通过金融中介把资金直接提供给资金需求者，在投资者和融资者之间形成直接的债权债务关系。间接融资，是投资者通过银行把资金提供给融资者，形成两个债权债务关系。巨灾保险证券化为中国发展直接融资提供了新的选项，即以 SPRV 为金融中介，连通再保险市场和资本市场。目前，国际巨灾保险证券化业务普遍采取离岸操作方式，设立 SPRV 的资本金门槛低，法律监管环境宽松。同时，离岸 SPRV 向国际资本市场直接发行巨灾保险连接证券，可以扩大融资来源和规模，突破国内再保险市场容量限制。大力发展巨灾保险证券化，有望实现巨灾保险和直接融资双赢。

（二）保险市场发展前景乐观

中国保险业起步较晚，发展水平相对落后，但近十余年来一直保持高增长态势。近十年来，中国保险业的保费年均增长率超过10%，高于同期 GDP 增速。据瑞再预测，如果中国保险市场能继续保持目前的快速增长态势，完全有可能实现"新国十条"提出的 2020 年"保险深度达到 5%"、再保险市场规模达到 3300 亿元的目标。[①] 欧美

---

① Swiss Re, "Natural Catastrophes and Man-made Disasters in 2015", *Sigma*, 2016.

发达保险国家的巨灾再保险收入占总保费的 20%，如果按这一比例计算，中国巨灾再保险年均保费收入有望达到 1000 亿元。因此，巨灾保险连接证券的未来现金流价值应当会非常可观。

（三）制度条件基本具备

中国巨灾保险专门立法虽尚付阙如，但巨灾保险证券化制度建设并非空白。首先，中国一系列法律法规已为巨灾保险证券化进行了必要的立法准备。《证券法》《信托法》为巨灾保险证券化预留了空间。在行政法规和规章效力层级，顶层设计为巨灾保险证券化提供了直接依据。主要包括：《国务院关于推进资本市场改革开放和稳定发展的若干意见》《关于加快发展现代保险服务业的若干意见》《关于保险公司发行资本补充债券有关事宜的公告》等。另外，《信贷资产证券化试点管理办法》《信托业务会计审核办法》《信贷资产证券化试点管理办法》等一系列资产证券化法规也可为巨灾保险证券化制度设计提供有益借鉴。

其次，中国现代保险监管制度体系已经构建完成。2016 年，开始正式实施中国风险导向的偿付能力体系（简称"偿二代"）。"偿二代"以定量资本要求、定性监管要求和市场约束机制为三大支柱。区分国内再保险公司和离岸再保险公司，计算再保险分出人的信用风险资本；实施再保险登记制度，要求所有再保险公司和再保险经纪人，必须在中国保监会平台登记进口业务情况；对再保险公司进行安全评级。[①]"偿二代"将进一步提高保险公司的偿付能力，增强保险业的风险抵御能力，促进保险业转变发展方式。

最后，证券监管机构将会强化金融中介机构的监管。会计师事务所、律师事务所和资产评估等中介机构在资本市场中具有重要作用，要加强制度供给，强化中介机构的合规管理，促进诚信运营。央行也提出要培育多元化的金融机构、建立多层次的金融市场，未来将适当放宽金融机构的准入门槛，增加金融市场有效供给。这些举措有利于为 ART 巨灾再保险营造一个相对宽松的监管环境。

---

① Aon Benfield, *Reinsurance Market Outlook*, September, 2016.

(四) 实践探索初见成效

2015年，中国保险业首次在国际资本市场尝试巨灾风险证券化。首先，由中再集团旗下的全资子公司中再产险作为发起人，在百慕大设立特殊目的机构 Panda Re；中再集团及中再产险再将其所承保的部分国内地震风险再保险责任转分给 Panda Re；然后由 Panda Re 在境外资本市场发行 Panda Re 2015-1 系列 A 号债券进行融资，以融资本金为这部分风险提供全额抵押保险保障。该项地震巨灾债券为本金不确定型浮动利率债券，面值为 5000 万美元，到期日为 2018 年 7 月 9 日。此次巨灾债券发行，很有可能是保监会在城乡居民住宅地震巨灾保险启动之前的再保险安排。

保监会与北京市也提出，将在北京保险产业园内拟建巨灾风险证券化交易所，试点开发巨灾债券、巨灾期货等金融工具。①

其次，保险风险证券化与资产证券化的基本原理和操作过程有相似性，可以借鉴后者的实践经验。中国资产证券化始于 2005 年，曾因美国次贷危机暂停，2012 年重启。目前资产证券化市场存量规模逾 4 万亿元，处于爆发式增长阶段，交易所证券化业务尤其提速明显。②

三 中国巨灾保险证券化制度构建的法律障碍

与此同时，中国创设巨灾保险证券化制度还面临着一些法律障碍，主要体现在 SPRV 设立和巨灾保险证券化运行两个方面，这需要在构建具体制度时将其纳入考量环节。

(一) SPRV 设立之法律障碍

1. SPRV 只能为公司法人

美国是最早推行 ART 巨灾保险制度的国家，建立了完备的 SPRV 设立和运行制度。就组织形式而言，分为公司型 SPRV、信托型 SPRV、有限合伙型 SPRV 三种形态。其中，公司型 SPRV 设立和运作过程规

---

① 《关于加快推动北京保险产业园创新发展的实施办法》。
② 东方金诚与中央结算公司联合发布《2019 年资产证券化发展报告》。

范，在财产、营业、责任承担方面具有独立性，很受大型巨灾再保险公司和投资机构的青睐，也是目前最常见的 SPRV 组织形式。其他两种类型的 SPRV，市场准入门槛较低，法律程序简单，在风险证券化领域也有一定的市场。

由于 SPRV 兼有再保险人和证券发行主体的资格，在中国设立SPRV，既要符合公司法、合伙企业法规定的设立条件要求，还须达到中国法律规定之再保险、证券、期货市场进入门槛。在中国现行法律环境下，SPRV 的组织形态并不具备多样性。依公司法规定，可对股份有限公司、有限责任公司、一人有限责任公司三种组织形式加以选择。但证券法只允许股份有限公司、有限责任公司为证券发行主体。根据保险法的相关规定，保险公司只能是有限责任公司和股份有限公司。① 故一人公司 SPRV、有限责任合伙 SPRV 于中国并不可能存在。

2. 法定最低注册资本限额于 SPRV 要求过高

现行公司法规定，股份有限公司注册资本的最低限额为人民币 500 万元，有限责任公司注册资本的最低限额为 3 万元，且首次出资额不得少于注册资本的 20% 或法定注册资本之最低限额。对于以巨灾转分保和证券交易为营业内容的 SPRV 来说，上述市场进入资金门槛似乎并不过高，还作为投资公司享受五年内缴足余额之待遇。但加上中国保险、证券、期货相关法律对从业主体资本金的特别要求，SPRV 的市场进入门槛实际被大大提高了。

在证券发行主体资格方面，中国现行证券法规定，发行债券的股份有限公司和有限责任公司的净资产最低限额分别为 3000 万元、6000 万元，且累计债券余额不超过公司净资产的 40%；国务院《期货交易管理条例》规定，设立期货公司的注册资本最低额为人民币 3000 万元。

在巨灾再保险主体资格方面，由于中国尚无巨灾保险立法，似可先适用普通再保险公司之设立要求。2015 年保监会《再保险业务管

---

① 参见现行保险法第 84 条第 7 项关于股东变更出资额的规定。

理规定》取消了对再保险公司实收货币资本金的特殊要求，但再保险公司仍须达到中国保险法规定之注册资本最低限额，即人民币2亿元。在实践中，国内再保险公司、期货公司注册资本金通常都在10亿元以上，证券公司资本金规模高达数百亿元的亦属常见。

值得注意的是，设立信托型SPRV在中国存在相同的问题。2015年银监会在《信托公司行政许可事项实施办法》中明确了信托公司发行债券融资的标准，主要条件包括：公司最近1个会计期末净资产不低于10亿元；最近3个会计年度连续盈利，且3年累计净利润不低于10亿元；等等。2015年保监会公布的《信托公司条例（征求意见稿）》也拟定信托公司注册资本最低限额为3亿元人民币实缴货币资本。

在中国现行金融法律环境下，SPRV市场进入的资信门槛如此之高，不仅增加了SPRV设立的难度，也与其设立初衷相悖。如前文所述，SPRV的资产主要为负债，即来自资本市场投资者的融资。如果注册资本金规模过大，发起设立SPRV的巨灾再保险公司就需耗费大量资金以满足出资要求，同时还会导致其再保险偿付能力锐减，进而影响未来承保能力。在国际实务中，发起人通常只会令SPRV自有资本金满足设立地法律之最低要求。这也是开曼群岛、百慕大群岛出现大量离岸公司SPRV的根本原因所在。

3. 破产隔离难以认定

对于发起人出资转化而成的SPRV公司资本金，如果SPRV能享有法人财产权，并以全部财产对公司债务承担责任，SPRV即为独立法人；如果发起人仍能控制SPRV资金或营业，则面临公司法之法人人格否认问题。真实销售是判断SPRV与巨灾再保险公司发起人是否实现破产隔离的标准。

中国公司法、破产法等相关法律未规定破产隔离，亦未使用真实销售之术语。目前仅财政部《企业会计准则第23号——金融资产转移》有类似意思的表述：企业已将金融资产所有权上几乎所有的风险和报酬转移给转入方的，应当终止确认该金融资产。终止确认是指将金融资产或金融负债从企业的账户和资产负债表内予以转销。财政部

《信贷资产证券化试点会计处理规定》规定，发起机构已将信贷资产所有权上几乎所有（通常指95%或者以上的情形，下同）的风险和报酬转移时，应当终止确认该信贷资产。该规定同时将发起机构放弃信贷资产控制权作为终止确认的补充情形，并以发起机构与该信贷资产实现了破产隔离为放弃资产控制权的认定条件之一。

依美国《破产法改革法案》的经典表述，认定资产转移是真实销售，需发起人对所转让的资产进行表外处理，SPRV对该资产拥有所有权。中国财政部的上述规定采取了会计学上的认定条件和表述方式，实不能成为破产隔离之法定标准。其原因有三：其一，巨灾风险证券化与资产证券化有别。发起人向SPRV出资是履行发起人义务之保险，并非信贷关系。其二，金融资产为实物资产之对称。公司资本金属于实物资产，向SPRV分出的巨灾再保险责任亦不得从再保险公司资产负债表中去除。其三，如果上述会计业务规则之规定可为真实销售标准之表述，则破产隔离反而成为真实销售的认定条件，于逻辑上无法成立。

（二）巨灾保险证券化运行之法律障碍

巨灾保险证券化基于破产隔离原理运行。SPRV与发起人再保险公司进行破产隔离，是确保SPRV财产和责任能力独立，保障投资者合法权益的必然要求。

1. 信托财产的性质

在法律关系层面，SPRV资产移转涉及设立出资、财产权担保或信托等内容。信托型SPRV与巨灾再保险人之间、SPRV与信托投资机构之间，均采用信托关系的表外模式，属于特定目的信托。巨灾保险证券化中的信托关系，与中国现行信托法可能存在冲突。

中国《信托法》第15、16条规定，信托财产与委托人的其他财产应加以区别；信托财产也不得归入受托人的固有财产。受托人被依法解散、被宣告破产时，信托财产不归入清算财产。信托财产与委托人的其他财产、受托人的固有财产都是彼此独立的。该法第14条规定，受托人管理信托财产而取得的财产，也归入信托财产。

对信托型SPRV而言，委托人巨灾再保险公司的信托财产是其资本金的来源。SPRV 作为受信人，既无法享受信托财产投资的收益，又无法以信托财产承担破产还债或违约责任，则说明信托型 SPRV 于中国法律中不可能存在。

就公司型 SPRV 与信托机构的信托投资合同关系而言，信托机构无权享受信托财产所生之收益；信托账户内的资产只能为信托财产的实时净值。[①] 而巨灾保险证券的信用基础，主要是巨灾再保险责任的不确定性所产生的现金流，即投资者因巨灾风险发生概率极低，预期不会触发保险损失赔付责任，只会获得投资收益。依照现行法之规定，SPRV 只能将自有资本金和转分保的保费收入证券化。这严重限制了巨灾保险连接证券的融资能力，也于巨灾再保险补偿无益。

2. SPRV 的信息披露监管

SPRV 在证券发行过程中，应履行证券法规定之信息披露义务。此为遏制资本市场上的信息不对称现象，保障投资者合法权益之必要措施。中国现行证券法采取的是传统的信息披露制度，即通过会计报表形式披露。SPRV 可能涉及的会计报表包括：公司债券募集办法、财务会计报告、上市报告文件、年度报告、中期报告、临时报告以及其他信息披露资料。但巨灾保险连接证券的定价问题具有特殊性和复杂性。既不宜套用传统会计准则进行确认，也不能对相关证券产品进行合理计量，通用财务会计报表更无法充分反映巨灾保险连接证券的价值变动情况。[②] 巨灾风险证券化面临着信息披露方面的实施困境。

我国目前实行金融业分业监管体制。国家对保险公司、证券公司、银行各设有相应的监督管理委员会。SPRV 由再保险公司设立，其业务范围涉及较多领域。巨灾转分保应归保监会监管，证券发行应受证监会监管，信托业务的监管则归银监会负责。SPRV 会引发多头监管问题。另外，现阶段证券发行信息披露监管规则，均针对资产证券化设置。如《信贷资产证券化试点管理办法》《资产支持证券信

[①] 朱崇实：《资产证券化的法律规制——金融危机背景下的思考与重构》，厦门大学出版社 2009 年版，第 277 页。

[②] 冯博：《金融衍生品定价的法律规制》，法律出版社 2013 年版，第 128—129 页。

息披露规则》等，都适用于银行为发起人的证券交易，监管机关为中国人民银行或银监会。金融风险证券化监管在中国法律上几乎还是空白。

四 构建中国巨灾保险证券化制度的建议

（一）巨灾保险证券化的立法路径

我国未来巨灾保险的立法路径，可以以保险法为中心，以巨灾保险法规和规章为主体，与《防洪法》《气象法》《防震减灾法》等自然灾害应急法相呼应，形成整体法律体系。即在《保险法》中为巨灾保险和巨灾再保险增加概要的原则性规定条款；根据中国实际情况，选择主要灾害类型推出单项行政性法规，如《地震巨灾保险条例》《洪水巨灾保险条例》等。区域性灾害风险严重的省市，可制定专门的巨灾保险地方性法规。对于巨灾再保险，保监会可在今后修改《再保险业务管理规定》时，从巨灾再保险主体、业务经营、监督管理等方面着手予以补充，为巨灾再保险业务发展奠定制度基础。

中国 ART 巨灾再保险的发展需要完备的法律制度支撑。所幸中国顶层设计开发 ART 巨灾再保险的意图日渐明朗。2004 年《国务院关于推进资本市场改革开放和稳定发展的若干意见》提出，"支持保险资金以多种方式直接投资资本市场""研究开发与股票和债券相关的新品种及其衍生产品"。2014 年国务院《关于加快发展现代保险服务业的若干意见》指出，应加大再保险产品和技术创新力度，促进保险市场与货币市场、资本市场协调发展。2018 年保监会《保险资金运用管理办法》也明确规定，保险公司可以投资债券。2020 年银保监会《关于保险资金投资银行资本补充债券有关事项的通知》也允许保险公司投资资本补充债券。保监会 2014 年《保险公司资本补充管理办法（征求意见稿）》列举的资本补充方式，保单责任证券化产品和非传统再保险都在其列。而这两种均属于 ART 巨灾再保险范畴。可见 ART 巨灾再保险是有一定预留空间的。

ART 巨灾再保险涉及公司、合同、保险、证券、信托、合伙企业等多个法律领域，引起的法律关系十分复杂。有观点认为，ART 巨灾再保险立法，宜对散见于各部门法中的相关规则进行"兼容性调整"①。笔者并不赞同，主要理由有：

第一，ART 巨灾再保险立法属于跨领域制度建设，固然要考虑与现有法律法规的衔接、兼容问题，但也要顾及修订多部法律的立法成本。实际上，与 ART 巨灾再保险相关的现有法律制度，即保险法、证券法等，基本并未涉及 ART 巨灾再保险问题。对 ART 巨灾再保险而言，立法空白多于法律冲突。至于 SPRV 与信托法之协调问题，可与资产证券化问题一并研究解决。零修散补式的立法方式，并不一定能解决不同法律间之协调性问题，也可能影响 ART 巨灾再保险立法的进度、效率和质量。

第二，专业性强的法律领域，宜以专项法律规制。这也是发达国家 ART 巨灾再保险立法的通行做法。代表立法例有美国《特殊目的再保险机构示范法》、日本《资产流动化法》、韩国《资产证券化法案》等。巨灾保险连接证券已经相当多元化，现有产品种类多达十余种。中国证券法无法完全覆盖其范围。因此，可将其认定为中国《证券法》第 2 条规定之"国务院依法认定的其他证券"，先由国务院或国务院授权的部门制定专门行政法规或规章。待条件成熟，可仿效其他国家，再制定专门法。

第三，对现行法中与巨灾保险证券化立法不相容之规定，大可不必为巨灾风险证券化而大刀阔斧地修法。譬如，若为放松对 SPRV 的限制而降低保险法和证券法关于最低资本金限额的要求，可能影响中国金融市场安全稳定发展，实为不妥。今后巨灾保险业务发展后，国内中小型再保险公司基于对设立成本的商业考量，多会选择离岸 SPRV 发行证券。现行法设定之高额资金门槛，对于大型本土再保险公司和外资再保险公司并不构成市场进入障碍，反而可能有助于它们抢滩金融衍生品市场。国内金融衍生品市场发展之初，应更重视

---

① 梁昊然：《论我国巨灾保险制度的法律构建》，博士学位论文，吉林大学，2013 年，第 186 页。

所输入保险资金和技术之质量和稳定性。从而与中国资本市场"完善金融市场结构,提高金融市场效率,维护金融安全"①之发展策略相契合。

第四,中国现行立法通常设有兜底性条款,以为今后立法之衔接和延展作铺垫。在立法技术上,未来巨灾保险证券化立法可充分利用这些条款,如证券法第 2 条之"其他证券"规定,便可与现有法律对接。在法律适用上,巨灾保险证券化可遵循特别法优先于一般法之原则。

(二) SPRV 主体制度构建的主要问题

1. SPRV 的模式选择

SPRV 有两种模式,即公司法人型与受保护单元型。美国兼采这两种模式,美国保险监督官协会(NAIC)制定的《特殊目的再保险机构示范法》(Special Purpose Reinsurance Vehicle Model Act)和《受保护单元公司法》(Protected Cell Company Act),分别与上述两种模式对应。

受保护单元 SPRV 是不具备法人资格的再保险人。保险公司可以在内部设立受保护单元。受保护单元账户内的资产、法律责任均与普通账户隔离。其所获得的巨灾债券融资只能用于赔付本单元内的巨灾再保险损失。若保险公司破产,普通破产债权人不得主张以受保护单元财产受偿。受保护单元更像是保险公司风险的内部隔离。受保护单元 SPRV 被认为是再保险公司内部的特殊目的信托关系。② 本书认为,尽管此种模式有助于解决中小型再保险公司的风险证券化问题,但其毕竟脱胎于美国宽松的市场进入监管体系,恐与中国金融市场水土不服。受保护单元仅依靠合同关系与公司其他业务切割,社会公信力不足,故对破产隔离监管要求极高。因其并非法人,无法满足中国证券法对证券发行主体资格的要求,亦与中国破产法规定之破产财产范围

---

① 《国务院关于推进资本市场改革开放和稳定发展的若干意见》,2004 年。
② 王飞:《巨灾债券风险的法律控制——以保险风险证券化为背景》,博士学位论文,华东政法大学,2015 年,第 142 页。

冲突。故受保护单元SPRV不适合中国。

相比之下，公司法人制SPRV更胜任ART巨灾再保险之核心角色。巨灾再保险的转分保、巨灾保险连接证券的发行、证券融资的信托，借由SPRV发生连接。如果SPRV没有独立法人资格，或受再保险人控制，ART巨灾再保险的内部交易结构就会发生断裂。SPRV的公司法人构造有独特的法律意义：一者，通过破产隔离机制，实现SPRV法律人格独立、财产权独立、营业独立、法律责任独立，使其完全隔离于发起人；二者，如果巨灾再保险公司保留相关资产，不进行转让自行实行证券化操作，则属于资产负债表内筹资发行证券，因负债比率不佳，很难对投资者产生吸引力；[1] 三者，SPRV与发起人再保险公司的信用评级完全分离，可凭借其自身交易结构的优势，利用信用增级工具，获得更高的市场信用评级。美国、欧盟各国、德国、新加坡、荷兰等很多国家，都制定了SPRV专项法案或相关法律。中国可吸收这些国家的SPRV成熟经验，从而构建公司法人型SPRV。

2. 立法机关及SPRV的主体资格取得

SPRV以转移再保险责任为目的从事证券交易，本质上为再保险机构。将SPRV纳入保险法框架，由本国保险监管机关负责立法，或由保险监管机关核准其设立申请，是世界各国立法的通例。如美国《特殊目的再保险机构示范法》系由美国保险监督官协会（NAIC）制定。依1945年《麦克卡兰—费古森法案》，美国保险市场由各州负责监管。为保持监管的统一性，各州保险监督官（即州保险部）组成NAIC，作为全美保险制定标准的制度支持机构。根据2008年《保险条例（特殊目的再保险机构通用条款与专用豁免）》规定，新加坡金融管理局向SPRV颁发与再保险公司相似的牌照。

SPRV主要有两种立法体例，除专项法案外，还有被保险监管法吸收的。欧盟《偿付能力监管II号指令》、德国《保险监管法》即为

---

[1] 卓俊雄：《人寿保险证券化商品法制架构与未来展望》，台湾：《法制论丛》2008年第41期。

后一种体例。本书建议,将中国 SPRV 主体制度归于保险监管法体系内。因为这种做法有助于解决三大问题。

(1) SPRV 的主体资格取得问题。如德国法规定,SPRV 由德国联邦金融监管局授权设立。美国、欧盟、新加坡也要求,设立 SPRV 应向监管当局申请许可。中国保监会是中国保险监管机关,在保险和金融领域最具专业性和权威性。如能集行政规章制定权与行政核准权于一身,能确保市场准入的效率。

(2) SPRV 破产隔离之认定问题。英国金融服务局明确要求,SPRV 应满足资本充足规则:发行债务证券或其他融资所需资金到位;每一个保险合同均应确保再保险合同最大累积责任永远不大于资产;证券投资者权利劣后于再保险人,债券融资优先用于再保险赔付;等等。[1]

(3) SPRV 信息披露义务。如德国联邦金融监管局要求 SPRV 必须向其提供经营计划的详细信息。百慕大金融管理局也规定,SPRV 应于年度财务报告中披露所有交易信息,包括投资于该种工具的交易。[2] 本书认为,中国现已启动第二代偿付能力监管体系。中国保监会在未来监管框架中设置 SPRV 制度规则,并负责其设立申请之核准、真实销售之认定、信息披露义务之监管,是具有可行性与合理性的方案。

3. 破产隔离的具体认定方法

SPRV 主体制度的核心内容是破产隔离。这一机制确保 SPRV 拥有独立法人地位,免除人格否认的风险。国外立法例多以真实销售为标准,来认定发起人再保险公司与 SPRV 是否进行了破产隔离。很多国家都非常重视制定真实销售的认定规则。真实销售的具体规则,多见于会计法或破产法之中。财务会计规则的判断指标,多体现为资产负债表是否已做除表处理,资产控制权的出让是否取得了合理对价,是否存在追索权等内容。破产法主要关注双方的资产账户是否隔离,

---

[1] IAIS, Developments in (re) Insurance Securitization, August, 2009.
[2] Ibid..

SPRV是否取得真实收益,以判断该项财产能否被追及为破产财产。

本书认为,以民法视角观察,真实销售标准包含意思表示真实、处分行为有效两大要素。国外会计法与破产法所列各种认定规则,均围绕这两个要素设计。

首先,出资让与的意思表示真实,应表现为发起人依法设立独立法人SPRV的意思明确,愿意承担发起设立SPRV的各种法律后果。因此,出资让与的意思均应明示于设立SPRV的相关文件之中。出资让与是基于发起人协议产生的合同义务。发起人协议应为书面形式。章程是所有发起人意思表示一致的体现,载明了SPRV组织和营业的基本准则。这些自治性文件应具备真实性、公开性等特征,并于登记主管机关备案。再保险公司财务会计报表、公司登记申请文件等亦然。

其次,所谓"销售",是以财务会计方式所作之表述。真实的"销售"的真正关注点是所转让的资本充实,与SPRV的偿付能力匹配。从法律关系上看,出资让与、转分保是不同的法律关系。再保险公司向SPRV支付转保费,这是射幸性转分保合同的对价。但再保险公司出资设立SPRV的目的,是向其分出巨灾再保险责任。此二合同为关联关系。出资让与实为获得充足的偿付能力的成本,即"买"到分出再保险业务在承保期限内随时能获得保险赔付的对价。

最后,让与自有资产的财产处分行为有效,发起人不能以任何方式行使追及权。从会计规则上判断,让与财产与其他财产的隔离,应表现为发起人的资产负债表已做表外处理,删除了该项资产。从法律关系上看,真实销售意味着交易已经生效。发起人在以后业务中无法继续控制该项财产。该项财产也不能因交易被撤销或无效而被发起人追回。发起人与SPRV之间亦不存在赎回或者回购协议。此即美国破产法上所用"锁定账户"表述之真意。另外,有学者提出,真实销售还应不存在"对剩余价值的权利",以免被界定为担保交易。[①] 本书表示赞同,同时还认为,这应与公司法上之股东"剩余资产分配请

---

① 甘勇:《资产证券化的法律问题比较研究》,武汉大学出版社2008年版,第79页。

求权"相区别。如果发起人决定停止转分保并解散 SPRV，或 SPRV 被依法解散，发起人有权依公司法请求分配 SPRV 清算后的剩余财产。当然，此项请求权为法定权利，无须双方约定。

（三）巨灾保险证券化交易机制的主要问题

巨灾保险证券化属于特殊目的再保险。SPRV 应遵循有限营业原则，仅从事与巨灾转分保责任相关的风险证券化业务。以 SPRV 为关联点，巨灾保险证券化交易主要由巨灾转分保、债券发行、财产信托几部分组成。

1. 关于 SPRV 巨灾转分保合同

发起人巨灾再保险公司向 SPRV 分出部分或全部巨灾再保险业务的合同，为再再保险合同，即转分保合同。仅就转分保合同法律关系分析，发起人的巨灾再保险合同为原保险合同，SPRV 的巨灾转分保合同为再保险合同。前文所述之原保险合同与再保险合同之独立性与从属性，于此处同样适用。

与一般再保险不同的是，SPRV 巨灾转分保合同是以发行巨灾保险连接证券为目的而订立的。SPRV 发行证券的资信基础，是分入巨灾再保险责任的不确定性所产生的现金流。即投资者预期巨灾损失赔偿责任不会被触发，投资可获得收益。分入的再保险赔付责任应当具有相当大的规模，否则 SPRV 无法操作后续的风险证券化业务。另外，SPRV 在风险证券化中为优化产品组合，可能将不同期限、不同险种、不同发起人的巨灾再保险责任风险，打包设计成一种证券产品。国际市场上的巨灾保险连接证券通常都是多年期的。因此，SPRV 巨灾转分保合同应当具有总括保险、预约再保险、多年期等特性。SPRV 巨灾转分保合同作为特殊目的再保险合同，独立性有所加强。

SPRV 巨灾转分保合同的从属性则有所减弱。受触发条件的影响，SPRV 巨灾转分保合同在损失补偿方面具有不确定性。以约定发行巨灾债券的 SPRV 巨灾转分保合同为例，除损失赔偿型触发条件外，行业损失触发、参数触发和模型损失触发的巨灾债券均存在基差风险。只有巨灾损失满足触发条件时，巨灾再保险人才能实际获得 SPRV 赔付的保险金。不满足巨灾债券触发条件的，即使巨灾再保险人因承担原保险责任而实际受有损失，也无法基于转分保获得相应的补偿。由于 SPRV 巨灾转分保合同具有非补偿性，同一命运条款、直接赔付条款、背对背赔偿条款等巨灾再保险合同条款不能适用于该合同。如果巨灾再保险公司破产，巨灾原保险公司不得因再保险公司破产而向 SPRV 主张直接请求权。

2. 关于巨灾保险连接证券的品种

在金融创新浪潮的推动下，国际巨灾保险连接证券的发展日益多元化。现已拥有巨灾债券、巨灾期货、巨灾期权、巨灾互换、或有资本票据、巨灾权益看跌期权、行业损失担保、"侧挂车"和天气类巨灾风险衍生品等多个品种。国际巨灾保险连接证券成为国际金融市场上一种独特的资产类别。

巨灾债券（Cat Bond），是指未来债券的本金及利息的偿还，与巨灾触发事件的发生情况相联系的证券。定价一般按期望损失加风险附加计算。按照本金偿还条件，可分为本金保障债券、本金摊赔债券和最低保证本金摊赔债券。巨灾债券通常以全额抵押的方式发行，基本不存在信用风险。巨灾债券具有投资收益率较高，与固定收益产品相关性较低，投资期限较长等优点。但发行成本较高、规模偏小。发达国家通常在传统巨灾超赔再保险损失分担方案的某一层级中，安排巨灾债券。

巨灾债券是目前发展最为成熟、成功率最高、市场份额最大的巨灾保险连接证券。截至 2016 年上半年，全球巨灾债券市场规模逾 200 亿美元。① 2015 年 7 月，中再产险在百慕大设立 SPRV，以国内地震风险再保险责任为对象，发行了中国首只巨灾保险债券。该债券的基本特征包括：（1）实行浮动利率；（2）本金不确定，即有可能损失本金；（3）以融资本金进行全额抵押；（4）投资期限为三年。它也是中国目前唯一启动的巨灾保险连接证券品种。

巨灾互换（Catastrophe Swap），是巨灾再保险人相互交换不同地区

---

① Aon Benfield, Insurance-Linked Securities, September, 2016.

的，相关性较低的巨灾风险责任的证券。长期互换（Longevity Swaps）是目前较受欢迎的证券品种。该品种与金融互换极为相似，巨灾互换合约与传统再保险合约较为相似，技术门槛较低，被认为是可行性仅次于巨灾债券的品种。①

侧挂车（Side Car），是巨灾再保险公司联合融资能力强的金融机构，发起设立 SPRV 向其部分担保的比例再保险合同的证券。② 侧挂车设立简便，信用评级较高，在非触发年份的回报率在 20% 左右，能快速进入和退出市场，因此得到国际再保险市场与资本市场的认可。

抵押再保险（Collateralized Reinsurance），是有完全担保的再保险合同，通过离岸公司转换成可交易的抵押证券。投资者提供的抵押物价值须完全覆盖潜在的再保险赔付请求，抵押物价值等于再保险合同限额减去净保费。借助抵押再保险，投资者可以不经信用评级而直接进入巨灾再保险市场，并享受投资担保的回报。抵押再保险与巨灾债券有相似性，比后者更具可定制性、规模更小、操作更简单，但流动性较差。抵押再保险与侧挂车是国际市场上热捧的新兴证券品种，增长势头非常快。

笔者认为，上述类型的巨灾连接债券比较适宜引入中国。巨灾期权、巨灾期货本身不够稳定，市场风险过大，且属于场内交易的标准化合约。对其进入中国期货市场应持审慎态度。其他类型巨灾保险连接证券，在国际市场上尚处于探索阶段，产品引进的可行性不高。

3. 关于 SPRV 证券发行方式与对象

2013 年国际证监会组织（IOSCO）在《复杂金融产品销售的适当性要求（最终报告）》提出了"复杂金融产品"的概念，并将复杂金融产品定义为"含义、特征及风险不易为零售客户理解的金融产品，同传统或普通投资工具相比，结构复杂，不易估价"。同时列举了其主要类型，如混合型工具、支付义务与市场参数连接的金融工具、其他金融衍生工具等。该报告就复杂金融产品销售的适当性

---

① 谢世清：《巨灾保险连接证券》，经济科学出版社 2011 年版，第 288 页。
② 参见王泽温《"侧挂车"：巨灾风险管理新工具》，《中国保险》2014 年第 9 期。

提出了一系列要求。销售复杂金融产品时，应对投资者的投资目标、财务状况、风险承受能力、投资技术和经验、理解复杂金融产品的能力等具体事项进行评估。其目的是控制系统性风险，保护投资者利益。

巨灾保险连接证券完全符合上述描述，应被界定为复杂金融产品。作为以分散巨灾风险为目标的创新金融工具，巨灾保险连接证券有很强的专业性、技术性、复杂性。尽管SPRV作为证券发行主体，根据证券法负有信息披露义务，确保投资者充分理解此项交易的术语及隐含的风险程度，以确保证券交易公开、公平、公正；但是，如果要求SPRV发行巨灾保险连接证券时，对社会公众即潜在的交易对象满足以上"适当性要求"，可能会增加SPRV的发行成本，影响证券发行效率，于巨灾风险分散不利。同时，巨灾保险连接证券产品种类较多，创新活跃，触发条件复杂，并不像普通股票、债券一样适宜普通投资者投资。"适当性要求"修正了"买者自负"的游戏规则，但也为交易双方同时设置了合理的注意义务。证券发行人应向投资者充分披露信息、提示风险，严格实行证券投资资格准入，以确保交易公平。

本书认为，根据现行证券法的延展性规定，巨灾保险连接证券可以"国务院依法认定的其他证券"名义进入资本市场。在中国巨灾保险衍生品市场发展初期，选择前述场外交易型证券品种。因此，SPRV可以通过私募方式发行巨灾保险连接证券，即向特定投资者发行。考虑到巨灾保险连接证券对专业技术、资金实力和抗风险能力有较高要求，发行对象应以机构投资者为宜，如熟悉保险和证券业务的银行、保险机构、投资公司、投资基金、信托公司等。

4. 关于SPRV信托投资合同

SPRV与信托机构签订合同，将发行巨灾保险连接证券募得的资金和巨灾再保险人支付的转分保费，转移给信托投资机构，由其在市场上进行投资，以获得收益。其意义在于：其一，SPRV的营业仅限于对分入的巨灾再保险责任风险进行证券化操作，选择专业信托机构从事投资行为，更有利于保障投资者和巨灾再保险人的利益；其二，

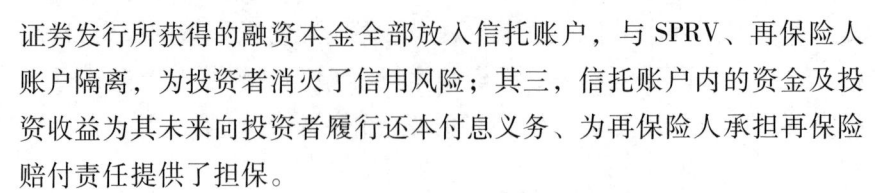

证券发行所获得的融资本金全部放入信托账户，与 SPRV、再保险人账户隔离，为投资者消灭了信用风险；其三，信托账户内的资金及投资收益为其未来向投资者履行还本付息义务、为再保险人承担再保险赔付责任提供了担保。

为使 SPRV 信托投资关系的上述功效得以有效发挥，中国 ART 巨灾再保险之制度设计须包含以下具体内容。

第一，实行强制信托原则。依信托法原理，SPRV 发行证券所募得的融资和保费应转移至信托机构名下，与 SPRV 未信托的财产即公司资本金相区别，也与信托机构其他资产相隔离。为确保信托关系存在，相关立法应设置强制信托原则，赋予 SPRV 对上述财产设立信托的法定义务，以避免所募集资金被滥用的可能。SPRV 有两个以上发起人并分别进行风险证券化操作的，还应使他们的信托账户相隔离，分别设立信托。①

第二，指定发起人为信托财产的受益人。SPRV 是发起人为获得资本市场融资而设立的特殊机构，SPRV 的信托行为需与此特定目的相符。故在清偿顺序上，证券持有人应劣后于发起人，以确保发起人能得到赔偿。只要触发条件具备，SPRV 即应向发起人承担再保险赔付责任，证券持有人不得请求分配投资收益。

第三，实行全额抵押。信托账户内融资和转分保费是 SPRV 对承担再保险赔付责任、本息返还义务的担保。在当代立法及实务中，全额抵押是对 SPRV 信托投资的普遍要求。SPRV 不仅应将全部证券融资和转分保费移入信托账户，还应确保该账户内的资金能满足巨灾转分保潜在的最大赔付责任金额。如果信托账户内资金无法完全承受最大赔付责任风险，SPRV 需要经过压力和情景测试，向监管机关证明未来投资收益可负担最大赔付责任资金需求。

第四，确保信托财产投资流向安全、可靠。SPRV 应要求信托机构将信托财产投向信用风险小、收益比较稳定、流动性较强的投资

---

① 张冠群：《金融资产证券化与保险证券化之法律分析》，台湾：《政大法学评论》2004 年第 77 期，第 109—162 页。

品。当前国际实务中,各国政府公债、AAA 级公司债券吸引了大量此类投资。

(四) 巨灾保险证券化监管体系的设立

1. 巨灾保险证券化的监管机关

在中国目前分业监管的格局下,如果按照 SPRV 所涉及的多重法律关系来确定监管责任,必然会出现多头监管的混乱局面。《证券法》第 6 条虽然确立了分业经营、分业管理、分别设立之监管原则,但也同时规定"国家另有规定的除外"。鉴于国际通例是将 SPRV 纳入保险法框架下,由保险监管机关负责监管,中国可考虑将 SPRV 及相关 ART 巨灾再保险业务划归保监会主管。保监会内部可组织精通再保险、巨灾风险管理、证券与金融业务的人才力量,成立对口主管部门。

2. 巨灾保险证券化监管的基本框架

其一,SPRV 偿付能力监管。中国已实施中国风险导向的偿付能力体系,以偿付能力监管取代了市场行为监管。今后将以风险综合评级作为保险机构的最终评价指标。这有助于推进巨灾再保险和巨灾风险证券化的发展。但巨灾保险证券化发展迅速,在进入中国之初,将不可避免地给现有监管体系带来挑战。在日新月异的金融衍生品市场的倒逼下,欧盟保险偿付能力监管标准、巴塞尔协议、美德等国的金融监管制度也在不断升级。未来保监会应重点关注新兴市场的培育问题,为 ART 巨灾再保险创造比较宽松的监管环境。

其二,信息披露义务监管。信息披露对遏制保险市场和证券市场的信息不对称有重要作用。对此项义务履行情况的监管,应覆盖如下方面:SPRV 设立过程中的真实销售问题;巨灾再保险公司与 SPRV 转分保合同中的重要交易信息应报监管机关备案;出现意外风险、经营发生重大变化、发行新证券等情况,SPRV 应向监管机关备案或取得批准;信托安排、信托账户风险信息及其变动情况,应报监管机关备案;SPRV 破产或解散后财产清算情况,应由相关负责人报监管机关备案。

提供巨灾风险模型信息、风险评级、信用评级和增级、资产和损益评估及审计等重要信息的相关方,也负有信息披露义务。监管机关应对其履行监管职责。

其三,信用评级监管。中国信用评级制度才刚起步不久,主要由政府驱动。金融衍生品市场发展对信用评级有很高的需求和要求。监管机关应大力推动信用评级的市场进入、监管认可和退出制度建设,加强信用评级机构信息披露监管,强化其法律责任,[①]从而更好地促进中国巨灾保险证券化制度的建设与实施。

---

① 冯博:《金融衍生品定价的法律规制》,法律出版社2013年版,第231—241页。

参考文献

一 中文专著及译著

程兵:《保险损失补偿原则研究》,法律出版社2015年版。
杜鹃、陈玲:《再保险》,上海财经大学出版社2009年版。
樊启荣:《保险契约告知义务制度论》,中国政法大学出版社2004年版。
冯博:《金融衍生品定价的法律规制》,法律出版社2013年版。
刘茂山:《国际再保险学》,中国金融出版社2003年版。
陈继尧:《再保险学:理论与实务》,台北:智胜出版公司2002年版。
陈继尧:《金融自由化下新兴风险移转方法之运用现况与发展》,台北:财团法人保险事业发展中心,2000年。
江朝国:《保险法规汇编》,台北:元照出版公司2002年版。
谷明淑:《自然灾害保险制度比较研究》,中国商业出版社2012年版。
韩长印:《保险法新论》,中国政法大学出版社2010年版。
黄英君:《保险和保险法理论和实践问题探索》,西南财经大学出版社2007年版。
江朝国:《保险法基础理论》,中国政法大学出版社2002年版。
姜晓萍:《社会风险治理》,中国人民大学出版社2017年版。
柯庆华:《合同法基本原则的博弈分析》,中国法制出版社2006年版。
李永:《中国保险风险证券化研究》,上海财经大学出版社2008年版。
刘健:《金融风险与创新》,社会科学文献出版社2019年版。
刘宗荣:《新保险法:保险契约法的理论与实务》,中国人民大学出版社 2009 年版。

任自力：《中国巨灾保险法律制度研究》，中国政法大学出版社 2015 年版。

石兴：《巨灾风险可保性与巨灾保险研究》，中国金融出版社 2010 年版。

邱波：《金融化趋势下的中国再保险产品发展研究》，经济科学出版社 2010 年版。

施文森：《美国加州保险法》，台北：财团法人保险事业发展中心，1999 年。

滕五晓、加藤孝明、小出治：《日本灾害对策体制》，中国建筑工业出版社 2003 年版。

王和：《巨灾风险分担机制研究》，中国金融出版社 2013 年版。

汪华亮：《保险合同信息提供义务研究》，中国政法大学出版社 2011 年版。

汪信君、廖世昌：《保险法理论与实务》，台北：元照出版公司 2006 年版。

许良根：《保险代位求偿制度研究》，法律出版社 2008 年版。

谢世清：《巨灾保险连接证券》，经济科学出版社 2011 年版。

徐文舸：《债务理论：顺周期、可持续和证券化》，社会科学文献出版社 2018 年版。

颜延：《金融衍生工具买方义务研究》，法律出版社 2014 年版。

姚庆海：《巨灾损失补偿机制研究：兼论政府和市场在巨灾风险管理中的作用》，中国财政经济出版社 2007 年版。

袁宗蔚：《保险学：危险与保险》，首都经济贸易大学出版社 2000 年版。

岳卫：《日本保险契约复数请求权调整理论研究：判例·学说·借鉴》，法律出版社 2009 年版。

曾立新：《美国巨灾风险融资和政府干预研究》，对外经济贸易大学出版社 2008 年版。

张长利：《政策性农业保险法律问题研究》，中国政法大学出版社

2009年版。

赵正堂:《保险风险证券化研究》,厦门大学出版社2008年版。

郑云瑞:《再保险法》,中国人民公安大学出版社2004年版。

卓志:《巨灾风险管理与保险制度创新研究》,西南财经大学出版社2015年版。

[美] 埃里克·班克斯:《新型风险转移:通过保险、再保险和资本市场进行综合风险管理》,丁有刚等译,东北财经大学出版社2008年版。

[美] 埃瑞克·班克斯:《巨灾保险》,杜墨译,中国金融出版社2011年版。

[美] 埃米特叮·沃恩、特丽莎·M. 沃恩:《危险原理与保险》,张洪涛译,中国人民大学出版社2008年版。

[英] 芭芭拉·亚当、乌尔里希·贝克、约斯特·房·龙(Joost Van Loon):《风险社会及其超越:社会理论的关键议题》,赵延东等译,北京出版社2005年版。

[美] 丹尼斯·S. 米勒蒂:《人为的灾害:美国国家自然灾害评估》,谭徐明等译,湖北人民出版社2004年版。

[美] 道格拉斯·G. 拜耳:《法律的博弈分析》,严旭阳译,法律出版社1999年版。

[美] 盖多·卡拉布雷西:《事故的成本:法律与经济的分析》,毕竞悦等译,北京大学出版社2008年版。

[美] 乔治·迪翁:《保险经济学前沿问题研究》,朱铭来等译,中国金融出版社2007年版。

[美] 乔治·E. 瑞达:《风险管理与保险原理》,申曙光译,中国人民大学出版社2006年版。

[日] 久保英也:《保险的独立性及其与资本市场的融合——以日本为例》,王美译,科学出版社2016年版。

[意大利] 克里斯蒂安·戈利耶:《风险和时间经济学》,徐卫宇译,中信出版社2003年版。

[美] 米德玛:《科斯经济学:法与经济学和新制度经济学》,罗君丽

等译,上海三联书店 2007 年版。

[美] 罗纳德·科斯、张五常:《经济学的著名语言:市场失灵的神话》,罗君丽等译,广西师范大学出版社 2019 年版。

[美] 尼古拉斯·麦考罗、斯蒂文·G. 曼德姆:《经济学与法律——从波斯纳到后现代主义》,朱慧等译,法律出版社 2005 年版。

[英] M. A. 克拉克:《保险合同法》,何美欢、吴志攀译,北京大学出版社 2002 年版。

[美] 诺思:《制度、制度变迁与经济绩效》,杭行译,格致出版社 2014 年版。

[日] 青木昌彦:《比较制度分析》,周黎安译,远东出版社 2001 年版。

[美] 斯蒂文·萨维尔:《法律的经济分析》,柯华庆译,中国政法大学出版社 2009 年版。

[美] 所罗门·许布纳:《财产与责任保险》,陈欣译,中国人民大学出版社 2002 年版。

[德] 乌尔里希·贝克:《风险社会——迈向一种新的现代性》,何博闻译,译林出版社 2004 年版。

[美] 小罗伯特·杰瑞:《美国保险法精解》(第 4 版),李之彦译,北京大学出版社 2009 年版。

[美] 约翰·道宾:《美国保险法》,梁鹏译,法律出版社 2008 年版。

[美] 约翰·马丁森:《风险管理案例集:金融衍生品应用的正反实例》,钱泳译,东北财经大学出版社 2011 年版。

二 中文论文

柴化敏:《巨灾风险可保性与损失分担机制研究》,《未来与发展》2013 年第 3 期。

淦晓磊:《基于"公共利益监管理论"两个假设修正提出的政府监管有效性理论》,《经济研究导刊》2009 年第 4 期。

Joseph Qiu:《巨灾再保险定价:市场实务与学术研究》,《保险与风险管理研究动态》2012 年第 6 期。

李新天、郑鸣：《论再保险的法律规制与立法展望》，载王保树主编《中国商法年刊 2007》，北京大学出版社 2008 年版。

林琳：《再保险和风险证券化的巨灾风险管理功能比较》，《中国保险》2015 年第 3 期。

吕炳斌：《多元化减灾救灾机制的实施与完善》，《经济法论丛》2012 年第 2 期。

聂志国：《论保险公司的巨灾风险管理：再保险方法与风险证券化》，《中国管理信息化》2013 年第 6 期。

史培军、李曼：《巨灾风险转移新模式》，《中国金融》2014 年第 5 期。

石兴：《自然灾害巨灾风险可保性之优化研究》，《中国保险》2011 年第 12 期。

田玲：《巨灾风险可保性研究》，《保险研究》2013 年第 1 期。

田玲：《金融市场、政府行为与农业巨灾保险基金建设》，《保险研究》2014 年第 4 期。

王浦劬：《国家治理、政府治理和社会治理的基本含义及其相互关系辨析》，《社会学评论》2014 年第 3 期。

王田子、刘吉夫：《巨灾概念演化历史初步研究》，《保险研究》2015 年第 8 期。

王旸：《衍生工具基础法律关系研究》，《法学家》2008 年第 5 期。

魏舒：《"侧挂车"视角下的巨灾风险证券化》，《北方金融》2016 年第 5 期。

谢世清：《伙伴协作：巨灾保险制度中我国政府的理性模式选择》，《天津财经大学学报》2009 年第 6 期。

谢家智、陈利：《我国巨灾风险可保性的理性思考》，《保险研究》2011 年第 11 期。

杨凯等：《我国巨灾保险再保险体系构建的研究》，《中国软科学》2007 年第 3 期。

应松年：《巨灾冲击与我国灾害法律体系的改革》，《2010 年国家综合防灾减灾与可持续发展论坛文集》，中国社会出版社 2011 年版。

余健男：《从国际保险公司角度看日本三一一大地震对保险业的影响和启示》，中国台湾《保险大道》2011 年第 62 期。

赵亮：《英国再保险背对背赔偿制度的普通法新发展》，《法律适用》2010 年第 4 期。

诸宁：《证券化与再保险：我国巨灾风险管理对策的比较研究》，《宏观经济研究》2015 年第 5 期。

卓志、周志刚：《巨灾冲击、风险感知与保险需求：基于汶川地震的研究》，《保险研究》2013 年第 12 期。

卓志、丁元昊：《巨灾风险：可保性与可负担性》，《统计研究》2011 年第 9 期。

卓志：《巨灾保险需求分析：理论与工具》，《保险与风险管理研究动态》2011 年第 5 期。

张庆洪、葛良骥、凌春海：《巨灾保险市场失灵原因及巨灾的公共管理模式分析》，《保险研究》2008 年第 5 期。

三　中文博士学位论文

杜林：《重大灾害风险分散机制下保险经营模式研究》，博士学位论文，北京中国地质大学，2009 年。

葛良骥：《混合机制下巨灾风险公共干预模式研究》，博士学位论文，同济大学，2008 年。

梁昊然：《论我国巨灾保险制度的法律构建》，博士学位论文，吉林大学，2013 年。

宁敏：《国际金融衍生交易法律问题研究》，博士学位论文，中国社会科学院研究生院，2002 年。

隋祎宁：《日本地震保险法律制度研究》，博士学位论文，吉林大学，2010 年。

王飞：《巨灾债券风险的法律控制：以保险风险证券化为背景》，博士学位论文，华东政法大学，2015 年。

王琪:《中国巨灾风险融资研究》,博士学位论文,西南财经大学,2009年。

诸宁:《保险与再保险中的巨灾债券研究》,博士学位论文,北京交通大学,2015年。

宗宁:《我国巨灾保险法律制度研究》,博士学位论文,西南政法大学,2013年。

四　英文专著及影印版专著

[美] 埃弗里·卡茨:《法律的经济分析基础》(影印本),法律出版社2005年版。

[美] Trieschmann:《风险管理与保险》(英文改编版),高等教育出版社2009年版。

Abraham Kenneth, *The Liability Century: Insurance and Tort Law from the Progressive Era to 9/11*, Massachusetts: Harvard University Press, 2008.

Anthony Oliver-Smith, "Global Changes and the Definition of Disaster", in *What is a Disaster? Perspectives on the question*, E. L Quarantelli (ed.), London: Routledge, 1998.

Daniel Farber and Michael Faure, *Disaster law*, UK: Cheltenham, 2010.

Eugene Gurenko, *Catastrophe Risk and Reinsurance: A Country Risk Management Perspective*, Incisive Media plc, 2005.

Eugene Gurenko, *Earthquake Insurance in Turkey: History of the Turkish Catastrophe Insurance Pool*, Washington, D. C.: World Bank, 2006.

Harry Richardson, *Natural Disaster Analysis after Hurricane Katrina: Risk Assessment, Economic Impacts and Social Implications*, Cheltenham, U. K.; Northampton, 2008.

James Lam, *Enterprise Risk Management: From Incentive to Controls*, London: John Wiley and Sons, 2003.

Michael Parkington, Mac Gillivray & Parkington, *On Insurance Law: Rela-*

ting to all Risks other than Marine, 11th ed., London: Sweet & Maxwell/Thomson Reuters, 2008.

Mohamed Gad-el-Hak, *Large-Scale Disasters—Prediction, Control, and Mitigation*, New York: Cambridge University Press, 2008.

Posner Richard, *Catastrophe: Risk and Response*, New York: Oxford University Press, 2004.

Robert Merkin, *A Guide to Reinsurance Law*, London: Informa, 2007.

Smith Keith, *Environmental Hazards: Assessing Risk and Reducing Disaster*, London: Routledge, 6th ed. 29. 2013.

五 英文论文

David Durbin, "Managing Natural Catastrophe Risks: The Structure and Dynamics of Reinsurance", *The Geneva Papers on Risk and Insurance*, No. 26, 2001.

Özlem Gürses, "Facultative Reinsurance and the Full Reinsurance Clause", *Lloyd's Maritime and Commercial Law Quarterly*, 2008, https://www.i-law.com/ilaw/doc/view.htm?id=165225.

Pauline Barrieu, "Hybrid Cat Bonds", *Journal of Risk and Insurance*, Volume 76, 2009.

Robert Litan, "Sharing and Reducing the Financial Risks of Future 'Mega-Catastrophes'", *Issues in Economics Policy*, Vol. 4, 2006.

Sylvie Bouriaux, "Securitization of Catastrophe Risk: New Developments in Insurance-linked Securities and Derivatives", *Journal of Insurance Issues*, No. 1, 2009.

Steven L. Schwarcz, "The Impact of Bankruptcy Reform on 'True Sale' Determination in Securitization Transactions", *Fordham Journal Corporate and Financial Law*, symposium issue, Spring 2002.

Sylvie Bouriaux, "Securitization of Catastrophe Risk: New Developments in Insurance-linked Securities and Derivatives", *Journal of Insurance Issues, Vol. 32, No. 1, 2009.

The Economics Staff, "Reinsurance Compacts of God: The Market for Risk is Changing", *The Economics*, Sep. 10, 2015.

六 相关国际组织、国家机构文件与国际再保险集团报告

国际清算银行（BIS）：《2015年下半年国际场外交易（OTC）衍生品市场报告》。

联合国减灾署：《2015年减轻灾害风险全球评估报告（GAR 2015）》。

欧洲议会和欧洲理事会：《欧盟偿付能力监管Ⅱ号指令——保险和再保险业务的开业与经营》，江先学等译，中国财政经济出版社2012年版。

慕尼黑再保险《2014年度全球自然巨灾报告》。

Aon Benfield, *Reinsurance Market Outlook*, April, 2020.

Aon Benfield, *Insurance-linked Securities*, September, 2016.

Artemis'data, *Cat Bond Market Report*, Q3 2016.

Commission, Chairmen and Board of the Commission, 2008.

EC Agriculture and Joint Research Centre, *Agricultural Insurance Schemes*, 2006.

IAIS, *Developments in (re) Insurance Securitization*, August, 2009.

New Zealand Earthquake Commission, Briefing for the Minister in Charge of the Earthquake.

OECD, Large-scale Disaster: Lessons Learned, 2004.

Swiss Re, "Capital Market Innovation in the Insurance Industry", *Sigma*, 2001（3）.

Swiss Re, "Natural Catastrophes and Man-made Disasters in 2015", *Sigma*, 2016.

Swiss Re, "World Insurance: The Great Pivot East Continues", *Sigma*, 2019（3）.

Swiss Re, "Natural Catastrophes in Times of Economic Accumulation and Climate Change", *Sigma*, 2020 (2).

The World Bank, *Policy Research Working Paper: Catastrophe Insurance Market in the Caribbean Region: Market Failures and Recommendations for Public Sector Interventions*, 2003.

The United States Government Accountability Office, GAO-07-403 Natural Hazard Mitigation.

UNDHA, Internationally Agreed Glossary of Basic Terms Related to Disaster Management, 1992.

后 记

在风险社会条件下,巨灾风险是社会风险的组成部分。巨灾保险制度的构建与完善,必须在全社会风险治理的体系框架下进行。巨灾法律制度构建是在巨灾这个特定领域推进国家治理体系和治理能力法治化、现代化的体现。联系巨灾保险的功能分析,保障民生、维护经济社会有序发展是巨灾保险存在合理性的体现。巨灾保险法律制度构建的目标使命则是保障巨灾保险体系运行的稳定性和有效性。巨灾风险的特殊性,决定了不能有效分散的保险是没有价值的。所以巨灾保险从来都只能以体系化构造存在。在以原保险、再保险及与其关联的风险证券化体系中,再保险是要核。

与欧美保险发达国家相比,中国的巨灾保险立法和实践还在起步阶段,巨灾保险在社会风险治理体系中的独特功用还有待发掘。"履不必同,期于适足;治不必同,期于利民。"我们当然可以对域外巨灾保险法律制度的有益经验加以适当借鉴、合理吸收。但是,中国社会治理的内涵与西方国家不同,只有选择符合中国国情政情社情的巨灾风险社会治理体系和治理方式,才能发挥巨灾保险制度的价值。

中国巨灾保险立法步履缓慢,巨灾保险推进困难,需要各界携手创新思路寻找突破之道。在持续关注并跟进该领域研究过程中,笔者亦深感巨灾保险研究涉及面广,实际问题多,研究难度大,但仍愿勉力求索,希望能为中国建立完善这一民生工程略尽薄力。

本书在社会治理视域下,对巨灾保险制度构建问题进行了研究。研究内容和研究方法以法学方向为主,亦借鉴了政治学、管理学和金融学领域的理论和话语体系。本书认为,在整体架构上,一个适应风险治理现代化发展方向的巨灾保险法律制度应包含巨灾直接保险、巨灾再保险和以承保风险证券化为主要手段的巨灾保险创新机制。连通这三个组成部分并决定整个巨灾保险体系构建成败的，是风险分散机制。任何制度的构建，要"问需于民"，还要"问效于民"。巨灾风险能否通过保险支持机制有效分散掉，决定了这个制度最终是不是"良法""善治"。社会治理理论给予巨灾保险的最重要的灵感，就是多元主体协作共治理念。政府、市场主体和普通民众通过探索与磨合找到最适合的风险治理机制，这本身就是了不起的社会治理创新。

学有所感，是为后记。